"Imaginação, capacidade e oportunidade assumem uma nova dimensão na era digital. *Liderando na era digital* fornece uma estrutura para criação de diferenciais sustentáveis nos negócios, por meio da cadeia de valor. Leitura obrigatória para todos aqueles que aspiram se tornar um 'Mestre Digital'."
— **Manish Choksi**, presidente da reforma de imóveis, cadeia de suprimentos e TI da Asian Paints

"Westerman, Bonnet e McAfee realizaram um trabalho magistral descrevendo as características essenciais dos 'Mestres Digitais' e apresentando um caderno de estratégias, pragmático e bem cuidado, voltado para líderes que conduzirão a transformação digital em suas empresas. Este livro é uma contribuição excepcional para a prática da estratégia e gestão."
— **John Glaser**, CEO da divisão de equipamentos médicos da Siemens

"Os autores têm vivido na vanguarda de como as organizações de atuação global usam a tecnologia digital para mudar e melhorar a forma de fazerem negócios. Com este livro, eles nos guiam pela jornada de transformação. Caso queira se preparar para conduzir sua organização por esta profunda mudança, *Liderando na era digital* é uma leitura obrigatória."
— **Jean-Christophe Lalanne**, vice-presidente executivo e CIO do Air France-KLM

"Com exemplos contundentes, este livro impactante e baseado em evidências demonstra que a maestria nas tecnologias digitais gera níveis de lucro e produtividade significativamente maiores em todos os setores de atividade — e mostra-lhe como se tornar um 'Mestre Digital'."
— **F. Warren McF**_____ _____ da Harvard Business School

"Estamos vivenciando uma época em que a tecnologia está impactando tudo o que fazemos e tocamos; como nunca havia ocorrido antes, a aspiração de que permanecer conectado tem se tornado um direito humano básico e as certezas não compartilhadas, de todas as empresas, estão se transformando em incertezas compartilhadas. *Liderando na era digital* fornece uma abordagem poderosa e atual para o que precisa ser feito durante cada estágio desta jornada."

— **Osman Sultan**, CEO da Du, Emirados Árabes Unidos

LIDERANDO
NA
ERA
DIGITAL

LIDERANDO NA ERA DIGITAL

COMO UTILIZAR TECNOLOGIA PARA TRANSFORMAÇÃO DE SEUS NEGÓCIOS

GEORGE WESTERMAN | DIDIER BONNET | ANDREW McAFEE

m.BOOKS

M.Books do Brasil Editora Ltda.

Rua Jorge Americano, 61 - Alto da Lapa
05083-130 - São Paulo - SP - Telefones: (11) 3645-0409/(11) 3645-0410
Fax: (11) 3832-0335 - e-mail: vendas@mbooks.com.br
www.mbooks.com.br

Dados de Catalogação na Publicação

Westerman, George; Bonnet, Didier; McAffe, Andrew.
Liderando na era digital / George Westerman; Didier Bonnet; Andrew
McAffe.
São Paulo – 2016 – M.Books do Brasil Editora Ltda.

1. Tecnologia digital 2. TI - Tecnologia da Informação 3. Administração

ISBN: 978-85-7680-272-3

Do original: Leading digital: Turning technology into business transformation
Original publicado por Harvard Business School Press
ISBN original: 978-16-2527-247-8
© 2014 George Westerman; Didier Bonnet; Andrew McAffe
© 2016 por M.Books do Brasil Editora Ltda.

Editor: Milton Mira de Assumpção Filho

Produção Editorial: Carolina Evangelista

Tradução: Ariovaldo Griesi

Capa: Zuleika Iamashita (adaptação do original)

Editoração: Crontec

Sejamos gratos às pessoas que
nos fazem felizes. Elas são os jardineiros encantadores
que fazem nossas almas florescerem.
— Marcel Proust

De George

*Para Clare, Henry e Marilyn, que transformaram minha
vida de formas que eu jamais poderia imaginar.*

De Didier

*A minha esposa Kathryn, pelo seu imenso amor e
apoio, e aos meus próprios "mestres digitais",
Alexandra e Williams, por me manterem do lado certo
do divisor de águas digital.*

De Andy

*Aos meus coautores, que me ensinaram muito sobre
erudição, escrita, profissionalismo e otimismo.*

SUMÁRIO

PARTE I
DESENVOLVENDO CAPACIDADES DIGITAIS

PARTE II
DESENVOLVENDO CAPACIDADES DE LIDERANÇA

PARTE III
DE VOLTA A SUA EMPRESA:
O CADERNO DE ESTRATÉGIAS DE UM LÍDER PARA
CONDUZIR A TRANSFORMAÇÃO DIGITAL

VOCÊ ESTÁ PREPARADO?

Sem rodeios: a tecnologia é o grande assunto do momento.

Obviamente, existem outros eventos importantes acontecendo. A crise financeira de 2007-2009 e subsequentes impactos na dívida pública dos países foram eventos extremamente importantes; eles afetaram os destinos de um número incontável de pessoas e empresas, e seu impacto está longe de ter terminado. A globalização e a transferência de atividades das companhias para o exterior também são forças fundamentais que moldam uma estratégia e uma estrutura, tanto hoje como em um futuro por vir. Dados demográficos estão se alterando de forma tal que irão causar mudanças profundas e duradouras nos mercados.

Todas essas são grandes questões, porém, a tecnologia está acima delas. Sua importância é maior pois os recentes avanços em tudo o que é digital estão eliminando barreiras e criando novas e incríveis possibilidades que afetam a vida de todas as pessoas e empresas. Você quer que seus clientes finalmente tenham voz ativa e deseja fugir das lentes estreitas das pesquisas de opinião e de grupos focais? As mídias sociais permitem que você o faça. Quer que todo o seu pessoal esteja disponível e produtivo não importando onde ele se encontre? A computação móvel torna isso possível. Deseja previsões, julgamentos e decisões significativamente melhores em áreas-chave? Esta é a promessa do *big data*. Pretende desenvolver estruturas organizacionais, processos de negócios e ofertas aos clientes inteiramente novas e rapidamente poder modificá-los ao longo do tempo à medida que as circunstâncias forem mudando? Todos nós sabemos que essas coisas são possíveis, pois observamos empresas fazendo tudo isso.

A onda tecnológica vem sendo construída há muito tempo, mas ganhou um ritmo muito mais acelerado nos últimos anos. A década anterior testemunhou um fabuloso período de avanço nas tecnologias digitais. O termo "Web 2.0" tornou-se popular em 2004 para significar uma profunda mudança que estava acontecendo na World Wide Web: uma grande democratização na criação de conteúdo. O advento do Facebook, Twitter, *Wikipédia* e muitos outros aplicativos repletos de conteúdo gerados pelos usuários mostra que existe realmente uma nova versão da web. Além disso, uma moderna geração de dispositivos computacionais parece desafiar, para não dizer subverter completamente, o domínio de décadas do desktop como o dispositivo preferido para pessoas que trabalham com conhecimento. As duas inovações da Apple — o iPhone, em 2007 e o iPad, em 2010 — foram o prenúncio da era dos *smartphones* e dos *tablets* e tornaram concretas as promessas de longa data da computação móvel. Esses avanços tecnológicos são impressionantes, mas o verdadeiro impacto é como eles estão mudando nossa forma de viver e trabalhar. As empresas, e também as pessoas, podem fazer coisas que seriam impossíveis há uma década.

O *data center* foi tão afetado quanto o desktop foi nos últimos anos, graças ao rápido crescimento da computação na nuvem, o que está pondo em xeque o pressuposto básico de que você tem de ter sua própria tecnologia como servidores, sistemas operacionais e aplicativos caso queira usá-los. Aplicativos corporativos, redes sociais, dispositivos móveis, sensores e simplesmente qualquer outro elemento da infraestrutura digital moderna geram uma quantidade enorme de dados — com tal intensidade que realmente não precisamos mais usar, hoje em dia, o modificador *big* para distinguir a era atual. Essas e muitas outras inovações estão sendo combinadas para nos proporcionar uma economia colaborativa, supercomputadores que ganham *game shows*, carros que se dirigem sozinhos e uma infinidade de outras novidades que, fundamentalmente, desafiam o nosso pensamento sobre estrutura empresarial, custos trabalhistas e a relação entre pessoas e máquinas.

A última vez que houve tamanha inovação tecnológica atingindo o mundo empresarial foi também a primeira das vezes. Foi a Revolução Industrial, quando novas máquinas mudaram o rumo do comércio, do capitalismo e, na verdade, da história humana. Hoje em dia, a inovação nas tecnologias digitais está conduzindo nosso mundo para o que um de nós (o Andy) e seu coautor Erik Brynjolfsson denominaram "a segunda era das máquinas" em seu livro de 2014, *The second machine age*, ainda não traduzido para o português.

Você está preparado para a segunda era das máquinas? Com todo o respeito, provavelmente não.

Dizemos isso porque durante os últimos três anos temos realizado uma pesquisa ao redor do mundo, em diversos setores de atividade, sobre como as empresas trabalham com tecnologias digitais. Coletamos dados e entrevistamos pessoas em centenas de companhias. Conversamos com executivos e examinamos o desempenho das empresas. Estudamos tanto a maneira como elas encaram ter tudo de forma digital quanto os resultados de suas iniciativas.

Nossa conclusão fundamental é que os *Mestres Digitais* — empresas que usam tecnologias digitais para impulsionar de maneira significativa sua lucratividade, produtividade e desempenho — existem, de fato, mas são raros. Por razões que iremos explicar ao longo deste livro, a maioria das empresas falha na tentativa de alcançar a maestria digital. Essa é a notícia ruim e é por isso que acreditamos que provavelmente você ainda não esteja preparado para sobreviver e ser bem-sucedido na segunda era das máquinas.

Eis a boa nova: as razões para as companhias não conseguirem alcançar a maestria digital não são misteriosas nem inumeráveis. Na realidade, é até fácil classificarmos tais motivos. Às vezes, empresas que se esforçam para se tornarem verdadeiramente digitais falham em desenvolver as capacidades digitais para trabalhar de forma diferente ou as capacidades de liderança necessárias para definir uma visão e executar as mudanças. As companhias que se sobressaem tanto nas capacidades digitais quanto nas de liderança são "Mestres Digitais".

Ao ler notícias sobre o mercado de tecnologia, possivelmente você não vai se surpreender com o fato de que a maior parte das empresas "Mestres Digitais" é americana; de que a maioria delas se encontra no norte da Califórnia, na costa noroeste do Pacífico ou, então, na Nova Inglaterra e que, finalmente, o maior número delas atua no setor de hardware e software. E, certamente gigantes como Apple, Facebook e Amazon, bem como as *start--ups* de São Francisco a Boston, são excelentes usuárias da tecnologia. Mas essas não são os "Mestres Digitais" aos quais estamos nos referindo.

Na verdade, nem chegamos a incluí-los em nossa pesquisa. Queríamos saber como a tecnologia estava sendo adotada e utilizada *no mais de 90% das empresas que não fazem da tecnologia um meio de vida*. Portanto, não examinamos as estrelas do Vale do Silício. E não analisamos *start-ups* bem como outras pequenas empresas, pois suas oportunidades e seus desafios relativos à tecnologia são bem distintos daqueles enfrentados pelas grandes campanhas.

Concentramo-nos nas grandes empresas, em setores dos mais diversos como o financeiro, industrial e farmacêutico. Essas companhias impulsionam grande parte da economia, mas raramente são mencionadas no noticiário de tecnologia. Nem todas elas são "Mestres Digitais", mas, mesmo assim, muitas delas estão realizando coisas incríveis com o uso da tecnologia. Também dedicamos grande parte de nosso tempo observando fora dos Estados Unidos, pela simples razão de que a maior parte do mundo encontra-se aí. A difusão da tecnologia empresarial é um fenômeno global e queríamos compreender o que estava acontecendo ao redor do planeta. Portanto, realizamos pesquisas com grandes empresas internacionais para entender as abordagens por elas adotadas para tirar proveito das várias ondas recentes de inovação nas tecnologias da informação e das comunicações, e para ver quais dessas abordagens funcionavam melhor. Identificamos todos os tipos de empresa, tanto aquelas que estavam enfrentando dificuldades quanto aquelas bem-sucedidas no enorme desafio de tornarem-se digitais. Conforme explicado anteriormente, estamos chamando de "Mestres Digitais" as empresas que estão se dando bem neste aspecto e que estão espalhadas nos mais diversos setores de atividade. E os "Mestres Digitais" suplantam os seus pares. Nosso trabalho indica que os Mestres são 26% mais lucrativos que seus concorrentes medianos do mesmo setor. E eles geram 9% a mais de receita com a capacidade operacional atual instalada e conseguem maior eficiência em seus produtos e processos existentes.

Como iremos demonstrar, alcançar a maestria digital não é uma tarefa impossível, nem uma arte arcana. Não é exigido que se contrate os maiores talentos do Google nem que se invista 20% da receita em tecnologia todos os anos. Obviamente, é preciso certo investimento e capital humano, porém, as principais exigências são tempo, tenacidade e liderança. Com esses ingredientes, empresas bem informadas são capazes de juntar em um mosaico, não somente uma vez, mas continuamente ao longo do tempo, os elementos do progresso tecnológico. Em suma, os "Mestres Digitais" conseguem fazer com que as tecnologias digitais trabalhem a seu favor sempre, não obstante a contínua mudança destas últimas.

Nossa pesquisa nos convenceu que — e através deste livro esperamos que o mesmo aconteça com você — a maestria digital é uma meta factível para qualquer empresa. Daremos vários exemplos dos aspectos da maestria digital, por que ela é importante e como ela pode ser desenvolvida. Esperamos que você ache os exemplos convincentes e que use nosso trabalho para ajudá-lo a embarcar em sua própria jornada para de se tornar um "Mestre Digital".

Essa é uma importante jornada, pois, quando se trata do impacto das tecnologias digitais sobre o mundo empresarial, ainda não vimos nada. As inovações e disrupções dos últimos dez anos têm sido simplesmente impressionantes, mas são apenas os preparativos do que está por vir.

Os robôs serão mais destros, dotados de mobilidade e cientes do seu entorno. Eles começarão a aparecer não apenas no chão da fábrica, mas também em armazéns, em depósitos e em lojas. Seus primos próximos, os veículos autônomos, passarão a dirigir e a voar, primeiramente em regiões isoladas e depois, provavelmente, em regiões povoadas.

Os dados que estes *drones* geram são combinados com fluxos de dados de inúmeros sensores à medida que "instrumentamos" (em outras palavras, colocamos sensores em) praticamente tudo. Conforme apontado pelo empreendedor Gil Elbaz: "O mundo é um problema de *big data*."[1] Os anos por vir dirão que: se o comentário de Elbaz for um exagero, este não terá sido tão grande assim. Os "Mestres Digitais" pegarão esta avalanche de dados, a combinarão com as últimas inovações da inteligência artificial, aprendizagem automática e visualização e usarão os insights resultantes para tomar decisões mais inteligentes, ver o futuro mais claramente, eliminar ineficiências e compreender melhor seus clientes. Todos os demais ficarão para trás.

Ninguém é capaz de prever todas as inovações digitais que os próximos anos trarão. Talvez a melhor previsão genérica seja uma expansão daquilo que o inventor, empreendedor e capitalista de risco Marc Andreessen escreveu em uma coluna do *Wall Street Journal* de 2011: "Why software is eating the world?"[2] Concordamos em gênero e número, e gostaríamos de expandir o ponto de vista dele: os elementos do mundo digital — software, hardware, redes e dados — estão invadindo o mundo empresarial de uma forma muito rápida, abrangente e profunda. Independentemente do setor ou localização geográfica, as empresas serão muito mais digitais no futuro. Portanto, é inevitável: o momento para começar a buscar a maestria digital é agora.

Caso queira se tornar um "Mestre Digital", prossiga na leitura. O Capítulo 1 define maestria digital: o que é, qual o seu significado e como varia de empresa para empresa e de setor para setor. Nossa pesquisa identificou as características fundamentais que fazem das empresas "Mestres Digitais". O que elas fizeram, embora não seja fácil, pode ser adotado por qualquer outra desejosa de seguir um caminho semelhante. Os "Mestres Digitais" destacam-se por duas capacidades essenciais. Eles desenvolvem habilidades digitais ao repensarem e aprimorarem seus processos, a criação de vínculos com os seus clientes e seus modelos de negócios. Eles também desenvolvem sólidos recursos em liderança para imaginar e impulsionar a transformação. Cada dimensão de capacidade é importante por si só. Juntas elas o tornam um "Mestre Digital".

Por sua vez, as duas partes seguintes do livro examinam as duas habilidades mais importantes, que constituem o DNA da maestria digital. A Parte I concentra-se nas capacidades digitais. Trata-se *do que* é a maestria digital — os investimentos e as iniciativas empreendidas pelos executivos que transformam a maneira como suas empresas operam. O Capítulo 2 examina o aspecto mais visível dos recursos digitais — *de que forma você envolve os clientes*. Esses recursos vão além de websites e *apps* para dispositivos móveis, tratam de como realmente mudar a experiência vivida por seu consumidor. O Capítulo 3 explora um elemento bem menos visível, mas igualmente importante, da capacidade digital, os *processos operacionais*. A tecnologia digital permite às empresas romperem com alguns dos paradoxos tradicionais da excelência operacional, ajudando-as a desenvolver capacidades que aumentem a eficiência e a agilidade, bem como a impulsionar o envolvimento com o cliente e a abrir espaço para novos modelos de negócios — tudo isso feito sem que, em grande parte, seus concorrentes saibam como os fez. Finalmente, o Capítulo 4 discute *novos modelos de negócios*, desde a reconfiguração dos modelos de geração de valor até a criação de novos produtos e serviços para reinventar setores inteiros. Através desses modelos, é possível se ter uma vantagem competitiva em relação aos seus concorrentes atuais e ser mais esperto que aqueles que estão tentando entrar no seu mercado, deixando-os para trás.

A Parte II concentra-se em outra dimensão crítica: as capacidades de liderança. Estas são o *como* da maestria digital — as formas através das quais os executivos estão impulsionando a mudança. Grandes empresas são suscetíveis tanto à inércia quanto à entropia. Pode ser difícil começar e mais difícil ainda manter as coisas andando na mesma direção. A única forma efetiva que vimos para impulsionar a transformação é aquela "de cima para baixo", por meio da forte orientação de executivos experientes associada a métodos que consigam o comprometimento por parte dos funcionários em fazer com que a mudança aconteça. O Capítulo 5 mostra como criar uma *visão digital transformativa*. A visão é o que estabelece as aspirações para a sua empresa, mas falta a várias companhias esta parte essencial para impulsionar a transformação. O Capítulo 6 descreve, então, uma abordagem distinta ao *envolvimento*, que é o processo de estimular os funcionários a transformarem a visão em realidade. O Capítulo 7 examina a *governança digital*. Visão e envolvimento são duas das muitas habilidades de liderança. Uma força de trabalho entusiasmada, que acredita plenamente em uma visão comum, ainda assim poderia seguir vários caminhos. A governança fornece os *guardrails* e o volante para manter a transformação no caminho certo. Finalmente, o Capítulo 8 examina as *capacidades de liderança tecnológicas* necessárias para impulsionar a transformação: a forte relação que os "Mestres Digitais" estabelecem entre seus líderes de TI e comerciais e a forma como essas empresas usam esta relação para impulsionar a mudança em suas plataformas e recursos digitais internos.

A Parte III constitui o que chamamos de *caderno de estratégias para a transformação digital*. Esse kit de ferramentas, sintetizadas a partir dos insights das seções anteriores, fornece uma orientação gerencial concreta para ajudá-lo a criar a sua própria vantagem competitiva digital. O Capítulo 9 é o ponto de partida: *estruturar* o desafio digital. Ele mostra como tomar consciência, compreender o seu ponto de partida, traçar uma visão e alinhar a diretoria em torno dela. O Capítulo 10 apresenta como *focar os investimentos* da empresa. Ele dá conselhos sobre como traduzir a visão em ação, construir a governança necessária e financiar a transformação. O Capítulo 11 trata da *mobilização da organização* para fazer com que a transformação aconteça — deixar claras suas ambições, ganhar o direito de engajar, estabelecer novos padrões de comportamento e começar a fazer com que a cultura organizacional evolua. Finalmente, o Capítulo 12 discute como *sustentar a mudança*. Isso envolve desenvolver capacidades fundamentais, alinhar as estruturas de incentivos e de recompensa e monitorar continuamente o progresso. Embora cada tópico da Parte III pudesse se constituir em um livro por si só, cada capítulo contém um exercício de autoavaliação bem como alguns úteis exemplos e técnicas para ajudá-lo a começar.

Nossa conclusão geral deste trabalho é simples: ainda há muito por vir. Nos próximos dez anos, setores de atividade, economias e, provavelmente, sociedades inteiras serão transformados por uma enxurrada de tecnologias que até recentemente existiam apenas na ficção científica, mas que agora estão entrando e reformulando o mundo empresarial. Tornar-se um "Mestre Digital" é desafiador, mas nunca houve um momento mais oportuno. Quanto mais esperar, mais difícil ficará.

CAPÍTULO 1

O QUE É MAESTRIA DIGITAL?

Se as pessoas soubessem o quão exaustivamente eu trabalhei para atingir a maestria, ela não pareceria tão maravilhosa assim.

— MICHELANGELO

A Nike, fabricante de artigos esportivos, baseou seus negócios na inovação. De acordo com seu CEO, Mark Parker, "Somos uma empresa de inovação (...) Inovação e Design estão no epicentro do que fazemos."[1] Este foco na inovação vai além dos produtos da Nike, incluírem a forma como ela se relaciona com os seus clientes e até mesmo a maneira como ela administra suas atividades internas. E a tecnologia digital está tornando possível outros tipos de inovação[2].

Os clientes podem encomendar on-line calçados personalizados em centenas de combinações de cores. As ferramentas digitais tornaram o projeto e a fabricação dos produtos mais rápidos e eficientes do que nunca. Outros recursos digitais ajudaram a Nike a aumentar a visibilidade e o desempenho de suas atividades, ampliando a eficiência, reduzindo o desperdício e fazendo crescer a responsabilidade social corporativa na cadeia de suprimentos global da empresa.

As mídias sociais permitem à Nike ser parte integrante das conversas em torno dos principais esportes, eventos e artigos esportivos. E os produtos da empresa, como o FuelBand, permitem aos atletas computarem suas horas de treino, compartilharem on-line seus resultados e até mesmo receberem conselhos de "treinadores" digitais. Enquanto isso, tanto a mídia social quanto os produtos digitais dão à Nike uma rica fonte de dados sobre os clientes, suas atividades e preferências.

Essas inovações surgem em diferentes setores da companhia, na medida em que os gerentes procuram constantemente novas formas de melhorar. De acordo com Parker, CEO da empresa: "Sempre gosto de dizer que nos concentramos em nosso potencial e a distância entre onde nos encontramos agora e nosso potencial, e não a distância entre nós e nossos concorrentes. É nesse lugar que um líder deve estar. E, na medida em que se foca nesse espaço, você irá criar algumas coisas incríveis."[3]

Ainda em 2010, os executivos da Nike decidiram investir em algo diferente. Eles criaram uma nova unidade de negócios, chamada Nike Digital Sport, para desenvolver novos produtos digitais e reimaginar como a empresa poderia se relacionar com os clientes em suas diversas categorias. Profissionais de marketing, designers e engenheiros trabalham juntos para criar e lançar produtos sob a bandeira Nike+. A unidade também ajuda outros departamentos da companhia a desenvolverem suas iniciativas digitais. Sua "cozinha inovadora" produz novos desenhos e técnicas que vão do marketing à fabricação. Seu programa acelerador está formando o ecossistema digital da empresa. Analistas garimpam toneladas de dados (através do uso de técnicas de *data mining*), dados esses oriundos de iniciativas de marketing e produtos digitais da Nike, para se aproximar cada vez mais dos clientes espalhados ao redor do mundo.

De acordo com o diretor mundial para marca digital e inovação da Nike, Jesse Stolak, "O objetivo não mudou desde o princípio da Nike – queremos estar em contato com os atletas para inspirá-los e permitir a eles serem cada vez melhores."[4] Não apenas mais uma empresa que exclusivamente vende produtos, a Nike está passando a fazer parte da vida de seus clientes.

A história da Nike não é exclusiva. A Asian Paints é o maior fabricante de tintas para uso decorativo e industrial da Índia e a terceira maior do setor na Ásia, com receita de US$ 1,8 bilhão[5]. Ela foi capaz de transformar-se em uma empresa global e manter o crescimento em ritmo acelerado, mais de 15% anuais durante uma década e, ao mesmo tempo, aumentar sua eficiência transformando a experiência vivida pelo cliente e reduzindo o impacto ambiental[6].

Tendo conseguido uma vantagem competitiva digital que atende uma economia de 1 bilhão de pessoas da Índia, a Asian Paints hoje está presente em 17 países ao redor do planeta. E nada disso teria sido possível sem as sucessivas ondas de transformação digital ocorridas ao longo da última década.

De acordo com seu CIO (*Chief Information Officer*) e Diretor de Estratégia, Manish Choksi, um desafio enfrentado pela companhia tem sido "impulsionar a eficiência e o crescimento em um negócio distribuído em mais de 120 localidades, lidando diretamente com 20.000 a 30.000 varejistas"[7]. Após unificar a empresa através de sólidos sistemas de TI para as atividades de fabricação, processamento de pedidos e cadeia de suprimentos a Asian Paints encontrava-se em uma base sólida para crescer. Isso criou o ambiente para uma série de transformações. Centralizar a rotineira atividade de processamento de pedidos feitos pelos clientes em um único call center corporativo aumentou a eficiência e melhorou o atendimento ao consumidor. O pessoal de vendas da empresa passou de meros "tiradores de pedido" a gestores de uma relação permanente com os clientes. Novas fábricas automatizadas passaram a produzir produtos de maior qualidade e ecologicamente corretos, diferentemente das antigas fábricas que tinham o uso de mão de obra intensiva. A expansão para a área de serviços – vender serviços para pintura de paredes e não apenas galões de tinta – gerou benefícios, além de novas receitas. O fornecimento de serviços garantiu que produtos de melhor qualidade fossem aplicados apropriadamente, aumentando, consequentemente, a satisfação do cliente e ajudando a empresa a se aproximar mais do consumidor final, coisa que não acontecia no passado[8]. Conforme afirmado no site da Asian Paints, a transformação digital continuará no futuro: "O caminho a ser trilhado é integrar todas as partes interessadas (entre as quais fornecedores, funcionários e clientes) e criar uma 'empresa estendida'."[9]

A Nike e a Asian Paints atuam em setores completamente distintos. Elas possuem produtos, clientes e histórias bem diferentes. Mas têm algo em comum: a maneira como usam as tecnologias digitais para levar suas empresas adiante. Exemplos de "Mestres Digitais", a Nike e a Asian Paints estão utilizando tecnologias digitais para transformar a forma como elas fazem negócios. Os "Mestres Digitais" usam melhor a tecnologia que seus concorrentes e obtêm enormes benefícios com isso. Estes não apenas acontecem em evidentes interações com os clientes, mas também de forma não tão explícita, como nas atividades internas dessas empresas. As vantagens são evidentes em termos financeiros; os "Mestres Digitais" são substancialmente mais lucrativos que seus pares[10].

Mas, o que os "Mestres Digitais" fazem de diferente? Como seu negócio pode se tornar um deles? A Nike e a Asian Paints não começaram como "Mestres Digitais". Elas construíram sua vantagem competitiva digital ao longo do tempo. E elas fizeram isso seguindo caminhos diferentes. Mas, ambas perceberam o que nossa pesquisa demonstra: os "Mestres Digitais" fazem mais que apenas investir em recursos digitais. Eles criam as capacidades de liderança para obter o máximo de suas atividades digitais. Iremos lhe mostrar como.

O DNA DOS "MESTRES DIGITAIS"

Começamos nossa pesquisa com uma pergunta simples, porém abrangente: como as grandes empresas ao redor do mundo estão usando tecnologias digitais novas e em rápida evolução em seus negócios? Quando iniciamos nosso estudo, não tínhamos dimensões ou práticas específicas em mente. Apenas sabíamos que as grandes corporações estavam fazendo muito mais do que aquilo que ouvíamos falar na mídia. E estávamos intrigados com a justaposição de velocidades entre empresas do setor de tecnologia digital e as culturas mais lentas e mais deliberativas das grandes companhias de vários outros setores.

Aprendemos, com o passar dos anos, que quando se está diante de uma grande questão em que não se tem respostas claras, a melhor coisa a fazer é observar como os executivos estão de fato obtendo as respostas para si mesmos. Portanto, conversamos com executivos de grandes companhias – 150 executivos de cinquenta empresas ao redor do planeta – para compreender a maneira de pensar destes dirigentes em relação aos desafios colocados pelo mundo digital e o que eles estavam fazendo com as novas tecnologias.

Constatamos que a maioria das empresas já estava investindo em tecnologias como mídias sociais, mobilidade, *analytics* e dispositivos integrados. Mas, algumas delas – as companhias que chamamos de "Mestres Digitais" – estavam obtendo progressos bem maiores que as demais. Comparando estas empresas com o restante, identificamos diferenças na forma como os mestres conceituavam e administravam suas atividades no âmbito digital. Descobrimos que não se trata apenas do quanto é investido, mas sim a forma de conduzir a mudança que faz dessas empresas "Mestres Digitais"[11]. Após testarmos nossa teoria em uma pesquisa global com cerca de 400 empresas, ficamos ainda mais convencidos.

Os "Mestres Digitais" se sobressaem em duas dimensões críticas: o *que* da tecnologia (que nós denominamos *capacidades digitais*) e o *como* liderar a mudança (que nós denominamos *capacidades de liderança*). Estas são duas dimensões bem distintas da maestria digital e cada uma delas tem seu papel específico. Até certo ponto, o volume que se investe importa, mas a forma como se usa esse investimento para transformar a empresa é uma das chaves para o sucesso. Nenhuma dessas dimensões é autossuficiente. Cada uma delas está associada a diferentes tipos de desempenho financeiro e fornece apenas parte da vantagem competitiva[12]. Juntas elas se combinam para dar aos "Mestres Digitais" uma clara vantagem em relação a seus concorrentes.

Capacidades Digitais

Os "Mestres Digitais" sabem onde e como investir em oportunidades digitais. O volume de investimento não é tão importante quanto a razão para fazê-lo, bem como o seu impacto. Os "Mestres Digitais" veem a tecnologia como uma forma de mudar a maneira como eles fazem negócios – a criação de vínculos com seus clientes, suas próprias atividades internas e até mesmo seus modelos de negócios. Para essas empresas, as novas tecnologias como mídia social, mobilidade e *analytics* não são metas a serem atingidas nem sinais a serem enviados aos clientes e investidores. Tais tecnologias são ferramentas para se aproximar dos clientes, dar maior poder de decisão aos funcionários e transformar os processos de negócios.

Porém, apenas tecnologia não basta. Embora as mudanças possíveis através dos investimentos digitais inteligentes sejam impressionantes, elas não são suficientes. Companhias que investem nas áreas certas acabam tendo receitas maiores para cada uma das unidades, utilizando sua capacidade operacional atualmente implantada (como pessoal e instalações), que seus concorrentes, mas elas não são mais rentáveis. Conseguir a verdadeira vantagem competitiva digital também requer liderança.

Capacidades de Liderança

Para os "Mestres Digitais", uma liderança com comprometimento é mais que um simples modismo. Trata-se da alavanca que faz com que a tecnologia se traduza em transformação. Apesar do conselho de muitos gurus para "deixar que cem flores desabrochem"[NT-1] em sua empresa, não vimos nenhum exemplo de transformação bem-sucedida que viesse "de baixo para cima". Pelo contrário, os executivos de cada empresa "Mestre Digital" conduziram a transformação através de uma forte liderança "de cima para baixo": estabelecendo rumos, ganhando força e garantindo que a companhia seguisse adiante.

A liderança "de cima para baixo" não significa que você precise planejar a transformação com todos os detalhes desde o princípio. Nem quer dizer que basta apenas estimular a empresa e ficar aguardando que grandes mudanças aconteçam. Nos "Mestres Digitais" que estudamos, os líderes criaram uma visão de futuro clara e ampla, foram responsáveis por algumas iniciativas críticas para, então, envolver seus funcionários na construção da visão da empresa ao longo do tempo. Os líderes permaneceram envolvidos durante a transformação para sustentar a mudança com fortes argumentos, levá-la adiante, bem como redirecionar atividades e comportamentos que não viessem ao encontro da visão. E eles buscavam continuamente maneiras de estender a visão e levar a companhia para o estágio seguinte da vantagem competitiva digital. Como a Asian Paints, a Nike e outras empresas perceberam, cada passo no caminho para a transformação abre novas possibilidades para serem exploradas e ampliar a vantagem competitiva digital da companhia.

A liderança "de cima para baixo" realmente significa forte coordenação e governança. É muito difícil garantir que todos os setores de uma complexa empresa avancem na direção e no ritmo certos. Pessoas, nas diferentes unidades, em geral, fazem o que bem entendem ou relutam antes de se comprometerem com uma nova forma de agir. A verdadeira vantagem advém da interligação de várias atividades digitais e que somente podem se concretizar caso as pessoas estejam falando a mesma língua. A Nike criou a Nike Digital Sport, em 2010, para fornecer coordenação, inovação e alguns recursos compartilhados para as diversas iniciativas da empresa no sentido do digital[13]. A Starbucks, gigante do setor de cafeteria, criou o cargo de CDO (*Chief Digital Officer*)[NT-2] em 2012 pela mesma razão[14]. A Asian Paints ampliou o papel do CIO para abranger tanto estratégia como TI. Outras empresas acharam que bastavam os comitês diretores digitais. As funções são menos importantes que os resultados. Todos os "Mestres Digitais" encontram maneiras de construir uma clara visão de um futuro radicalmente diferente, fazer com que seus funcionários adiram ao objetivo, fomentar estreitos laços entre o pessoal das áreas técnica e comercial e manter o rumo através de firme governança.

QUATRO NÍVEIS DE MAESTRIA DIGITAL

Se "Mestres Digitais" como a Nike e a Asian Paints representam a excelência tanto na dimensão digital quanto na dimensão de liderança, o que dizer das demais empresas? Cada uma dessas dimensões é diferente, bem como importante, por várias razões. Reunir a ambas conduz a quatro níveis de maestria digital (Figura 1.1). Os "Mestres Digitais" destacam-se nestas dimensões, mas a maioria das empresas não. Algumas companhias são boas nas capacidades digitais, mas são fracas nas capacidades de liderança. Com outras acontece o contrário. Há casos também em que a empresa é fraca nas duas dimensões; elas ainda não começaram a empreender a jornada digital.

Os *Principiantes* encontram-se apenas no início da jornada digital. Muitos deles adotam uma estratégia "esperar para ver", na tentativa de terem certeza antes de agir. Algumas empresas acreditam que a oportunidade digital é justa para outros setores, mas não aquele no qual elas atuam. Para outras, falta liderança para fazer com que as coisas aconteçam. Como resultado disso, os Principiantes possuem apenas capacidades digitais básicas. E eles ficam atrás de seus concorrentes em várias medições em termos de desempenho financeiro.

FIGURA 1.1

Quatro níveis de maestria digital

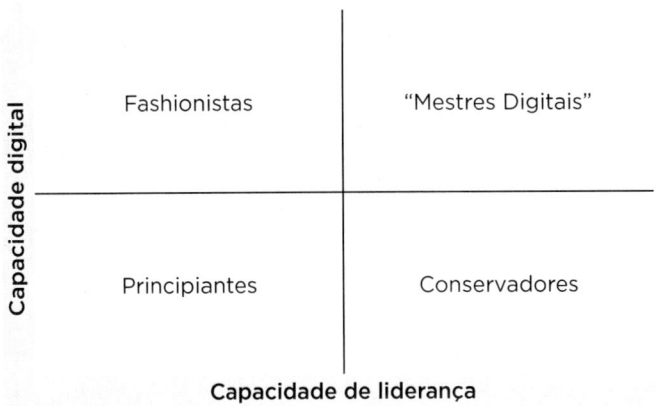

Fonte: Adaptado de George Westerman, Maël Tannou, Didier Bonnet, Patrick Ferraris e Andrew McAfee, "The digital advantage: How digital leaders outperform their peers in every industry", Capgemini Consulting e MIT Center for Digital Business, nov./2012.

Muitos Principiantes dão como desculpa a regulamentação ou a privacidade para justificarem sua inércia. Enquanto isso, seus concorrentes não estão esperando para agir. Muitas seguradoras têm resistido em adotar as mídias sociais devido a questões regulamentárias na permissão de seus agentes usarem mensagens de *blogs* e mídias sociais. Mas, a Northwestern Mutual encontrou uma maneira segura de colocar os seus agentes no LinkedIn de modo que seus representantes financeiros[NT-3] pudessem estabelecer e manter contato[15]. Da mesma forma, várias empresas dos setores médico e farmacêutico preocupam-se com questões regulatórias e de privacidade no uso das mídias sociais. Porém, um fabricante de um equipamento médico usou as mídias sociais, de uma forma muito mais rápida que as mídias tradicionais poderiam ter feito[16], para informar profissionais da saúde sobre um novo dispositivo que revolucionaria o mercado.

Os *Fashionistas* não estão esperando para agir. Eles compram qualquer "engenhoca" digital nova. Eles alardeiam sua tendência tecnológica, mas não mudam o que está por trás daquela capa de verniz. Entretanto, pelo fato de faltar a eles uma firme governança e liderança digital, desperdiçam muito do que investem. Ou então acham que têm de reverter o que fizeram, de modo a poderem integrar e ampliar suas capacidades. Uma das empresas por nós estudada criou plataformas colaborativas para funcionários em diferentes setores usando tecnologias diferentes (e incompatíveis). Os funcionários podiam colaborar dentro de suas áreas, porém não conseguiam disseminar e compartilhar conhecimento pela corporação toda. Uma outra companhia possuía três iniciativas em termos de marketing através de dispositivos móveis, em diferentes setores, voltados para mercados que se sobrepunham. As soluções usando dispositivos móveis usavam fornecedores diversos e diferentes tipos de tecnologia, o que impedia uma integração.

Embora não haja nada de errado em fazer experimentos para descobrir as melhores soluções, nenhum desses Fashionistas possuía mecanismos para coordenar suas atividades ou criar sinergia entre seus investimentos. Aplicar uma ampla gama de processos e sistemas incompatíveis pode parecer com progresso, mas na verdade isso limita oportunidades maiores. Esta incompatibilidade impede uma abordagem coordenada à criação de vínculos com seus clientes e uma visão unificada de suas atividades.

Os *Conservadores* possuem um perfil de capacitação que é o oposto dos Fashionistas. Embora os Conservadores tenham capacidades úteis de liderança digital, a prudência extrema impede que estas empresas desenvolvam capacidades digitais sólidas. Não se importando com os modismos tecnológicos, o foco destas companhias é garantir que todo investimento em tecnologia digital seja considerado de forma cuidadosa e coordenado de maneira firme. Os líderes dessas empresas não querem cometer erros que impliquem o desperdício de tempo, dedicação e dinheiro. Esta prudência pode ser útil, particularmente em setores altamente regulamentados como os de assistência médica e financeiro. Porém, ela também pode criar uma "armadilha" de governança que se concentra mais nos controles e regras que em fazer progresso. Ao focar no controle e na segurança, os Conservadores encontram dificuldades em mobilizar a cúpula da empresa (bem como o restante da organização) no sentido de enxergarem o benefício maior que a transformação digital pode trazer. Ao tentarem evitar o insucesso, essas empresas deixam de progredir.

A MAESTRIA DIGITAL IMPORTA

Os "Mestres Digitais" suplantaram as dificuldades que desafiam seus concorrentes. Eles sabem como e onde investir, e seus líderes estão comprometidos em orientar a empresa, de modo firme, no rumo do futuro digital. Eles já estão explorando suas vantagens competitivas digitais no sentido de criarem posições competitivas em seus setores.

Para quantificar essa vantagem competitiva digital, realizamos uma pesquisa com 391 empresas espalhadas por 30 países[17]. Limitamos nosso estudo às grandes empresas – aquelas com receitas de dólares 500 milhões ou mais. Usamos métodos estatísticos em questões específicas, a fim de gerar fatores representativos de subcomponentes das duas dimensões da maestria digital, para agrupar os fatores compositivos, e então, na medida do possível, tornar estas duas dimensões estatisticamente independentes entre si. Em seguida, subdividimos a amostra na mediana de cada dimensão para classificar cada empresa em uma das quatro categorias por nós estabelecidas, sendo que cada categoria continha aproximadamente 25% do total de empresas.

Posteriormente, analisamos os dados financeiros das 184 empresas de capital aberto de nossa amostra. Ajustamos pela média o desempenho de cada companhia, subtraindo o desempenho médio de todas as empresas de um dado setor cujo faturamento fosse maior que 500 milhões de dólares anuais. Depois disso, dolares comparamos o desempenho médio das empresas em cada quadrante.

Constatamos uma diferença impressionante no desempenho, a favor dos "Mestres Digitais" (Figura 1.2). Os dois elementos críticos da maestria digital – capacidades digitais e capacidades de liderança – estão associados a diferentes tipos de desempenho; empresas que se sobressaem em uma dada dimensão superam os concorrentes do mesmo setor em algumas medidas de desempenho, ao passo que ficam para trás em outras. Enquanto isso, os "Mestres Digitais" – empresas que se sobressaem em ambas as dimensões – possuem desempenho maior, superando de longe outras empresas em diversas medidas financeiras. Eles são 26% mais lucrativos que seus pares do setor e geram 9% mais receita a partir de seus bens tangíveis[18].

FIGURA 1.2

Os "Mestres Digitais" superam seus pares

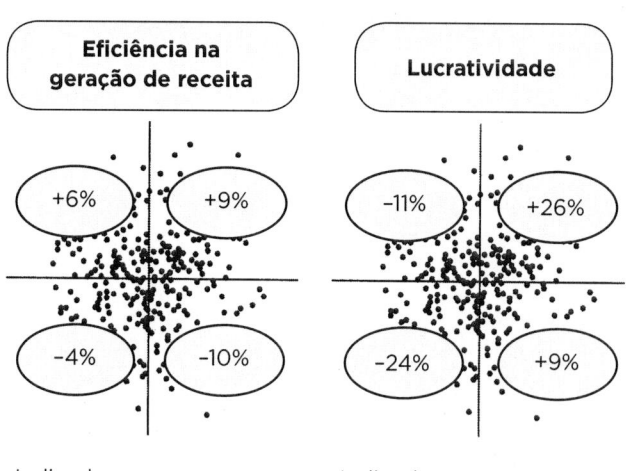

Indicadores:
• Receita/funcionário
• Giro de ativo fixo

Indicadores:
• Margem EBIT
• Lucro líquido

Nota: Diferença média de desempenho para as empresas em cada quadrante *versus* o desempenho médio de todas as grandes empresas do mesmo setor, para as 184 companhias de capital aberto de nossa amostra. EBIT = lucro antes dos juros e impostos.

Fonte: Adaptado de George Westerman, Maël Tannou, Didier Bonnet, Patrick Ferraris e Andrew McAfee, "The digital advantage: How digital leaders outperform their peers in every industry", Capgemini Consulting e MIT Center for Digital Business, nov./2012.

Capacidade Digital e a Geração de Receita

Empresas com maior capacidade digital são melhores na geração de receita a partir de seus bens tangíveis. Em uma cesta de mercado medida, comparando receita por funcionário e giro de ativo fixo, os Fashionistas e os "Mestres Digitais" superam o desempenho médio setorial, respectivamente, em 6% e 9%. Enquanto isso, os Principiantes e os Conservadores, que ficam para trás em termos de capacidades digitais, estão em desvantagem em relação aos concorrentes de seu setor, respectivamente, em 4% e 10%.

Essas diferenças entre capacidade digital alta e baixa faz sentido, pois as atividades digitais podem melhorar e estender o alcance das atividades físicas. Através do *e-commerce* as empresas (grandes e pequenas) têm acesso a um mercado bem maior para seus bens e serviços. O comércio digital pode ajudar as companhias a administrarem um volume maior com uma capacidade física menor; e os recursos digitais também podem ser capazes de aumentar suas receitas, já que com eles se têm acesso a novos clientes e novos meios de relacionamento com o consumidor. A capacidade da Nike de gerar frisson por meio das mídias sociais ou o uso de call centers ou dispositivos móveis por parte da Asian Paints para alavancar seus vendedores, ajudam estas empresas a aumentarem suas receitas sem ter de investir em mais funcionários ou instalações.

A diferença em termos de geração de receita é substancial. Por exemplo, os Fashionistas – fortes no investimento digital, mas não em liderança – obtêm 16% mais de receita por unidade de capital humano e bens tangíveis que aquele obtido pelos Conservadores, e 10% mais que os Principiantes. Os Conservadores, por serem fracos em termos de investimento digital, possuem menor alavancagem de receitas, mas se sobressaem em outros aspectos.

Capacidade de Liderança e Lucratividade

Deslocando-se na outra dimensão, as empresas que se destacam em capacidades de liderança são significativamente mais lucrativas que seus pares. Em média, os Conservadores e os "Mestres Digitais" são, respectivamente, 9% e 26% mais lucrativos que a média da concorrência de seus setores em uma "cesta de mercado medida"[NT-4], que inclui EBIT (*Earnings Before Interest and Taxes*, ou seja, lucro antes dos juros e impostos) e lucro líquido. Por outro lado, os Principiantes e os Fashionistas, com suas capacidades de liderança mais fracas, estão em desvantagem em relação à média de seus concorrentes em, respectivamente, 11% e 24%, nessas medidas de lucratividade.

As empresas que se sobressaem na capacidade de liderança, visão sólida e governança disciplinada ajudam a impulsionar investidores em tecnologia digital em uma direção comum. Tais companhias erradicam atividades que vão contra a visão de uma empresa transformada. Elas multiplicam os investimentos bem-sucedidos por toda parte. E envolvem seus funcionários na identificação de oportunidades novas e valiosas.

A Asian Paints ganhou eficiência através de firme governança e um bom relacionamento entre as áreas comercial e de TI para lançar novas capacidades digitais que a levariam à categoria de "Mestre Digital". A unidade digital da Nike desenvolve produtos e capacidades digitais, ajuda outras unidades e administra as atividades digitais que rompem os silos organizacionais. Cada uma dessas empresas constatou que uma liderança digital criava eficiência e escalabilidade em suas iniciativas no âmbito digital.

A VANTAGEM DOS "MESTRES DIGITAIS" EM TERMOS DE DESEMPENHO

As empresas que se destacam em uma das dimensões superam seus concorrentes de formas específicas e diversas. Os "Mestres Digitais" – aquelas que se sobressaem nas duas dimensões – superam de longe os demais. Em média, os "Mestres Digitais" são 26% mais lucrativos que os concorrentes de seus próprios setores. Eles geram 9% a mais de receita com suas respectivas mão de obra e bens tangíveis. Para as empresas tradicionais e de grande porte que estudamos – com receita de 500 milhões de dólares ou mais – a diferença pode ser de vários milhões de dólares no resultado final.

Os "Mestres Digitais" combinam capacidades digitais e capacidades de liderança para atingirem um desempenho que é superior ao que cada uma das dimensões é capaz de produzir por si só. Capacidades digitais sólidas tornam novas iniciativas, no sentido do digital, mais fáceis e menos arriscadas, fornecendo, ao mesmo tempo, uma alavancagem de receitas capaz de gerar novos fluxos de caixa. Por outro lado, uma liderança firme cria sinergia capaz de liberar dinheiro para investimento e, simultaneamente, estimula os funcionários a identificarem novas oportunidades. Juntas, as duas capacidades aumentam vertiginosamente os lucros, em um "círculo vicioso digital" de vantagem competitiva digital cada vez maior.

Nossa análise mostra correlação e não causalidade. Sobressair-se nas capacidades digitais e de liderança pode levar as empresas a um melhor desempenho financeiro. Por outro lado, podemos constatar que companhias que superam financeiramente seus pares tendem a se sobressair nas duas dimensões da maestria digital. O sentido da causalidade é importante do ponto de vista da pesquisa acadêmica. Porém, sob uma ótica gerencial, qualquer um dos sentidos leva ao mesmo conselho.

Portanto, digamos isso da seguinte forma: as empresas melhor administradas do mundo – aquelas que superam significativamente seus pares tanto em termos de geração de receita quanto de lucratividade – tendem a gerenciar suas atividades digitais de uma forma comum. Elas desenvolvem capacidades digitais e de liderança que são melhores que outras empresas. Se as melhores companhias do planeta realizam suas atividades usando recursos de tecnologia digital dessa forma, então, é uma boa ideia administrar suas próprias atividades digitais da mesma maneira também.

VOCÊ TEM TEMPO PARA ESPERAR?

A transformação digital está avançando muito mais rapidamente em alguns setores que em outros. Caso participe dos setores turístico ou editorial, você já está lidando com concorrentes digitais e vendas on-line há anos. Mas, o que acontece caso seu setor seja o farmacêutico ou de serviços de utilidade pública, em que ameaças digitais fortes ainda têm de se materializar? Você tem condições de bancar essa espera?

A Figura 1.3 mostra, setorialmente, a maestria digital em nossa pesquisa. Cada ponto representa a maestria média das empresas por setor, para os quais temos vinte ou mais dados. Alguns setores já se encontram devidamente posicionados no quadrante "Mestres Digitais", ao passo que outros estão para trás. Muitas empresas do ramo de alta tecnologia já são "Mestres Digitais", ao passo que a maestria digital no setor farmacêutico é bem menor. Outras áreas, como as de telecomunicações ou de bens de consumo embalados, encontram-se próximas da maestria digital, mas precisam de mais capacidades digitais ou capacidades de liderança, ou ambas, para chegar lá.

FIGURA 1.3

Maestria digital por setor

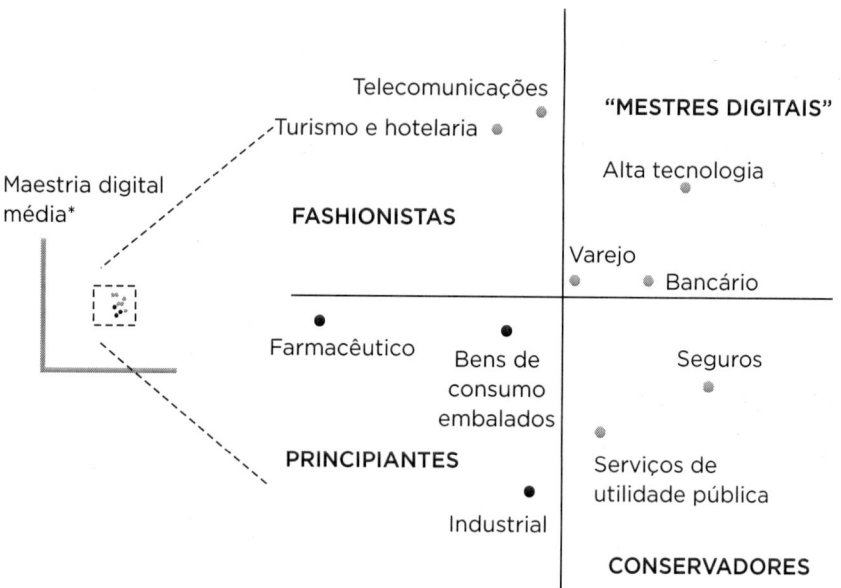

*Maestria digital média para os setores de atividade para os quais recebemos, pelo menos, vinte respostas à consulta feita.

Fonte: George Westerman, Maël Tannou, Didier Bonnet, Patrick Ferraris e Andrew McAfee, "The digital advantage: how digital leaders outperform their peers in every industry", Capgemini Consulting e MIT Center for Digital Business, nov./2012.

Se a sua empresa estiver em desvantagem em relação à maestria digital média, ela precisa andar mais rápido. Mas, o que acontece caso sua empresa não esteja para trás em seu setor? Se você for um executivo de um setor Principiante, como bens de consumo embalados, farmacêutico ou industrial, talvez se sinta tentado a acreditar que pode esperar. Afinal de contas, por que investir dinheiro e esforço para se tornar um "Mestre Digital" se todo o setor do qual participa está na retaguarda? Este tipo de pensamento é sensato. Mas, errado.

Você poderia pensar que se o ramo do qual faz parte não se encontra no quadrante "Mestres Digitais", então você tem uma oportunidade para conseguir vantagem competitiva digital, antes que alguém o faça. Tal pensamento é um pouco mais preciso, mas, ainda, errado.

Você também poderia imaginar que é possível observar seus concorrentes, acelerar e segui-los de perto. Esta atitude também não é totalmente correta. É muito tarde para se antecipar a todos os seus pares, e você não pode segui-los de perto em termos de maestria digital a menos que você já se encontre lá.

Caso sua empresa não seja um "Mestre Digital", a Figura 1.4 porta más notícias. Ela mostra, setorialmente, a porcentagem de companhias em cada quadrante. Na maioria dos setores, mais de um quarto de todas as grandes empresas já são "Mestres Digitais". Em outras palavras, em todos os setores – farmacêutico, industrial, alta tecnologia etc. – algumas companhias já estão colhendo os frutos da vantagem competitiva digital. Todas as demais estão para trás.

Essa situação deve ser encarada como um convite à ação. Pense nisso. Mesmo que leve apenas três ou quatro anos para tornar-se um "Mestre Digital", algumas empresas de seu setor já estão tirando proveito da vantagem competitiva digital. Pior ainda, enquanto você começa a desenvolver as capacidades necessárias, os mestres podem explorar os recursos que já possuem, eles podem adiantar sua empresa, mesmo se você estiver um pouco atrás.

FIGURA 1.4

Maestria digital por setor

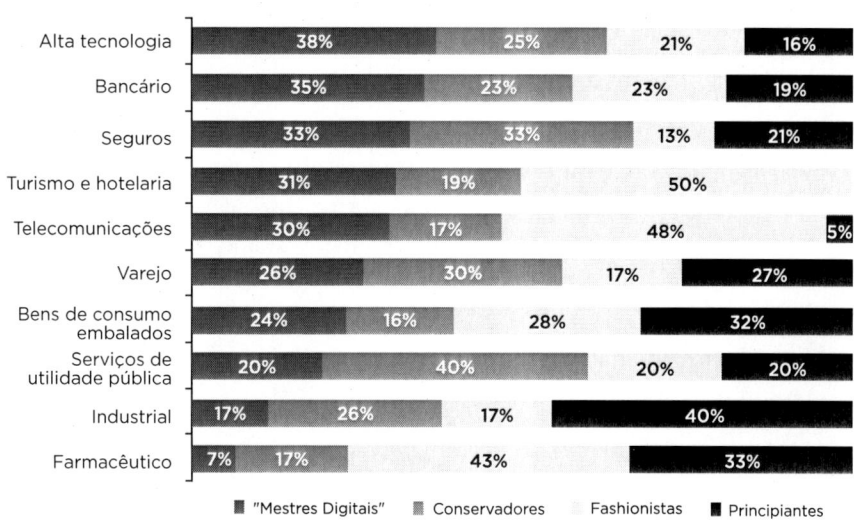

Nota: Distribuição da maestria digital para todos os setores com mais de vinte empresas que responderam à nossa pesquisa. Observe que há "Mestres Digitais" em todos as áreas estudadas.

Fonte: George Westerman, Maël Tannou, Didier Bonnet, Patrick Ferraris e Andrew McAfee, "The digital advantage: How digital leaders outperform their peers in every industry", Capgemini Consulting e MIT Center for Digital Business, nov./2012.

COMO COMEÇAR JÁ

A maestria digital importa. Ela é relevante para todos os setores. Constatamos que o DNA dos "Mestres Digitais" é claro, e qualquer empresa pode adotá-lo. Mas, tornar-se um "Mestre Digital" demanda tempo, e o tempo é uma *commodity* cada vez mais escassa para muitas empresas.

Como você irá se tornar um "Mestre Digital"? As companhias optam por diferentes caminhos para chegar lá. A Nike era uma Fashionista antes de se tornar "Mestre Digital". Inicialmente ela desenvolveu capacidades digitais em silos. Em seguida, através de sua unidade Nike Digital Sport, ela agregou novas capacidades de liderança para interligar os silos e lançar novas capacidades digitais.

A Asian Paints seguiu o caminho contrário; ela era Conservadora antes de se tornar "Mestre Digital". Os executivos da Asian Paints criaram a visão de se transformarem em uma empresa mais unificada para depois desenvolverem capacidades em TI e governança para ajudá-la a chegar lá. Em seguida, eles repetidamente desenvolveram as capacidades da empresa para transformar o envolvimento com seus clientes, as atividades internas e os modelos de negócios. Tanto a Asian Paints quanto a Nike estão obtendo enormes benefícios de suas maestrias digitais.

Embora seja menos comum, algumas companhias pularam direto de Principiante para "Mestre Digital". Elas não pararam no meio do caminho. A Burberry, sobre a qual falaremos no Capítulo 2, conseguiu ir direto. E, embora dar um salto direto seja difícil e arriscado, certas vezes é a única maneira de se avançar. Isto é particularmente verdade quando se tem uma situação de crise – uma "plataforma em chamas"[NT-5] em setores como mídia, entretenimento ou serviços de informação; neste caso, fazer o salto pode ser a melhor forma de sair dela.

A Figura 1.5 mostra, de forma mais detalhada, os quatro quadrantes da maestria digital, inclusive os desafios enfrentados pelas empresas em cada quadrante. Reserve um minuto para pensar nisso. Em qual quadrante sua empresa encontra-se? Tome sua própria decisão e, então, faça a mesma pergunta a alguns colegas. As iniciativas no âmbito digital estão criando uma verdadeira mudança em sua companhia ou elas são apenas engenhocas reluzentes? Você está sendo cauteloso demais e, portanto, perdendo oportunidades de âmbito digital? A autoavaliação apresentada no Apêndice pode ajudá-lo a identificar sua posição na matriz.

Se a sua empresa for uma Fashionista, ela deve começar a desenvolver as capacidades de liderança e criar sinergia por meio de iniciativas digitais. Encontre uma visão unificadora e invista em governança para coordenação de toda a companhia. Talvez você queira contratar um CDO como fez a Starbucks ou criar uma unidade digital como a Nike. Passar de Fashionista para "Mestre Digital" talvez exija certo investimento, na medida em que você dê um novo foco às iniciativas e tecnologias digitais desconexas transformando-as em um programa digital unificado e coerente. Esse tipo de novo foco e retrabalho, por mais penoso que possa ser no curto prazo, valerá a pena mais à frente em termos de custos mais baixos, menor risco e maior agilidade.

FIGURA 1.5

Qual o seu nível de maestria digital?

	Fashionistas	"Mestres Digitais"
Capacidade digital	• Vários recursos digitais avançados (por exemplo, mídias sociais e dispositivos móveis) em silos • Nenhuma visão abrangente • Coordenação subdesenvolvida • Talvez exista cultura digital em silos	• Forte visão digital abrangente • Excelente governança rompendo a barreira dos silos • Várias iniciativas digitais gerando valor para a empresa de forma mensurável • Forte cultura digital
	Principiantes	Conservadores
	• Gestão cética do valor para a empresa das tecnologias digitais • Talvez estejam realizando alguns experimentos • Cultura digital imatura	• Visão digital abrangente, porém, pode estar subdesenvolvida • Poucos recursos digitais avançados, embora capacidades digitais tradicionais possam estar maduras • Forte governança digital rompendo a barreira dos silos • Etapas ativas para desenvolver habilidades e cultura digitais

Capacidade de liderança

Fonte: George Westerman, Claire Calméjane, Didier Bonnet, Patrick Ferraris e Andrew McAfee, "Digital transformation: A roadmap for billion-dollar organizations", Capgemini Consulting e MIT Center for Digital Business, nov./2011.

Se sua empresa for Conservadora, você poderá tirar proveito dos pontos fortes da liderança digital para desenvolver novas capacidades digitais de forma inteligente. Cada companhia possui áreas em que os executivos sabem que podem melhorar, seja em termos de vínculos com os clientes ou de atividades internas. Tente alguns experimentos para resolver esses problemas. Em seguida, estenda as tentativas para toda a empresa. Assim como os executivos da Asian Paints, você será capaz de pensar continuamente sobre como expandir sua visão digital. O que mais você poderia fazer com essas novas capacidades digitais? Envolva seus funcionários, através de reuniões ou contextos de inovação, para identificarem novas oportunidades de âmbito digital. Em seguida, implemente-as.

Se sua empresa for uma Principiante, você poderá fazer alguns experimentos para realizar uma sondagem pelo "mundo digital", seja com clientes ou em suas atividades internas. Em seguida, construa uma visão do futuro digital de seu negócio e comece a desenvolver as capacidades para fazer com que ela se concretize. Em geral, o melhor caminho é começar com a capacidade que é mais natural para a empresa. Depois disso você pode avançar na direção mais desafiadora, assim que estiver pronto. Seguradoras e bancos, talvez, primeiramente alavancariam suas culturas conservadoras para criar capacidades de liderança de comprometimento e depois expandir seus investimentos digitais. Setores que mudam rapidamente e focados nos clientes, como moda e mídia, poderiam começar inovando com modernas capacidades digitais para, então, desenvolver fortes capacidades de liderança.

O QUE VEM A SEGUIR

Você viu os benefícios de ser um "Mestre Digital". Começou a pensar sobre seu nível de maestria digital. Agora é chegado o momento de traçar a sua estratégia de transformação digital. No restante do livro mostraremos como.

A Parte I trará, detalhadamente, o significado de desenvolver suas capacidades digitais. Nossa pesquisa identificou três grandes áreas nas quais as empresas estão formando novas capacidades digitais – experiência vivida pelo cliente, processos operacionais e modelos de negócios. Consequentemente, dedicamos um capítulo para cada área, incluindo exemplos de muitas empresas ao redor do mundo como Air France, Burberry, Caesars Entertainment e Codelco. A Parte II apresentará como desenvolver suas capacidades de liderança. Identificamos quatro elementos: visão transformativa compartilhada, firme governança, forte comprometimento e sólida liderança tecnológica. Dedicamos um capítulo para cada elemento, incluindo exemplos de como empresas como Caesars, Codelco, P&G, PagesJaunes e Starbucks estão fazendo isso acontecer. Em seguida, a Parte III o ajudará a construir o seu guia. Fornecemos uma orientação de gestão concreta – além de autoavaliações que você pode realizar junto com seus colegas – para ajudá-lo a criar sua própria vantagem competitiva digital.

PARTE I

DESENVOLVENDO CAPACIDADES DIGITAIS

O DNA dos "Mestres Digitais" é claro. Um elemento do DNA mostra que a transformação digital não pode acontecer sem investimentos astutos em tecnologia digital – o *que* da transformação digital. Mas, muitíssimas empresas confundem a vantagem competitiva digital com as próprias tecnologias em si.

Esta Parte I mostra, de forma aprofundada, como executivos transformaram a maneira como suas empresas funcionam. É possível diferenciar uma companhia através de três amplas categorias de capacidade digital: experiência vivida pelo cliente, processos operacionais e modelos de negócios. Vejamos cada uma delas.

CAPÍTULO 2

CRIANDO UMA EXPERIÊNCIA FASCINANTE PARA O CLIENTE

Um dos grandes segredos da vida é o seguinte:
o que realmente vale a pena é aquilo que
fazemos pelos outros.

— LEWIS CARROLL

Transformar a experiência vivida pelo cliente está no âmago da transformação digital. As tecnologias digitais estão mudando o jogo das interações com os consumidores, com novas regras e possibilidades que eram inimagináveis apenas há alguns anos.

Você quer, finalmente, que seus clientes tenham voz ativa e fugir das lentes estreitas das pesquisas de opinião e de grupos focais? As mídias sociais permitem que você o faça. Você quer que seus clientes continuem o comprometimento com a sua marca enquanto estes estão se deslocando? A computação móvel permite que você o faça. Você quer saber onde se encontram fisicamente os seus clientes? A geolocalização permite que você o faça. Você quer fazer previsões melhores para proporcionar uma experiência verdadeiramente personalizada? *Customer analytics* permite que você faça isso.

Para os "Mestres Digitais" estas novas tecnologias não são metas a serem atingidas, nem sinais a serem enviados aos investidores. Ao contrário, as tecnologias são ferramentas que podem ser combinadas para eles se aproximarem dos clientes. A maestria digital vai muito além de sites web e *apps* para dispositivos móveis, transformando realmente a experiência vivida pelo cliente e a forma por meio da qual a empresa conduz, naturalmente, os clientes através dela.

Proporcionada de forma apropriada, uma experiência fascinante para o consumidor cria valor para ele e para as empresas. Uma boa vivência conduz à manutenção de clientes e estimula a fidelização. Mas, nas grandes corporações, proporcionar uma experiência diferenciada ao cliente é uma tarefa complexa. Por quê? Primeiramente, as expectativas dos consumidores aumentaram substancialmente. Dos 150 executivos por nós entrevistados previamente em nosso estudo, 70% destacou a onda crescente de expectativas por parte do cliente como um fator-chave para a mudança[1]. Em segundo lugar: integrar novos canais digitais às atividades existentes pode ser desafiador em termos organizacionais. Terceiro ponto: essas interações digitais forçam uma evolução na cultura – novo ritmo, novos métodos para tomada de decisão, novas regras – que pode ir em sentido contrário à maneira que grandes empresas tradicionais vinham adotando para administrar o relacionamento com o cliente. Portanto, como acontece com os Principiantes ou Conservadores, pode-se optar por fazer um experimento aqui e outro acolá. Ou, como os Fashionistas, pode-se investir em todo novo *gadget* que aparece no mercado, porém, talvez se perca o "grande prêmio".

Apesar dos desafios, existem benefícios enormes para aquelas empresas que criam experiências fascinantes para o cliente.

CONDUZINDO O RENASCIMENTO DIGITAL DE UMA ANTIGA MARCA ICÔNICA

Em 2006, quando Angela Ahrendts assumiu o comando da Burberry, o crescimento *top-line*[NT-1] da empresa era significativamente menor em relação a seus concorrentes[2]. Enquanto o setor, como um todo, crescia em torno de 12% e 13% ao ano, a evolução da Burberry era de apenas 1% a 2%. A empresa não estava sendo capaz de acompanhar o rápido desenvolvimento do mercado de artigos de luxo, nem em termos de inovação nem em produtos ou serviços. A Burberry enfrentava acirrada concorrência de companhias francesas e italianas muito maiores, cada uma das quais com várias marcas e receitas e lucros muitas vezes maior que os da própria Burberry. Algo tinha de ser feito para reverter essa tendência.

A diretoria da Burberry começou a se perguntar algo fundamental: "Qual é a nossa visão?" A partir daí, seus membros deram início a um processo de desenvolvimento de estratégia quinquenal examinando o que a companhia tinha de único, bem como sua orientação estratégica. Assim explica Ahrendts: "O que nós temos que nossos concorrentes não têm? Primeiramente, somos britânicos. Em segundo lugar, tudo começou com um sobretudo para o Exército Britânico. Finalmente, todos os nossos concorrentes têm como alvo 'senhoras da alta sociedade', concentrando-se principalmente nas *baby boomers*. Não há nenhuma possibilidade de alcançá-los com seus orçamentos para propaganda e marketing muito maiores. Decidimos correr atrás dos clientes da geração do milênio."[3]

Esta última escolha estratégica mostrou-se crítica na jornada digital da Burberry. A empresa decidiu concentrar seus investimentos em marketing com consumidores da geração do milênio – aqueles na faixa etária dos 20 anos. Eles optaram por se focar em economias emergentes, em que o cliente de alta renda típico normalmente tem 25 anos a menos que nos mercados tradicionais. Para envolver e comunicar-se de forma eficaz com essa população, a Burberry tinha de usar a língua-mãe da geração do milênio: a linguagem digital. Foi aí que a visão digital transformou-se em realidade e a transformação digital começou para a empresa.

Ahrendts identificou que, para ter sucesso, era preciso possuir uma ampla e pura visão global. Christopher Bailey, o criativo e expert CIO da empresa, tornou-se o "czar da marca", significando que tudo que o cliente visse passava pelas suas mãos. Trabalhando juntos, Ahrendts e Bailey transmitiam essa visão internamente. Ahrendts apontou: "Dissemos que não iríamos mais fazer o que fosse melhor para uma pessoa ou o que fosse melhor para uma região. Faríamos o que fosse melhor para a marca. Conversamos sobre o '*tsunami* digital' que estava se formando, e usamos isso para deixar bem claro por que e onde precisávamos nos focar e o quão unificada e pura tinha de ser nossa expressão de marca."[4]

Com a diretoria alinhada em torno dessa nova visão, Ahrendts e Bailey decidiram se concentrar no marketing digital focando seus clientes. Eles contrataram uma jovem e dinâmica equipe de marketing cujos membros espelhavam o típico consumidor da geração do milênio. A empresa alocou uma parcela substancial de seu orçamento anual de marketing para as mídias digitais, afastando-se das mídias tradicionais.

A companhia despontava no marketing digital, disparando várias iniciativas inovadoras e bem-sucedidas: remodelando seu site (Burberry.com) em 11 idiomas[5]; lançando uma fragrância com uma inovadora amostragem feita pelo Facebook; desenvolvendo o Tweetwalk, desfiles de moda ao vivo via web (*streaming*), com o uso do Twitter; em colaboração com o Google criando a Burberry Kisses, permitindo aos usuários capturarem e enviarem seus "beijos" para qualquer pessoa do planeta[6]; bem como em parceria com a plataforma de mídia social chinesa, WeChat, no desfile da coleção outono/inverno 2014 para lançamento de uma série de experiências com conteúdo para dispositivos móveis. Munidos de uma cultura de pensamento criativo e sempre conectados, a empresa usou as tecnologias digitais para compartilhar com seus clientes, espalhados ao redor do mundo, a empolgação de momentos-chave da marca.

Ao mesmo tempo, o investimento em varejo da Burberry mantinha o seu ritmo, com a abertura de vinte a trinta lojas novas por ano. Mas, como a empresa poderia usar a inovação digital para envolver imperceptivelmente seus clientes tanto em suas lojas físicas quanto nas lojas on-line? É aí que entra em cena o conceito da Burberry de "loja-espetáculo". Explica Ahrendts: "Começamos a fazer parcerias com empresas de tecnologia para transformar o conceito de 'loja-espetáculo' em realidade, possibilitando a difusão de nosso conteúdo multifacetado para nossas lojas por todo o mundo. Usamos a tecnologia para dar nova vida à nossa marca em nossas lojas: da música ao rico conteúdo em vídeo, passado em telas gigantes internas e externas, aos iPads usados por todos os vendedores em campo que davam acesso à coleção global em sua totalidade, independentemente do que se encontrava disponível nas lojas. Convidamos nossos clientes para assistirem ao vivo nossos desfiles nas lojas e oferecíamos a eles a possibilidade de comprarem (via iPads) itens da coleção imediatamente após o desfile, para entrega em seis a oito semanas. Dessa forma, construímos nossas lojas para exibir nossas inovações digitais."[7]

Antes dessa onda de inovações digitais, a Burberry investiu anos implementando uma plataforma empresarial *backbone* para consolidar seus sistemas e tornar transparente suas operações globais. Era essencial para a empresa ter uma visão única do cliente, de modo a aprimorar a experiência dele através de todos os canais, mídias e plataformas. "Caso não tivéssemos feito este preparo", diz Ahrendts, "não teríamos sido capazes de realizar tanto em termos de inovação digital *front-end* como temos feito"[8]. A empresa também fez pesados investimentos na área de atendimento ao cliente, não apenas treinando os vendedores das lojas como também em seu site, onde os consumidores podem clicar para telefonar ou então clicar para chat com os atendentes 365 dias por ano, 24 horas por dia ininterruptamente e em 14 idiomas[9].

O próximo desafio da Burberry era a *analytics*. A empresa foi agregando novas camadas de comunicação e ferramentas analíticas. Ela nomeou um CCO (*Chief Customer Officer*)[NT-2] para otimizar insights de todas as interações dos mundos físico e virtual. Ela lançou o programa "Cliente 360°" – uma forma de fazer compras, orientada por dados, que convida os clientes a compartilharem digitalmente seus históricos e preferências de compra, bem como seus gostos em termos de moda. Assistentes de varejo podem acessar os perfis digitais dos consumidores através de *tablets*, e saberem, por exemplo, o que uma cliente brasileira comprou na última vez que esteve em Paris e quais foram os seus comentários no Twitter sobre a Burberry[10].

De acordo com Ahrendts: "Nossa visão era de que qualquer pessoa, de qualquer segmento, que precisasse interagir com a Burberry iria para o site Burberry.com e viveria exatamente a mesma experiência dos clientes das lojas físicas. Queríamos que eles entrassem em nosso mundo – Burberry World – e fossem capazes de visitar todos os diversos setores da empresa da mesma forma que fariam em nossa matriz."[11]

Atualmente, a maioria das pessoas vê a marca Burberry por meio digital mais que por qualquer outra mídia. No setor de artigos de luxo, 60% das pessoas fazem compras on-line e pegam a mercadoria na loja. Conforme sublinhado por Ahrendts: "Se a loja não for parecida e transmitir a mesma sensação das lojas virtuais, estaria você realmente se comportando como uma grande marca?" Em 2013 e 2014, a Burberry foi indicada pela *think tank* L2[NT-3] como a marca da moda que ficou em primeiro lugar em "QI digital" duas vezes consecutivas; foi incluída na lista dos dez varejistas mais inovadores do mundo, pelo segundo ano consecutivo; e indicada como uma das melhores marcas globais pela Interbrand, pelo quinto ano consecutivo[12].

O QUE OS "MESTRES DIGITAIS" FAZEM DE DIFERENTE?

A Burberry é um ótimo exemplo de empresa que torna imperceptível as fronteiras das experiências vividas por seus clientes em suas lojas físicas e virtuais. E não se trata de um caso isolado. Nossa pesquisa demonstra que os "Mestres Digitais" transformam suas experiências com o consumidor através da soma de quatro intervenções relacionadas. Juntas, essas intervenções mudam fundamentalmente a equação do valor para o cliente.

Em primeiro lugar, os "Mestres Digitais" investem tempo tentando entender o comportamento do cliente e *elaborando a experiência vivida por ele de fora para dentro*. Um "Mestre Digital" descobre o que os clientes fazem e por que, onde e como eles o fazem. A empresa trabalha, então, a questão de onde e como a experiência pode ser digitalmente aprimorada através dos canais que existem.

Em segundo lugar, os "Mestres Digitais" usam as tecnologias digitais para aumentar *o alcance e o envolvimento* através de investimentos inteligentes em novos canais digitais. Eles fornecem *apps* amigáveis para dispositivos móveis, constroem experiências gratificantes por meio das mídias sociais e reequilibram seus investimentos em marketing para reforçar esse envolvimento.

Em terceiro lugar, os mestres colocam os *dados dos clientes no âmago* da experiência vivida em sua plenitude por estes. Eles se tornam mais científicos, usando métricas e *analytics* para dar forma à mudança – desde compreender o uso atual de seus produtos e serviços até a segmentação da base de clientes e, de forma proativa, fazer ofertas personalizadas e desenvolver campanhas de marketing preditivo.

Finalmente, os "Mestres Digitais" trabalham para imperceptivelmente mesclarem as experiências físicas e digitais, substituindo as primeiras pelas segundas, mas usando tecnologias digitais para aprimorar a satisfação vivida pelo cliente através da alavancagem de valiosas qualidades únicas existentes.

CRIANDO A EXPERIÊNCIA VIVIDA PELO CLIENTE DE FORA PARA DENTRO

Criar uma boa experiência baseia-se, obviamente, em uma clara visão daquilo que se está tentando alcançar. Conforme aponta Gary Loveman, CEO do conglomerado americano global que opera cassinos, hotéis e campos de golfe, Caesars Entertainment: "A experiência deve ser aquilo que nossos clientes desejam que esta seja."[13]

Clientes cativados digitalmente esperam que produtos, serviços e informações sejam oportunos e adaptados às necessidades específicas deles. Eles querem tudo isso no momento preciso que desejarem e na plataforma digital que estarão usando naquela hora. Portanto, como definir o tipo de experiência cativante que os seus clientes realmente querem? É preciso efetivamente entender tanto o comportamento dos consumidores quanto as exigências organizacionais para proporcionar a ele uma experiência diferenciada.

Reserve um tempo para aprender sistematicamente como as pessoas interagem com os produtos, serviços, canais, marca, infraestrutura e funcionários de sua empresa. Ter insights profundos sobre as decisões dos clientes e as "jornadas de interação com a sua empresa". Como os consumidores se comportam antes, durante e depois de uma interação com a sua empresa? Onde se encontram os pontos de dificuldade? Como seria possível aliviá-los? Qual parte da experiência vivida pelo cliente poderia ser aprimorada digitalmente? Quais consumidores estão mais propensos a serem cativados digitalmente e de que forma?

Joe Gross, diretor de gestão de mercado de grupos da seguradora Allianz, comenta: "Partimos da identificação dos pontos de contato que as tecnologias digitais impactaram e, obviamente, esses pontos de contato abrangiam todo o espectro da cadeia de valor – envolvendo o estágio de conscientização por parte do cliente, a distribuição, as vendas reais, as ofertas de produtos, a fixação de preços etc. A partir do momento em que identificamos tais pontos de contato, elaboramos critérios de avaliação para cada uma destas etapas."[14]

Adam Brotman, *Chief Digital Officer* da Starbucks, adotou uma abordagem similar. "Temos a tendência de examinar quais são as necessidades de nossos clientes, qual a estratégia de nossa empresa, quais são todos os diversos pontos de contato digitais que já foram detectados *versus* aqueles que ainda não foram para, em seguida, detalharmos como queremos priorizar o nosso tempo e esforço diante deste panorama."[15]

Os comportamentos em grandes bases de clientes raramente são homogêneos. Os dados e a *analytics* devem informar a segmentação de sua base de clientes, definindo experiências almejadas de acordo com padrões de comportamento específicos. A Burberry, por exemplo, logo compreendeu que as pessoas abastadas da geração do milênio em mercados emergentes exigiriam uma mais rica e diversa experiência, em termos digitais, que aquela necessária para consumidores tradicionais de artigos da moda.

Da mesma forma, Kirsten Lynch, diretora de marketing da Vail Resorts, se deu conta que para aprimorar a experiência vivida pelo cliente, seria preciso obter um entendimento mais granular do comportamento dos esquiadores: "Por anos tivemos um sistema CRM (*Customer Relationship Management*, ou seja, gestão do relacionamento com os clientes) que nos fornece dados demográficos e comportamentais básicos (...) Esquiar é um negócio que se baseia tanto na paixão que precisamos ir além dos dados básicos para compreender por que os nossos convidados vêm para a montanha."[16] Ela decidiu usar *personae* para segmentar sua base de clientes[17]. "Nós temos os '*Alpine A-Listers*' que são defensores incondicionais do esqui e também apaixonados pela experiência com artigos de luxo", diz ela. "Depois temos os 'Sofisticados' que tendem a se preocupar mais com jantares, compras e *spas* que com esquiar. Já os '*Shred Heads*'[NT-4] se preocupam apenas em aproveitar ao máximo cada jornada de esqui – para eles não se trata de luxo. Para cada segmento, sabemos quantos dias esquiam por ano, onde esquiam e como gastam o seu dinheiro. Podemos personalizar nossas conversas com cada um deles (...) Estamos testando algumas tecnologias recentes que preenchem previamente a tela do computador do agente de viagem com tudo que sabemos sobre nossos hóspedes."[18]

Também é preciso focar naquilo que foi prometido desde o princípio. Qual a dimensão de seu desafio organizacional? Quais mudanças em processos, pessoas e tecnologias são necessárias para fazer com que a nova experiência vivida pelo cliente funcione? Que poder precisa estar nas mãos dos clientes de modo que eles possam usar a tecnologia que bem entenderem para manter contato com sua empresa? Por exemplo, instalações de autoatendimento poderiam ser utilizadas para rastrear a entrega de uma encomenda, para configurar on-line um complexo produto industrializado ou saber exatamente quando a pizza lhe será entregue.

Infelizmente, pouquíssimas empresas fazem aquilo que é preciso para serem bem-sucedidas. A Forrester Research relata que aproximadamente 86% dos executivos responsáveis pelo aprimoramento da experiência do cliente acredita que esta vivência é uma prioridade altamente estratégica; menos da metade das empresas possui um programa que abranja toda a companhia; e apenas 30% possui um orçamento exclusivo para financiar a mudança[19].

Os "Mestres Digitais" fazem isso da maneira correta; eles investem na elaboração de uma experiência do cliente que venha de fora para dentro. Eles também se preparam para fazer o que for necessário para adaptar a organização a fim de que esta cumpra a promessa feita.

CRIANDO ALCANCE E
VÍNCULOS COM OS CLIENTES

A transformação digital não pode acontecer sem investimento em tecnologia. Os "Mestres Digitais" fazem aplicações inteligentes em tecnologias digitais para, de modo criativo, aprimorar a experiência vivida pelo cliente. O volume da aplicação não é importante; seu impacto sim. Para essas empresas, novas tecnologias como mídias sociais, mobilidade e *analytics* são apenas ferramentas para se aproximar de seus clientes.

Desde a abertura de sua primeira loja em Seattle, em 1971, a Starbucks cresceu para se tornar uma das marcas mais reconhecidas do mundo. A empresa atualmente vale vários bilhões de dólares, tudo isso em cima de algo tão simples: um café; ela foi bem-sucedida na criação de uma "experiência Starbucks" única, seja em suas lojas, seja on-line. Mas, a Starbucks nem sempre foi uma "Mestre Digital".

Após uma rápida expansão, a Starbucks, em 2008, se viu diante de uma queda nas vendas, com as mesmas lojas, e o preço de suas ações caiu quase à metade em relação aos dois anos anteriores. A situação não era muito melhor com relação a tecnologia. Os sistemas dos pontos de venda ainda rodavam em tecnologia antiquada e gerentes de lojas não tinham acesso nem a e-mail. Para reverter esse quadro, os executivos da empresa, sob o comando de seu CEO, Howard Schultz, tomaram uma série de medidas estratégicas, fundamentais segundo eles, usando tecnologias digitais para cativar os clientes de novas maneiras. Adam Brotman, CDO da empresa, explica: "O 'ser digital' para a Starbucks não era apenas uma simples questão de ter um website ou um sistema moderno nos pontos de vendas, mas sim uma habilidade de ter uma ligação com os clientes e transformar a experiência vivida por eles, bem como de impulsionar a empresa."[20] A companhia decidiu ser a primeira do *ranking* com o emprego de canais sociais e de tecnologia móvel.

A primeira incursão da Starbucks no mundo da tecnologia móvel foi o *app* myStarbucks, lançado em 2009, que permitia aos clientes localizarem a loja mais próxima, saber mais sobre os cafés da empresa e até mesmo criar as suas próprias bebidas. Em janeiro de 2011, a Starbucks transformou em digital seu programa de fidelização com a introdução de seu *app* móvel Starbucks Card. Este aplicativo possibilitou aos clientes da companhia efetuar pagamentos para compras feitas dentro da loja utilizando seus celulares. Os usuários do *app* poderiam apresentar uma versão na tela de seus cartões de fidelidade pré-pagos e acrescentarem on-line dinheiro a ele, através de seus *smartphones* ou nas lojas. Essa abordagem integrava-se facilmente à tecnologia dos pontos de vendas (PDVs) então existente, que já estavam configurados para a leitura de código de barras. Desde seu lançamento, o programa tem tido um enorme sucesso, sendo que, em 2012, 20% de todas as transações com cartões de fidelidade foram realizadas por meio de dispositivos móveis[21].

Assim, mantendo-se atualizada em relação aos avanços da tecnologia móvel, a Starbucks continuou a expandir seus recursos para pagamento através de dispositivos móveis. Em 2012, ela anunciou que seus clientes estariam habilitados a efetuar pagamentos nos caixas de suas lojas via Square – um sistema de transações financeiras por dispositivos móveis baseado em *app* – consequência de um investimento de 25 milhões de dólares no serviço[22]. A Starbucks também tornou disponível a integração do seu aplicativo com o recurso nativo da Apple chamado Passbook que consolida informações de tíquetes, cupons e cartões de fidelidade em um iPhone ou iPod Touch para conveniência de acesso.

Os pagamentos via celular na empresa tiveram tremendo sucesso em termos de conveniência, porém, eles estão provando ter benefícios financeiros também. As taxas cobradas para processamento através do *app* para celulares e Square foram reduzidas substancialmente. Com mais de três milhões de transações por semana no ano de 2012, via dispositivos móveis, a introdução desses sistemas de pagamento reduziu significativamente as taxas cobradas nas transações[23]. Essa redução beneficia tanto seus clientes quanto a Starbucks.

A empresa também construiu uma posição de liderança nas mídias sociais. Em 2012, os 54 milhões de fãs da companhia no Facebook, os 3,4 milhões de seguidores no Twitter e os 900.000 seguidores no Instagram conferiram à Starbucks a posição de número 1 entre as empresas socialmente engajadas.

"Mestres Digitais" como a Starbucks não apenas investem de maneira inteligente em tecnologia e canais. Eles maximizam tais investimentos ao otimizarem os seus canais de marketing. A Burberry, por exemplo, arriscou-se ao redirecionar uma parcela substancial de seu orçamento de marketing anual para as mídias sociais. A Procter & Gamble, gigante no setor de bens de consumo, está investindo praticamente um terço de seus gastos com mídias em tecnologias digitais, mídias sociais e dispositivos móveis[24]. Uma decisão nada fácil por parte de um dos maiores anunciantes do mundo! Nem todas as companhias têm de ser tão corajosas assim. A empresa de pesquisas Gartner estimou que, em média, as grandes corporações norte-americanas gastam cerca de 25% de seus orçamentos de marketing em tecnologias digitais[25]. Independentemente da quantia, é preciso um reequilíbrio caso a empresa queira desfrutar de todos os benefícios do maior alcance proporcionado por este canal.

A presença da Starbucks nas mídias sociais proporcionou à companhia mais que fãs. Ela também usa as redes para incentivar a inovação orientada aos clientes. Através de seu site, My Starbucks Idea, a empresa coletou mais de 150.000 ideias apresentadas por clientes para melhorar os seus produtos, a experiência vivida pelo consumidor e as iniciativas corporativas[26]. A partir do momento em que uma sugestão tenha sido apresentada para apreciação, a comunidade de clientes do site pode votar a favor ou contra, ajudando a companhia a identificar e implementar as melhores ideias. A empresa fecha o circuito com seu blog *Ideas in Action*, em que os funcionários respondem pessoalmente às ideias e deixam os clientes cientes de quando suas sugestões serão transformadas em realidade e usadas nas lojas. Por exemplo, um dos participantes da comunidade sugeriu tornar mais fácil para os clientes administrar vários pedidos – algo particularmente útil para aqueles que saem correndo na hora do almoço para fazer compras para ele próprio e vários colegas. Em menos de um mês a Starbucks introduziu seu programa *Runner Reward*, que oferece a essas pessoas uma maneira conveniente de administrar pedidos, bem como uma quinta bebida grátis[27].

Sintetiza Brotman: "Tudo o que estamos fazendo em termos digitais está relacionado apenas com aumentar e reforçar essas ligações [com nossos clientes] da maneira que os recursos digitais assim o permitam e apenas do jeito que a Starbucks possa."[28]

COLOCANDO OS DADOS DOS CLIENTES
NO ÂMAGO DA EXPERIÊNCIA

A transformação para a forma digital de praticamente tudo o que fazemos ou usamos hoje em dia criou uma enxurrada de informações. Agora os executivos têm acesso a dados preciosos capazes de aumentar substancialmente seus insights sobre a experiência vivida pelo cliente. Essas informações devem ser a parte vital para bolar fascinantes experiências a serem vivenciadas pelos consumidores. Ao se adicionar ciência à arte, os dados ajudam as empresas a saírem da adivinhação, no sentido de tornar mais precisas as previsões e contínuo teste de hipóteses.

Os "Mestres Digitais" dependem muito de ideias baseadas em dados. Mas, tornar a experiência do seu cliente mais científica requer um difícil aprendizado da organização. Assim explica o CEO do Caesars, Garry Loveman: "Quando me apresentei no Caesars, estávamos coletando uma quantidade enorme de dados transacionais sobre nossos clientes que se mostravam ansiosos para que fizéssemos algo útil com as informações. E não conseguíamos descobrir como fazer isso. A organização possuía um programa de fidelidade que coletava um bocado de informações de modo a podermos dar certas coisas a nossos hóspedes em troca de eles estarem fazendo negócios conosco, como: refeições gratuitas, quartos de hotel e coisas do gênero. Mas não conseguíamos descobrir primeiramente como arquitetar os dados de um modo construtivo para então aplicarmos *analytics* neles, o que nos permitiria encontrar um cara chamado X para fazer uma visita a mais sob certas condições, e alguém chamado Y para fazer uma visita diversa sob circunstâncias diferentes."[29]

Hoje em dia, o cenário no Caesars é outro. A empresa coleta quantidades enormes de dados transacionais, demográficos e de jogos feitos no cassino através de seu programa de fidelidade para criar um perfil detalhado de cada hóspede da corporação. Os funcionários usam, então, estas informações em toda a companhia para tomar decisões melhores em relação aos clientes.

Por exemplo, o pessoal de marketing do Caesars pode criar e direcionar ofertas especiais com precisão. Enquanto isso, o pessoal de hotelaria pode usar as mesmas informações para personalizar praticamente cada aspecto da estada de um hóspede, desde como ele é recepcionado em sua chegada até a arrumação do quarto. Caso o hóspede tenha tido uma noite de azar no cassino, os gerentes daquele setor podem até mesmo fazer uma análise custo/benefício e oferecer serviços complementares para melhorar a experiência vivida por ele.

Embora seja comum no setor de hotelaria e turismo dedicar de forma desmedida esse tipo de atenção personalizada àqueles que gastam bastante (as "baleias", no jargão hoteleiro), a maioria daqueles que vão ao cassino desfruta de uma experiência relativamente não diferenciada. Por outro lado, o método orientado por dados do Caesars, permite à empresa estender esse toque personalizado a um grupo bem maior de clientes. Diz Gary Loveman:

"Não se pode falhar no atendimento das dezenas de milhões de pessoas que constituem a parte média do mercado."[30]

A tecnologia dos dispositivos móveis e os dados baseados na localização geográfica também desempenham um papel fundamental para impelir a adição de inteligência aos dados dos clientes do Caesars. Uma experiência vivida pelo consumidor com o emprego de dispositivos móveis inicia-se antes de o cliente passar pela porta do estabelecimento. Depois de chegar a um dos quarenta estabelecimentos com a marca Caesars, hóspedes que optaram pelo serviço Texpress da companhia podem fazer seu *check-in* via SMS. Este serviço permite a eles não ter de ficar em filas de espera na recepção e pegar as chaves diretamente. O Texpress também combina dados de localização de dispositivos móveis e SMS para fazer oportunas e relevantes ofertas especiais. "Se você estiver em Paris, poderíamos enviar-lhe duas entradas grátis para a Torre Eiffel ou caso você esteja no Caesars Palace depois das 18 horas, poderíamos lhe enviar uma oferta para o *show* de Bette Midler", explica um dos membros da equipe de marketing do Caesars. "Pode ser que tenhamos alguns ingressos a mais disponíveis e, portanto, sabendo onde o cliente se encontra, é uma excelente forma de passar adiante estes ingressos."[31]

O mundo digital multiplicou as fontes e o volume de dados disponíveis para as empresas. Existe uma necessidade de explorar a riqueza de informações, estruturadas ou não, a partir do uso e das mídias sociais. Mais ainda, os dados podem ser enriquecidos quando mesclados com aspectos de geolocalização de dispositivos móveis. O segredo é nossa capacidade de integrá-los para tomar decisões melhores, aumentar a qualidade da experiência personalizada e criar verdadeira vantagem competitiva.

A instituição financeira americana Capital One é conhecida por seu crescimento sustentado no mercado de cartões de crédito. Na base de seu desempenho está uma avançada capacidade de análise de dados. A Capital One emprega tanto informações internas quanto externas para segmentar de forma eficaz o mercado de cartões de crédito.

O Card Lab, da empresa, dá uma visão direta sobre as preferências individuais de cada usuário. Os utilizadores do laboratório têm liberdade para modificar o aspecto visual de seus cartões e para escolher dentro de uma combinação de remunerações, taxas de juros e tarifas[32]. Com a aquisição do agregador de dados Bundle Corp, a Capital One consegue rastrear dados de utilização de mais de vinte milhões de cartões das bandeiras Visa e MasterCard[33]. Além disso, a companhia foi capaz de associar serviços bancários a cupons[34]. A Capital One ajuda os consumidores a conseguirem as melhores ofertas para pagamento via dispositivos móveis, baseadas em suas localizações geográficas e histórico de compras. E, obviamente, todo este *data mining* ajuda a Capital One a entender melhor os consumidores.

Com essa massa de dados, a empresa obtém insights muito granulares sobre as preferências de cada consumidor. Mas, a história continua. Com o seu Digital Innovation Lab, a Capital One encontra maneiras inovadoras de usar as ideias sobre clientes para aperfeiçoar a experiência vivida por eles[35]. A empresa analisa até sessenta mil configurações de produtos diferentes a cada ano e leva adiante as mais promissoras[36].

Os centros de atendimento informatizados podem usar os insights para prever melhor as necessidades, oferecendo, portanto, atendimento mais personalizado ao cliente.

A estratégia da Capital One melhorou seu desempenho financeiro. Seu lucro líquido cresceu a uma taxa anual de 19,3% entre 2000 e 2010. E a empresa continuou a prosperar mesmo depois da crise de 2009, alcançando um crescimento de 10,7% de 2010 a 2013[37].

Conforme demonstraram os exemplos anteriores, a cultura dos "Mestres Digitais" tem origem em uma busca comum. Independentemente de extrair ideias a partir de dados demográficos, dispositivos móveis ou mídias sociais ou através da boa e velha atenção aos detalhes, os "Mestres Digitais" usam informações e *analytics* avançada para proporcionarem uma melhor experiência ao cliente.

MESCLANDO DE MANEIRA IMPERCEPTÍVEL AS EXPERIÊNCIAS VIVIDAS PELO CLIENTE NOS MUNDOS FÍSICO E VIRTUAL

Empresas que usam vários canais com os clientes – lojas físicas, telefone, e-mail, mídias sociais, dispositivos móveis e assim por diante – estão sofrendo pressão para fornecer uma experiência integrada. Proporcionar essas experiências "onicanais" requer a visualização e a implementação de mudanças tanto nos processos operacionais quanto nos de *front-end*. A inovação não advém da oposição entre o antigo e o novo. Mas, conforme demonstrado pela Burberry, vem da combinação criativa dos mundos físico e virtual para reinventar novas e fascinantes experiências para o cliente e fomentar contínua inovação.

De modo similar, a experiência única proporcionada ao cliente pela Starbucks tem sua origem em se ligar a ele de formas envolventes. Mas, a cafeteria não abandona a loja física. Através de tecnologias digitais ela enriqueceu a experiência vivida pelo consumidor casando a vivência dentro da loja física com novas e atraentes possibilidades on-line. Por meio de uma conexão Wi-Fi gratuita, a Starbucks Digital Network oferece aos clientes dentro da loja um conteúdo digital diferenciado como o *New York Times* ou *The Economist*, para serem saboreados junto com o seu café. A rede também fornece acesso a conteúdo local, desde avaliações feitas pela Zagat (e disponibilizadas gratuitamente) de restaurantes próximos até *check-in* via Foursquare[38].

A combinação das formas física e virtual para proporcionar ao cliente uma melhor experiência não se limita apenas a empresas. Os serviços públicos estão entrando em cena. O Cleveland Museum of Art está usando tecnologia para proporcionar ao visitante uma melhor vivência e obter o seu envolvimento: "TODO museu está em busca de seu 'Santo Graal', esta mistura de tecnologia e arte", diz David Franklin, diretor do Cleveland[39].

São exibidas imagens de cartão de felicitações em telas sensíveis ao toque, em tamanho de 480", de todos os 3.000 objetos expostos no museu. Os visitantes tocam em uma imagem, esta é ampliada, se dispõe próxima a objetos de temática similar e são apresentadas informações como, por exemplo, a localização real da peça. Ao tocar em um ícone na imagem, os visitantes podem transferi-lo da parede para um iPad (o seu próprio ou alugá-lo do museu por uma taxa de cinco dólares por dia), criando uma lista pessoal de suas peças favoritas. A partir desta lista, os visitantes conseguem elaborar um tour personalizado, que pode ser compartilhado com outras pessoas.

"Existe tanta informação que pode ser colocada em uma parede... E ninguém mais percorre o museu com um catálogo na mão", diz Franklin. O *app* produz uma foto do ambiente original da obra de arte – ver uma tapeçaria em uma sala cheia de outras tapeçarias, e não em uma parede branca de uma galeria, é muito mais interessante. Outro recurso permite que se "retire" os elementos de uma grande tapeçaria e os rearranje em formato de quadrinhos ou de *trailer* de cinema. A experiência torna-se divertida, educativa e cativante. Essa reinvenção não apenas atraiu novos visitantes entendedores de tecnologia, como também fez com que os frequentadores usuais voltassem com mais frequência ao museu.

ORGANIZAÇÕES TRADICIONAIS ENFRENTAM EXIGÊNCIAS CADA VEZ MAIS DIFÍCEIS

A era digital moldou e aumentou a expectativa dos clientes. Nos últimos anos, várias empresas especializadas em tecnologia estabeleceram um nível de exigência maior. Esteja você fazendo *e-hailing*[NT-5] para um táxi através de um *app* ou adquirindo on-line um seguro personalizado para seu animal de estimação, isto é simples, funciona, atende suas necessidades e até pode ser uma experiência agradável. E o gap de expectativa está aumentado. Estudo feito pela Harris Interactive constatou que 89% dos consumidores, em 2011, deixaram de fazer negócios com uma empresa devido a uma experiência ruim como cliente; número este que aumentou em relação a 2006 que era de 68%[40].

Os clientes não distinguem suas experiências on-line daquelas do mundo físico. Eles veem produtos e serviços como um todo; buscam orientações objetivas e as comparam; querem se vincular a marcas que se preocupam com eles; compartilham o feedback dado por essas empresas de forma aberta – seja ele positivo ou negativo. A Forrester Research constatou que um quarto dos consumidores norte-americanos que tiveram interações insatisfatórias em 2010 compartilharam suas experiências nas redes sociais, um aumento de 50% em relação a 2009[41]. Infelizmente, não há nenhum indício de que essas crescentes expectativas irão diminuir tão cedo. Portanto, prepare-se!

Criar uma experiência fascinante para o cliente é um dos pilares fundamentais da transformação digital. As oportunidades abundam, mas aproveitá-las de forma correta é organizacionalmente complexo. Exige um profundo entendimento do comportamento do cliente, investimentos feitos de forma inteligente em canais corretos, um entendimento sobre os dados dos consumidores e criatividade para mesclar o antigo e o novo. Conforme mostraremos na Parte II, isso exige sólidas capacidades operacionais e excelentes sistemas de TI. É também preciso uma visão bem definida e liderança firme para operar mudanças na organização. Seja qual for o obstáculo que o esteja impedindo de propiciar ao cliente uma experiência fascinante, elimine-o. Em longo prazo, agindo assim, irá contribuir para um bom desempenho e para mudanças na cultura da empresa, vindas de seu interior.

No próximo capítulo, iremos mostrar como os "Mestres Digitais" criam os tipos corretos de capacidades operacionais para aumentar a eficiência, a flexibilidade e a satisfação do cliente. Mais adiante, ainda na Parte II, descreveremos como desenvolver as capacidades de liderança certas de modo que sua empresa, assim como a Burberry, consiga transformar a experiência vivida pelo cliente e ela mesma como um todo.

LISTA DE VERIFICAÇÃO PARA CONDUZIR A TRANSFORMAÇÃO DIGITAL: A EXPERIÊNCIA VIVIDA PELO CLIENTE

✓ Coloque a experiência vivida pelo cliente *no âmago* da transformação digital.

✓ Elabore a experiência vivida pelo cliente de fora para dentro.

✓ Aumente o alcance e o envolvimento, onde importar, através de novos canais digitais.

✓ Faça dos dados e da *analytics* a parte vital da reinvenção da experiência de seu cliente.

✓ Mescle, de maneira imperceptível e através de novas formas, as experiências vividas pelo cliente nos mundos físico e virtual.

✓ Continue inovando – isso nunca termina. Cada melhoria em termos digitais na experiência vivida pelo cliente abrirá novas possibilidades.

CAPÍTULO 3

EXPLORANDO O PODER DAS ATIVIDADES PRINCIPAIS

O que está atrás de nós ou à nossa frente,
não é nada comparado ao que está dentro de nós.

— RALPH WALDO EMERSON

A Codelco, maior produtora de cobre do mundo, não escolheu a experiência vivida pelo cliente como foco para sua transformação digital. Ela olhou para seu próprio interior, transformando os seus processos operacionais visando aumentar sua eficiência bem como seu nível de inovação[1]. A empresa, cujo dono é o governo chileno, emprega aproximadamente 18.000 trabalhadores e produz 10% de todo o cobre do mundo. Em 2012 ela extraiu 1 milhão e 800 mil toneladas de cobre, auferindo uma receita de 15,9 bilhões de dólares[2].

A mineração pode ser um processo sujo, perigoso e com uso intensivo de mão de obra. Sua coordenação é difícil, pois, em geral, informações atualizadas só estão disponíveis nos locais onde os trabalhos estão sendo realizados, seja no subsolo, local em que estão os mineiros, nos caminhões que se movimentam em torno das minas ou nas máquinas que processam o minério de cobre. Enfrentando os desafios que cercam a produtividade da mineração, segurança no trabalho e proteção ambiental os executivos da Codelco analisaram com um olhar estratégico e firme o que o futuro lhes reservava. A diretoria queria transformar a mineradora, partindo de um modelo físico para um alimentado por tecnologia digital.

Para transformar essa visão em realidade, os executivos abriram a empresa Codelco Digital. O objetivo da iniciativa era estimular mudanças radicais na automação da mineradora e dar apoio aos executivos no desenvolvimento, na comunicação e na evolução de uma visão digital de longo prazo. O CIO Marco Orellana, principal responsável pela Codelco Digital, trabalhou com a diretoria, funcionários, fornecedores, parceiros setoriais e, certas vezes, até mesmo com concorrentes da Codelco Digital, para inovar processos operacionais. Diz ele: "No passado nossa empresa era relacionada com trabalho físico e hoje em dia ela diz mais respeito a conhecimento e tecnologia (...) Introduzimos inovações, novas formas de trabalhar e novas maneiras de nos relacionarmos com as pessoas dentro das minas."[3]

Depois de aperfeiçoar seus sistemas administrativos, a empresa mudou de foco para transformar o processo de mineração. O primeiro passo foi implementar uma mineração em tempo real, isto é, uma abrangente visão em tempo real das atividades com o objetivo de melhorar o desempenho operacional[4]. Em quatro minas, especialistas em um centro operacional coordenam as atividades remotamente, usando alimentação de dados provenientes de diferentes partes das escavações. Os operadores capturam e compartilham informações em tempo real para sintonizar suas atividades e ajustar a programação da produção conforme a necessidade.

Esses avanços prepararam o terreno para mudanças mais radicais. Imensos caminhões para transporte do minério agora se deslocam de forma autônoma, chegando em seus destinos no horário e com o registro de um número de acidentes menor do que acontecia quando dirigidos por motoristas. As lições aprendidas com a construção de caminhões autônomos levaram ao maquinário de mineração automatizado. E os processos de trabalho estão mudando para tirar proveito das possibilidades que a tecnologia móvel, a *analytics* e os dispositivos integrados tornam possível. Hoje em dia, de acordo com Orellana, muitos trabalhadores "não vão até as minas. Eles se dirigem ao centro de controle na cidade (...) eles aplicam seus conhecimentos e não a força física."[5]

A transformação continua, levando a mudanças ainda mais ousadas nas atividades da Codelco. Redes de informações integradas e processos totalmente automatizados permitirão à companhia projetar futuras minas de maneira diferente. A empresa está indo em direção ao modelo de mineração inteligente, em que, talvez, nenhum mineiro precisará trabalhar novamente no perigoso e insalubre ambiente dos subsolos. A mineração inteligente é um importante objetivo, especialmente depois de 2010, quando 33 mineiros de outra mineradora, ficaram presos nas minas por 68 dias[6]. Máquinas totalmente automáticas, conectadas através de uma ampla rede de informação, irão operar 24 horas por dia e serão controladas remotamente do centro de controle[7].

Mas os benefícios de transformar digitalmente as atividades de mineração vão além da segurança. Tirar seres humanos dessas escavações profundas permitirá à Codelco projetar minas com diferentes especificações. Afinal de contas, se um túnel ruir e cair sobre uma pessoa, trata-se de uma tragédia terrível. Mas, se ele cair sobre um caminhão sem motorista, a consequência não será tão dramática assim. Os projetos de minas sem a presença direta de seres humanos são mais baratos e mais rápidos de serem feitos, com implicações econômicas positivas para a empresa. Se a Codelco conseguir escavar de modo mais barato e menos arriscado, terá condições de explorar enormes veios de minério que não são economicamente viáveis hoje em dia. Aquilo que começou como informações de processos melhores e caminhões sem a necessidade de motoristas para dirigi-los, atualmente está mudando toda a economia da empresa.

Ao mesmo tempo em que a Codelco está automatizando processos e eliminando a presença de trabalhadores em locais perigosos, está envolvendo os seus funcionários de forma muito diferente a anteriormente. Diz seu CIO Orellana: "Nossa empresa é muito conservadora; portanto, mudar sua cultura é um desafio fundamental."[8] Seus dirigentes estão trabalhando para acelerar a execução, terem um maior volume de dados na tomada de decisão e aumentar a inovação da empresa. De acordo com Orellana: "Criamos prêmios internos para a inovação visando promover novas ideias e encorajar nossos trabalhadores a inovarem." Quando os funcionários criam algo inovador em uma mina, a Codelco divulga a ideia e o nome dos funcionários por toda a companhia.

Embora não esteja imune aos embates dos sindicatos *versus* patrões, comuns em várias mineradoras, dirigentes e trabalhadores estão se unindo para identificar e implementar oportunidades no âmbito digital. "Precisamos de melhores condições de segurança para os trabalhadores", diz Orellana, "e precisamos criar uma empresa mais atrativa para novos funcionários que não estão dispostos a trabalhar dentro das minas e dos túneis"[9].

Os executivos da Codelco buscam, no momento, novas fronteiras através da gestão baseada em modelos aplicada à mineração. Em vez de tomar decisões fundamentadas em resultados passados, eles estão indo em direção à gestão preditiva em tempo real. De acordo com Orellana: "Isso é muito desafiador, pois ferramentas como as que conhecemos hoje, como o ERP, precisam ser ajustadas para coletar, processar e empregar essas novas informações. Estamos certos de que esta habilidade irá se tornar uma vantagem competitiva, permitindo que nos tornemos mais produtivos e mais eficientes do que já somos."

A transformação digital já está rendendo enormes dividendos na Codelco. A eficiência e segurança operacionais aumentam firmemente. A empresa está estendendo a vida de minas mais antigas, identificando novas oportunidades e trabalhando com fornecedores do próprio setor, e fora dele, para criar formas inovadoras de executar e orquestrar suas atividades. Através da visão e da execução, esta empresa pública está transformando suas atividades, seu setor e, potencialmente, a natureza da mineração em todo o mundo.

A história da Codelco, assim como as da Burberry, Asian Paints e Caesars, mostra como o primeiro passo no sentido de transformar digitalmente os processos operacionais prepara o terreno para outras transformações. Vimos esse padrão em dezenas de empresas que usam ferramentas digitais que vão da TI básica a tecnologias integradas e de dispositivos móveis de ponta. Alterar atividades digitalmente requer um sólido *backbone* de tecnologia que integre e coordene processos e dados de maneira correta. Depois, é preciso repensar como administrar melhor a empresa através da tecnologia e da informação. Sucedem-se novas oportunidades, que vão da experiência vivida pelo cliente e das atividades exercidas pela empresa aos modelos de negócios.

O PODER DAS ATIVIDADES TRANSFORMADAS DIGITALMENTE

Encaremos a questão: transformar atividades é menos sexy que transformar a experiência vivida pelo cliente. As tecnologias e processos internos de sua empresa talvez não sejam tão atraentes e brilhantes quanto o que se mostra para os clientes. Os melhores funcionários da área operacional eventualmente são mais "cabeças duras" e ásperos que o seu pessoal de vendas. Mas, todos nós sabemos que o que aparentemente é sexy nem sempre é bom em seu interior (e vice-versa).

Em diferentes setores, empresas com atividades melhores criam uma vantagem competitiva por meio de maior produtividade, eficiência e agilidade. Além disso, capacidades operacionais sólidas são um pré-requisito para uma excepcional experiência vivida pelo cliente impulsionada por recursos digitais, conforme os exemplos da Burberry e do Caesars, no Capítulo 2, demonstraram. Mesmo assim, as capacidades operacionais são muito menos perceptíveis para os que veem de fora do que as mudanças na experiência vivida pelo cliente.

A natureza não aparente das atividades torna-as uma fonte particularmente valiosa de vantagem competitiva. Os concorrentes podem ver o resultado – melhor produtividade ou agilidade – mas não conseguem enxergar como sua empresa as obteve. A vantagem operacional é difícil de ser copiada, pois ela provém de processos, habilidades e informações que operam juntas como uma máquina bem afinada. A simples adoção de uma tecnologia ou processo isoladamente não irá resultar nisso. Por exemplo, foram necessários vários anos para as montadoras norte-americanas tornarem-se boas nos métodos de produção "enxuta" da Toyota, muito embora a Toyota tenha oferecido espontaneamente receber os executivos de seus concorrentes para fazerem uma visita às suas fábricas[10]. Mais recentemente, empresas tradicionais continuam enfrentando dificuldades para adotar métodos impulsionados por recursos digitais de líderes on-line como Amazon e Google, embora as linhas gerais desses métodos sejam bem conhecidas. Como demonstram esses casos, mesmo quando os concorrentes começam a entender sua vantagem competitiva não aparente, em termos de atividades, pode passar anos antes de eles conseguirem fazer tal vantagem funcionar para si mesmos.

As oportunidades são grandes. Empresas de todos os setores e nações já estão captando a vantagem das atividades digitais. Os executivos estão tomando decisões melhores, pois possuem melhores dados em suas mãos. Funcionários colaboram rotineiramente com pessoas que jamais haviam encontrado antes, em lugares em que nunca estiveram e permanecem conectados com a empresa em qualquer localidade e a qualquer hora. Colaboradores com contato direto com o público, munidos de informações atualizadas, tomam decisões e resolvem criativamente problemas operacionais de maneiras como nunca se poderia imaginar anteriormente. A tecnologia, desde robôs, diagnósticos até o gerenciamento do fluxo de trabalho, consegue suplantar os seres humanos em pontos como custo, qualidade, segurança e proteção ambiental. Outras inovações estão suplementando a mão de obra humana, aumentando sua produtividade e tornando o trabalho mais gratificante em funções como as do pessoal de atendimento ao cliente, dos advogados e dos cirurgiões. Ao transformar em virtuais os processos de negócios – separando o processo de trabalho do local do trabalho em si e dando subsídios àqueles que tomam decisões independentemente da fonte – as empresas estão usando a tecnologia para realmente alavancarem sua escala e conhecimentos globais.

Portanto, por onde começar? Um grande primeiro passo é otimizar seus processos internos com o emprego de recursos digitais. É possível transformar para a forma digital processos fundamentais, mudar a maneira como os funcionários trabalham, tornar os processos transparentes em tempo real ou tomar decisões mais inteligentes. Mas isso seria apenas o começo. As melhores empresas, como muitos dos "Mestres Digitais" que estudamos, vão bem além de simples melhorias nos processos. Elas veem as tecnologias como uma forma de repensarem a maneira como fazem negócios, libertando-se de hipóteses superadas que surgem das limitações de tecnologias mais antigas.

PARADOXOS OPERACIONAIS
DA ERA PRÉ-DIGITAL

Para muitos executivos, aumentar o desempenho operacional representa um paradoxo de metas conflitantes. Sua empresa tem como foco as necessidades de modo global ou foca as necessidades das unidades locais? A eficiência de hoje ou o crescimento do amanhã? A gestão de riscos ou a inovação? Talvez pareça que se pode otimizar uma coisa ou a outra, mas não as duas ao mesmo tempo. Seis alavancas de melhoria operacional criaram tradicionalmente três paradoxos gerenciais fundamentais (Figura 3.1). Os limites das tecnologias e métodos de gestão não digitais forçaram os gestores a pesarem os prós e os contras em cada uma das dimensões, optando-se "por uma coisa ou pela outra" em vez de "ambas simultaneamente".

Por exemplo, as ideias de *padronização* e *empoderamento* tradicionalmente têm sido vistas como um paradoxo: artesãos com poder para escolherem seus próprios métodos foram considerados menos eficazes que operários nas linhas de produção, entretanto a natureza padronizada das tarefas de produção pode deixar os operários com muito menos poder de decisão (e satisfeitos) que os artesãos. A padronização pode levar à automação que desqualifica os trabalhadores, reduz seus salários ou até mesmo elimina empregos[11]. Em um mundo no qual os computadores realizam um número cada vez maior de funções feitas anteriormente pelas pessoas, o que acontece com os trabalhadores[12]?

Outro par de metas operacionais normalmente visto como um paradoxo é *controle* e *inovação*. Controlar os processos de perto – garantindo que eles aconteçam exatamente conforme projetados e detectar quaisquer variações – pode aumentar a eficiência e diminuir os riscos. Entretanto, o controle da variação pode impedir as pessoas de inovarem o processo de formas úteis[13]. Os funcionários talvez sejam incapazes de ajustar os processos globais para os clientes locais ou de realizarem experimentos que aprimorariam as etapas do desenvolvimento. Por outro lado, a perda de controle para possibilitar a inovação pode abrir a porta para a ineficiência ou fraude.

FIGURA 3.1

Três paradoxos operacionais do mundo não digital

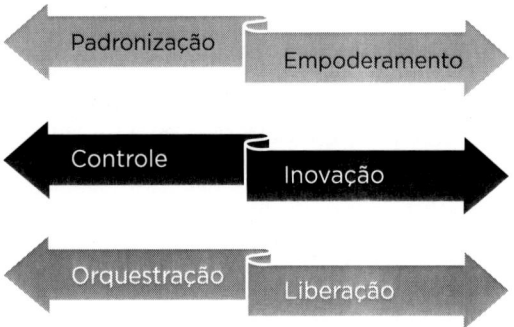

Um terceiro paradoxo vem da necessidade de sincronizar as etapas em processos complexos. Papelada, escritórios e reuniões (para se colocar a par do andamento das coisas) eram a tecnologia de coordenação do século XX. É por isso que, por exemplo, os vendedores, trabalhadores de atendimento externo e investigadores de polícia tinham de visitar seus escritórios em pessoa regularmente e preencher inúmeros formulários em papel. É esta também a razão para tantos empregados sentirem-se presos a reuniões e e-mails. Entretanto, tradicionalmente, libertar os funcionários de seus escritórios ou postos de trabalho tornava a coordenação de suas atividades muito difícil.

Consequentemente, a *orquestração* (que os gestores desejam) e a *liberação* (que os funcionários querem) representam mais um paradoxo do mundo não digital. No passado, uma orquestração mais rigorosa exigia vincular as pessoas aos locais e métodos que fariam a orquestração. Isto criou gastos que poderiam reduzir a produtividade os indivíduos, restringir a sensação de liberdade e sugar a energia delas. Libertar as pessoas ou os processos dos grilhões da tecnologia obsoleta pode permitir aos trabalhadores focar em um número maior de atividades importantes. Mas, libertar as pessoas pode introduzir problemas em suas interações.

Não seria bom, caso esses paradoxos não representassem o absoluto, ou uma coisa ou outra, ou o ceder algo em troca de algo? Quando nos fosse perguntado se desejaríamos a padronização ou o *empoderamento* (ou o controle ou a inovação, ou então a orquestração ou a liberação) não seria bom se pudéssemos simplesmente responder "sim"?

A TRANSFORMAÇÃO DIGITAL ROMPE OS PARADOXOS OPERACIONAIS DO PASSADO

Ao se depararem com paradoxos operacionais intimidadores, normalmente os gestores optam por reduzir a variação e a flexibilidade em vez de aumentá-la. Eles redesenham os processos para que se tornem mais padronizados, melhor controlados e orquestrado de forma mais estrita que nunca. Essa abordagem fazia sentido na época em que não havia computadores e foi o foco de várias iniciativas computacionais ao longo dos últimos cinquenta anos.

Porém, a onda mais recente de tecnologias digitais é diferente. Tecnologias como *smartphones*, *big data analytics*, a colaboração nas mídias sociais e dispositivos integrados podem romper os paradoxos da era pré-digital. Tecnologias colaborativas e de dispositivos móveis que *libertam* os trabalhadores de suas mesas, relatórios em papel e reuniões podem, ao mesmo tempo, *orquestrar* os trabalhadores de forma mais próxima. A *padronização* que elimina a criatividade de algumas tarefas também pode *dar maior autonomia* aos trabalhadores para serem mais criativos de outras formas. A tecnologia que impõe *controles* estritos para reduzir as variações dos processos e a fraude também pode ajudar a *inovar* esses processos. Vejamos como as empresas estão lidando com cada um desses paradoxos.

Padronização e Empoderamento

Desde a época de Frederick Taylor, os engenheiros têm visto a padronização como uma maneira de aumentar a eficiência de um processo. Através de estudos de tempos e movimentos e outros métodos, Taylor subdividiu cada processo em suas partes componentes, padronizou cada etapa, eliminou atividade desnecessária e pediu aos trabalhadores que seguissem um "livro de receitas" de ações precisas. Esse tipo de atividade, mesmo na era pré-computacional, possibilitou inovações radicais no processo de fabricação como as peças intercambiáveis e a linha de montagem.

A padronização também torna possível a automação. Iniciativas envolvendo a reengenharia de processos e sistemas ERP (*Enterprise Resource Planning*, ou seja, planejamento de recursos da empresa) dos últimos 25 anos têm levado a enormes benefícios financeiros[14]. Os robôs fizeram incursões em tarefas padronizadas nas linhas de montagem, trabalhando 24 horas por dia sem reclamar e cometendo menos erros que os seres humanos. As máquinas também podem realizar tarefas insalubres como a pintura automotiva, de modo mais eficaz e eliminando a necessidade de medidas preventivas de proteção para os operários. À medida que os recursos computacionais aumentam, as máquinas serão capazes de substituir os trabalhadores em um número cada vez maior de tarefas[15].

Entretanto, a padronização pode tornar os seres humanos mais eficientes sem substituí-los. Fornecendo informações consistentes sobre o desempenho dos processos e o status de cada pedido, os sistemas ERP ajudam os trabalhadores a desempenharem melhor suas funções. Da mesma forma, processos padronizados em *cockpits* ou em farmácias podem ajudar as pessoas a realizarem suas tarefas de modo mais eficiente e seguro, sem a eliminação de seus empregos.

Vejamos como as empresas estão administrando o paradoxo padronização *versus* empoderamento. É sensato começarmos pela padronização, já que tecnologias mais recentes estão criando enormes oportunidades que não existiam anteriormente. Por exemplo, os celulares, *e-business* e dispositivos integrados produzem bilhões de dados os quais podem ser "garimpados" (*data mining*) em busca de ideias para padronizar e aprimorar os processos da empresa. Mas, enquanto algumas companhias continuam a impulsionar a eficiência através da padronização, outras estão rompendo o paradoxo de padronizar e dar maior autonomia ao mesmo tempo.

Aumentando a Eficiência na UPS através da Padronização

O sucesso da UPS, empresa global no setor de remessa de encomendas, baseia-se, em grande parte, na padronização e na eficiência operacional. A empresa atua em 220 países, com cerca de 400.000 funcionários. Em 2012, ela atendeu 8,8 milhões de clientes e entregou cerca de 4,1 bilhões de encomendas. A UPS controla uma complexa rede logística com milhões de possíveis permutações em termos de opções de atendimento e itinerários para entrega. Jack Levis, diretor de gestão de processos da UPS, explica: "Não almejamos apenas entregar a tempo todas as encomendas, mas oferecemos aos nossos clientes inúmeras opções de serviços para atender suas necessidades. Oferecemos até a possibilidade de ajustar as opções de entrega enquanto a encomenda ainda está a caminho. Executar essa missão significa orquestrar constantemente os pedidos, ajustar cronogramas de trajeto e acompanhar as entregas das encomendas feitas através de uma enorme frota de veículos terrestres e aéreos."[16]

Por décadas, a UPS tem estado à frente na otimização de processos. Ao padronizar suas atividades, chegando ao ponto de instruir seus motoristas sobre o procedimento de descer do veículo, a UPS aumenta continuamente sua eficiência, segurança e qualidade[17]. Novos recursos em termos de *data analytics* estão possibilitando uma otimização ainda maior. De acordo com Levis, a UPS gera "uma quantidade enorme de dados a serem alimentados, dados esses provenientes de dispositivos, veículos, materiais de rastreamento e sensores. Nosso objetivo é transformar esse complexo universo de dados em inteligência empresarial."[18]

A otimização de trajetos é uma oportunidade-chave e um desafio complexo, conforme explica Levis: "Temos 106.000 motoristas para entrega, espalhados pelo mundo, e entregamos mais de 16 milhões de encomendas diariamente. Quando se considera o fato de que cada motorista na UPS tem trilhões de maneiras de percorrer seus trajetos, o número de possibilidades aumenta exponencialmente. A questão passa a ser a seguinte: como 'vasculhar' esse oceano de dados a partir de nossos sensores e veículos para se chegar ao trajeto mais eficaz para nossos motoristas?"[19] Resolver este quebra-cabeça pode trazer bons resultados. Por exemplo, a redução de uma milha (o equivalente a 1,6 km) por dia por motorista se traduz em uma economia de até 50 milhões de dólares por ano[20].

Levis e sua equipe usaram algoritmos avançados para cortar milhões de milhas dos trajetos para entregas. O projeto "tritura" regras de negócio, dados de mapas, informações de clientes e regras de trabalho dos funcionários, entre outros fatores, para otimizar os trajetos para entrega das encomendas de seis a oito segundos. Um trajeto otimizado poderia muito parecer com o trajeto normal do motorista – ¼ de milha (ou 400 metros) salvo aqui, ½ milha (ou 800m) acolá – mas o real benefício está na distância acumulada poupada em milhares de entregas.

O projeto é um esforço imenso da UPS, empregando cerca de quinhentas pessoas. Porém, ele gera vantagem operacional significativa. Até então, *analytics* ajudou a UPS a reduzir 85 milhões de milhas (ou 136 milhões de quilometros) dirigidas por ano. A redução resulta em mais de dois milhões de litros de combustível economizados. Os sistemas diminuíram o tempo ocioso dos motores em dez milhões de minutos, em parte graças a sensores de bordo que ajudam a determinar quando no processo de entrega ligar ou desligar o caminhão. Esta tecnologia por si só poupou mais de 172.000 litros de combustível e reduziu as emissões de carbono em mais de 6.500 toneladas.

Diz Levis: "Não encaramos as iniciativas como 'projetos analíticos'; as encaramos como projetos de negócios. Nosso objetivo é tornar os processos de negócios, métodos, procedimentos e *analytics* uma coisa só. Para o usuário *front line*, o uso de resultados da *analytics* se torna apenas parte do trabalho."[21]

Quebrando o Paradoxo Padronização *versus Empoderamento*

A UPS economizou milhões de dólares através da padronização de seus processos internos. Muitas outras empresas estão fazendo progressos similares e obtendo substanciais economias. Contudo, essas mudanças, embora valiosas, algumas vezes focam apenas em uma das facetas do paradoxo padronização-*empoderamento*.

Algumas companhias conseguiram romper o paradoxo. Mesmo que a padronização possa desqualificar ou tirar autonomia dos trabalhadores, isso não tem de ser assim. As empresas podem transferir as tarefas rotineiras para pessoas que se sintam satisfeitas com tarefas deste tipo. E caso a padronização elimine alguns empregos, ela poderá dar maior autonomia a outros para a realização de um trabalho mais gratificante.

Essas mudanças podem ser pequenas ou grandes. Uma empresa do setor industrial que estudamos começou padronizando, e depois automatizando, muitas das tarefas de seu departamento de RH. Ela reduziu o pessoal de RH (de mais de 100 para menos de 30 empregados), aumentando a satisfação dos funcionários que ficaram. Os colaboradores acharam mais fácil administrar as tarefas rotineiras de Recursos Humanos através de sistemas de autoatendimento. De acordo com o vice-presidente do setor, os funcionários que restaram neste departamento também estão mais contentes. Agora eles podem se concentrar em "ampliar conhecimentos gerenciais, em vez de ficar contando o número de feriados".[22] Olhando para o futuro, o RH planeja contratar novos funcionários à medida que o volume de tarefas que dão maior autonomia aumentar.

A Asian Paints padronizou o processo de tirar pedidos das lojas que ela atende. Anteriormente, uma equipe com centenas de vendedores visitava milhares de lojas regularmente[23]. Os representantes comerciais tiravam pedidos de tinta e outros produtos, respondiam perguntas e contatavam distribuidores locais para fazer a entrega de cada pedido. As encomendas eram, então, atendidas pelos distribuidores locais que operavam, na maior parte, de forma independente em relação aos demais.

Vendo uma oportunidade para otimizar as atividades, os executivos da empresa implementaram um único sistema ERP para administrar todo o processo, desde o pedido até o recebimento, bem como recursos avançados na área de gestão da cadeia de suprimentos. Viabilizar o novo sistema exigia que a empresa padronizasse a maneira como ela operava, tanto dentro de cada região como entre as diversas regiões. Isto também fornecia informações melhores e maior eficiência. De acordo com o CIO e diretor de estratégia, Manish Choksi: "Durante esse período, construímos uma base financeira e operacional extremamente sólida visando o crescimento da empresa."[24]

Logo os executivos perceberam outra oportunidade de padronizar processos. Análises mostraram que a empresa poderia aprimorar a experiência vivida pelo cliente e melhorar o desempenho nas vendas se fizesse com que funcionários alocados em uma única central de atendimento (em vez de vendedores em campo) tirassem pedidos rotineiros. A mudança eliminou etapas do processo e gerou economia de escala em relação ao pessoal que efetuava as vendas.

Como ganho extra, a transformação também melhorou a qualidade dos serviços. Anteriormente, a satisfação do cliente variava de região para região e também de vendedor para vendedor. Mas a central de atendimento, e sua plataforma tecnológica habilitadora, mudou a situação. Pela primeira vez os executivos tinham uma visão única de todas as atividades relacionadas aos clientes dentro da companhia. Eles poderiam garantir a cada varejista o mesmo nível de atendimento, independentemente do local em que este se encontrasse. Os gerentes poderiam monitorar o desempenho de cada atendente, dando a equipe treinamento e fazendo ajustes conforme a necessidade. Essa melhoria se estendeu, indo além da tarefa de tirar o pedido, já que o sistema possibilitava aos executivos visualizarem se alguns centros de distribuição estavam apresentando desempenho inferior aos demais e por quê.

Mas, e as pessoas? Os colaboradores nas centrais de atendimento realizam processos altamente rotineiros, gerenciado por sistemas automatizados. Mesmo assim, o trabalho nessas centrais de atendimentos é considerado bem melhor que alguns outros que muitas dessas pessoas teriam conseguido anteriormente. E, muito embora os vendedores tivessem perdido um componente-chave de sua função anterior, a eliminação da tarefa de tirar pedidos deu a eles maior autonomia para fazerem algo mais. Agora, munidos de acesso aos sistemas da empresa via dispositivos móveis e com mais treinamento e apoio por parte da companhia, os vendedores transformarem-se de míseros tiradores de pedidos para gestores de relacionamento com maior autonomia. Agora eles podem prestar um melhor atendimento às lojas e sentirem-se mais satisfeitos enquanto o pessoal da central de atendimento fica feliz realizando a tarefa rotineira de tirar pedidos.

Vimos esse tipo de padronização e empoderamento simultâneos em diversas companhias estudadas. Nas farmácias on-line, as linhas de produção automatizadas realizam grande parte do trabalho rotineiro, dando aos farmacêuticos maior autonomia para fazerem outras tarefas mais gratificantes como aconselhar pacientes e administrar pedidos complexos de compra e não simplesmente ficar colocando comprimidos dentro de recipientes. No Caesars, a pesada automação e padronização tornaram os processos mais eficazes, mas também muniram os funcionários de informações atualizadas sobre cada cliente. Os representantes com contado direto com o público podem decidir por oferecer uma elevação de categoria ou uma refeição grátis sem ter de ficar pedindo autorização para seus supervisores. Os funcionários até recebem informações, em tempo real, sobre clientes que talvez precisem de um auxílio, podendo optar por dar a eles um atendimento mais personalizado[25].

Controle e Inovação

A central de operações da Codelco possibilita que seus gerentes conheçam, em tempo real, a situação de todas as atividades em uma mina. Pelo fato de as informações estarem disponíveis em um único local, eles podem localizar problemas potenciais, coordenar atividades e tomar decisões de planejamento melhores. O controle das variações torna os processos mais eficazes e seguros, enquanto recursos de controle simultâneo permitem à Codelco ajustar-se em relação a mudanças na carga de trabalho, composição de minérios, eficiência dos maquinários e outros fatores. Além disso, estas informações integradas ajudam a companhia a identificar áreas para serem alvo de inovação.

Em vários setores a automação é particularmente bem adequada às aplicações que exigem controle. Um piloto automático faz pequenos ajustes na propulsão e na direção para manter uma aeronave na sua rota. A automação de processos realiza a mistura de produtos químicos nas quantidades e temperaturas certas para otimizar reações e salvaguardar a qualidade do produto. Os sistemas contábeis garantem que as pessoas somente possam introduzir transações para quantias e contas válidas.

Porém, o controle automatizado também pode reduzir a inovação e outras variações valiosas. Sistemas demasiadamente restritivos talvez impeçam os funcionários de dar pequenas compensações para seus melhores clientes. Os controles rígidos em sistemas de cadeia de suprimentos podem forçar os gerentes de uma loja a terem de conviver com aquilo que a matriz diz a eles para fazer, em vez de encontrar a combinação certa de produtos para os seus clientes locais.

Assim como no paradoxo anterior, o primeiro lugar a buscar oportunidades ao longo da dimensão controle *versus* inovação é o controle. As novas tecnologias como dispositivos móveis e integrados estão criando diferentes formas para aumentar a eficiência dos processos e a qualidade do produto e impedir fraudes. Mas, enquanto algumas empresas tendem a focar apenas no controle, outras estão rompendo o paradoxo para controlar e inovar ao mesmo tempo.

Controlando o Processo de Qualidade

Embora a Asian Paints gerenciasse ambos os lados do paradoxo padronização *versus empoderamento* em seus processos de vendas, ela optou por focar em um deles (o controle) na fabricação[26]. A fabricação de tintas é um negócio com margem pequena de variação, com vários pontos onde se pode cometer erros. O fator que mais influencia nos custos são as matérias-primas, que constituem 60% dos gastos. Os componentes químicos precisam ser misturados nas quantidades corretas e no momento certo, e os materiais podem causar danos ambientais se não forem manipulados apropriadamente.

O alto crescimento na demanda por tintas criou a necessidade de abrir novas fábricas a cada três anos. De acordo com Manish Choksi, CIO e diretor de estratégia, construir plantas industriais de nível internacional "exige um elevado grau de automação para gerar eficiência no trabalho, mas também qualidade e menos desperdício"[27]. Vendo o potencial da tecnologia para melhorar o processo produtivo, em 2010 os executivos abriram uma fábrica com capacidade para 200.000 toneladas que era praticamente toda automatizada, seguida, em 2013, de uma outra totalmente automatizada com capacidade para 300.000 toneladas. As novas plantas industriais são completamente integradas segundo uma perspectiva de gestão das informações. Dados de sistemas de controle do chão de fábrica e depósitos são interligados de maneira imperceptível ao sistema ERP.

Isso ajudou a sustentar, ainda mais, a eficiência operacional da empresa. As matérias-primas fluem dos tanques de armazenamento, onde as máquinas misturam os componentes e colocam o produto acabado em containers em um processo contínuo. Os técnicos monitoram o progresso e fazem a manutenção do maquinário, mas são os computadores que controlam todo o resto.

Para os executivos da empresa, os benefícios da automação vão bem além de reduzir custos de mão de obra, eles levaram também a maior escalabilidade, melhor qualidade, maior segurança e proteção ambiental. Ocorre um número menor de acidentes no trabalho. A companhia precisa contratar menos pessoas para funções com alta rotatividade de mão de obra na fábrica. A qualidade do produto aumenta, pois está sujeito a uma variação menor nos processos. E com o emprego de telemetria completa nas etapas de fabricação, os engenheiros conseguem resolver problemas de produção de modo mais rápido que antes.

Controle de Fraudes

As novas tecnologias estão criando diferentes maneiras para controlar fraudes. As instituições financeiras possuem sistemas e organismos de controle interno, para detectar e evitar negociações não autorizadas. As empresas de cartão de crédito possuem operações de gestão de fraude automatizadas em tempo real. Mas, a tecnologia digital está abrindo possibilidades em outros setores, também.

Roubo e fraudes por parte dos empregados são problemas nas empresas. A Association of Certified Fraud Examiners relatou que as organizações típicas perdem anualmente 5% de suas receitas para fraude[28]. De acordo com a National Restaurant Association, o furto praticado por seus membros foi responsável por 4% das vendas de refeições por ano, ou seja, mais que 8,5 bilhões de dólares, em 2007. Estes números são significativos pois as margens de lucro antes dos impostos, em geral, varia entre 2% a 6% para restaurantes[29].

Por exemplo, em empresas do ramo alimentício, as oportunidades são abundantes para que garçons suplementem suas rendas através de fraude. Eles podem usar várias técnicas para furtar de seus empregadores e clientes, inclusive mascarar vendas e computá-las como "por conta da casa", após embolsarem dinheiro pago pelos consumidores ou transferindo itens das contas dos clientes depois delas já terem sido pagas. Essas atividades aconteciam em grande parte escondido da gerência, já que os garçons tornaram-se práticos na variação de suas técnicas para impedir a detecção.

Recentemente, uma rede de restaurantes americana implementou um software para resolver o problema. O sistema examina todo o universo de transações da caixa registradora para identificar casos de fraude óbvios demais para serem justificados pelos garçons. Os gerentes poderão, então, confrontar-se com seus subordinados sobre a atividade, munidos de informações específicas sobre quando e onde algo aconteceu. As ações corretivas variam, desde apenas tornar os garçons cientes de que o estabelecimento os está observando de perto, até multá-los, ou mesmo despedi-los.

Um estudo do impacto do sistema em uma rede de 392 restaurantes para jantares informais constatou uma média de 21% de decréscimo nas mais deploráveis formas de roubo, após a implementação do sistema[30]. O que é mais interessante é que os pesquisadores constataram que o total de receitas de cada estabelecimento aumentou 7% em média, sugerindo um considerável acréscimo na produtividade dos empregados ou então que mais desvios ilícitos estavam sendo evitados do que o sistema era capaz de detectar. Além disso, a venda de bebidas (fonte primária dos desvios em restaurantes) aumentou aproximadamente 10,5%. Esta melhoria é particularmente importante, pois as margens de lucro sobre bebidas em lojas deste tipo variam entre 60% e 90%, representando praticamente metade de todo o lucro auferido pelos restaurantes. Para os donos de estabelecimento neste ramo de comércio, esse tipo de controle digital representa uma oportunidade imediata de aumentar os lucros sem grandes investimentos ou mudança de processos. Para os garçons, isso pode representar algo bem diferente.

As possibilidades estendem-se a outros contextos também. Por anos os governos usaram computadores para detectar indícios de fraude em declarações de imposto de renda ou na negociação de ações. Hoje em dia, eles estão observando outras áreas. Por exemplo, uma pesquisa recente identificou indícios de fraude nas inspeções veiculares[31]. Os governos podem usar esses indícios para focar suas operações e reduzir a corrupção.

Rompendo o Paradoxo Controle *versus* Inovação

Embora os benefícios do uso da tecnologia para controle da variação de processos e redução de fraudes sejam enormes, a tecnologia também pode fomentar a inovação. Através da medição de processos rigidamente controlados, empresas como a Asian Paints, o Caesars e a Codelco têm a oportunidade de identificar áreas problemáticas e otimizar as atividades. Elas podem realizar experimentos controlados, medindo acuradamente as diferenças entre grupos obsequiados ou não. O CEO do Caesars, Gary Loveman, certa vez foi citado como tendo dito: "Há três formas garantidas de ser despedido no Caesars. A primeira delas é roubar da companhia. A segunda é realizar alguma forma de assédio. E a terceira é fazer um experimento sem ter um grupo de controle."[32]

Um determinado restaurante está realizando, ativamente, experimentos na fixação de preços e promoções através de um conjunto de estandes franqueados instalados em pavilhões esportivos e em eventos de entretenimento. Usando sinalização eletrônica, a empresa pode testar pacotes promocionais com a correspondente fixação de preços especiais, visando aumentar as vendas. Os vendedores podem mudar os seus menus de acordo com o evento (uma partida de beisebol ou de futebol ou um concerto que está sendo realizado nas proximidades). Agora o restaurante está testando o ajuste dinâmico nos preços para deslocar a curva de demanda como resultado do clima, horário e níveis de estoque. A empresa compartilha aquilo que constata em cada local de modo que outros possam se beneficiar igualmente. Porém, ela testa novamente cada uma das ideias em cada novo local de evento para garantir que as iniciativas de Milwaukee irão realmente funcionar (ou seja, vender mais) em Miami e vice-versa.

Ainda mais categórica é a experiência da Seven-Eleven Japan (SEJ), cujos rígidos e centralizados controles de processo aumentam a eficiência, mas também possibilitam a inovação[33]. A empresa criou uma plataforma de processos e informações que conecta, em tempo real, todas as lojas às sedes da companhia bem como aos centros de distribuição. Os gerentes de loja têm à sua disposição o status de cada pedido feito, independentemente se for de pratos quentes, entregues duas vezes ao dia; pratos frios, entregues diariamente ou bens duráveis entregues com menor frequência. Um painel instalado em cada loja mostra o desempenho, em tempo real, relativo a períodos similares ocorridos no passado. Os gerentes até podem ajustar os pedidos diariamente como, por exemplo, solicitar mais pratos quentes em dias cuja expectativa é de ocorrência de chuvas ou frio.

Os rígidos controles de processo da SEJ também possibilitam a inovação. A empresa lança rotineiramente novos produtos e os testa em um determinado grupo de lojas (amostra), obtendo rápido feedback sobre o desempenho da mercadoria. Os bons produtos continuam e os de desempenho ruim são eliminados. A SEJ também testa serviços (bancários e de pagamento de contas, por exemplo) que podem usar as diversas localizações de lojas da empresa para maior conveniência dos clientes.

A companhia começou a fomentar localmente novas oportunidades para inovação. Os gerentes de loja são encorajados a levantar hipóteses sobre o que venderá e fazer os pedidos de acordo. Talvez, por exemplo, eles vejam as crianças usando roupas de uma determinada cor e então façam um pedido de acessórios nessa mesma cor. Ou então eles podem sugerir um novo produto em vista daquilo que os clientes vêm pedindo nos últimos tempos. Experimentos bem-sucedidos transformam-se em inovações que a empresa pode compartilhar com todas as suas lojas. Em uma companhia em que mais de 50% dos produtos são renovados a cada ano, as oportunidades proporcionadas pela capacidade de inovação local são inestimáveis.

A Seven-Eleven Japan mostra claramente como a tecnologia pode romper o paradoxo entre controlar e inovar. Os padrões e processos que reduzem a variação também podem gerar oportunidades para a realização de experimentos que aumentem o desempenho da companhia. Esse tipo de experimentação com processos rigidamente controlados é uma técnica de inovação bem conhecida em empresas digitais como Amazon e Google[34]. Agora ela está se transferindo rapidamente do mundo digital para o mundo físico. Isto não seria possível sem os dados integrados em tempo real que as tecnologias digitais atuais podem fornecer. Mas, apenas aquelas empresas que tomam medidas ativas no sentido de usar informações de forma diferente serão capazes de liberar o potencial inovador que as atividades digitais oferecem.

Orquestração e Liberação

As novas tecnologias digitais estão libertando as pessoas das restrições que outrora as limitavam. Cada vez mais os indivíduos podem trabalhar onde quiserem e no horário de sua preferência. Eles podem se comunicar quando desejarem, com um punhado de amigos ou centenas de "conhecidos", compartilhando facilmente informações confidenciais com pessoas dentro e fora de suas organizações. Para muitos trabalhadores isso pode soar como liberdade. Para diversos gestores isso está mais para o caos.

Por outro lado, a tecnologia digital é capaz de sincronizar processos mais de perto. Os *scanners* móveis nos depósitos e nas lojas interligam-se diretamente a sistemas financeiros e de controle de estoque, emitindo solicitações que abrangem toda a própria empresa e podem alcançar outras companhias também. Os celulares e o GPS possibilitam que se rastreie pessoal de campo, de modo que se possa criar cronogramas para eles e monitorar seus desempenhos mais de perto que nunca. As etiquetas RFID (*Radio-Frequency Identification*, ou seja, de identificação por radiofrequência) e sensores embutidos em dispositivos fornecem uma montanha de informações para rastrear objetivos ou monitorar processos em tempo real.

Ao empregar essas novas tecnologias e dados, muitas empresas concentram-se apenas nos benefícios das orquestrações. Mas, é possível se obter mais. Algumas companhias conseguem conceber como romper o paradoxo, libertando pessoas e processos de amarras e, simultaneamente, orquestrar atividades bem de perto.

Orquestrando Digitalmente as Cadeias de Suprimentos

As tecnologias digitais criam muitas oportunidades para orquestrar melhor cadeias de suprimentos. Parceiros de canal – fornecedores, intermediários, prestadores de serviços terceirizados ou clientes – podem compartilhar informações em tempo real. A colaboração proativa de fornecedores e a visibilidade do fluxo de matérias-primas podem aprimorar a qualidade dos pedidos e reduzir custos de suprimento. Empresas que transformaram digitalmente suas cadeias de abastecimento estão saindo na frente e colhendo ótimos frutos.

A Kimberly-Clark Corporation, fornecedora de produtos médico-hospitalares bem como para higiene e cuidados pessoais, construiu uma cadeia de suprimentos baseada na procura usando *data analytics* para obter uma melhor visibilidade sobre as tendências de demanda em tempo real. Essa capacidade possibilitou que a empresa produzisse e armazenasse apenas o estoque necessário para substituir aquilo que os consumidores haviam realmente comprado, em vez de tomar como base para produção as previsões feitas em cima de dados históricos. A Kimberly-Clark utilizou dados de pontos de venda de varejistas como Walmart para gerar previsões que acionavam carregamentos para serem enviados às lojas e orientar decisões internas de distribuição e planejamento tático. Isto também ajudou a empresa a criar uma nova métrica para acompanhar e otimizar o desempenho da cadeia de suprimentos. Essa métrica, definida como a diferença absoluta entre as remessas e as previsões, e expressada na forma de uma porcentagem de remessas, acompanha efetivamente as unidades mantidas em estoque e os locais de remessa. Através desse método, a Kimberly-Clark reduziu em mais de 35% seus erros de previsão para um horizonte de planejamento de uma semana e 20% para um horizonte de duas semanas. As melhorias em um período de 18 meses traduziram-se em um a três dias menos de estoque de segurança e 19% a menos de estoque de produtos acabados, com impactos diretos no resultado final da companhia[35].

A Zara, força atuante no segmento de vestuário, é outro exemplo. A empresa tem como suporte para o seu modelo de negócios "moda ligeira" recursos únicos de uma cadeia de suprimentos movida pelos compradores[36].

Os estilistas e outros funcionários na sede da companhia monitoram, em tempo real, informações sobre as compras feitas pelos clientes para criar novos estilos e fixar os preços para venda. Através de informações padronizadas sobre os produtos, a Zara consegue preparar rapidamente desenhos, via CAD, contendo claras instruções de fabricação.

Na fábrica, as peças cortadas são rastreadas com a ajuda de códigos de barra à medida que elas seguem pela cadeia de suprimentos. O centro de distribuição da companhia funciona com o mínimo de intervenções manuais, já que leitores óticos classificam e distribuem mais de sessenta mil peças de vestuário a cada hora. A Zara também se aproveita da proximidade da produção com o centro de distribuição para reduzir riscos e o tempo de processamento dentro da cadeia de suprimentos.

O total controle sobre sua cadeia de valor ajuda a empresa a projetar, produzir e entregar novas peças de vestuário para as lojas em aproximadamente 14 dias, sendo que, tipicamente, seus concorrentes levam cerca de nove meses. O tamanho menor dos lotes da Zara leva a uma maior precisão nas previsões de curto prazo e a custos de estoque e taxa de obsolescência inferiores. Isso diminui a queda nos preços e aumenta as margens de lucro. Por exemplo, artigos que não foram vendidos na Zara representam 10% do estoque, comparado à média setorial de 17% a 20%.

Orquestração e Liberação na Air France

Empresas como a Kimberly-Clark e Zara geraram substanciais benefícios interligando digitalmente cada elemento de suas cadeias de suprimentos. Embora abordagens como estas, focadas na orquestração, possam ser de grande valor, existem outras oportunidades de romper o paradoxo orquestração *versus* liberação. As atividades tornam-se melhor orquestradas quando os trabalhadores ganham liberdade para fazerem algumas tarefas sem as amarras da papelada, mesas e expediente no escritório.

A Air France constatou que poderia romper o paradoxo mudando do papel para meios eletrônicos em suas operações de voo[37]. Os desafios da documentação da empresa estendem-se a 4.000 pilotos e centenas de voos diários ao redor do mundo. Anteriormente, cada comandante, aeronave e plano de voo exigia uma série de documentos a bordo que, coletivamente, acrescentavam 27 kg de papelada a cada decolagem.

Além disso, o papel era uma base tecnológica deficiente para orquestração das operações. Decisões críticas sobre segurança ou programação tinham de aguardar para serem tomadas à espera que digitadores introduzissem nos sistemas as informações dos formulários. Processos realmente críticos, em termos de tempo, exigiam que os funcionários coordenassem manualmente, via telefone ou rádio, e, normalmente, eles tinham de preencher formulários depois do processo ter sido finalizado.

A logística de coordenação para qualquer voo não é uma tarefa fácil. No passado, cada avião transportava documentos de referência e os pilotos mantinham cópias separadas em casa. Salas exclusivas em dois aeroportos de Paris – Orly e Roissy – guardavam nas estantes cartões contendo informações sobre todos os destinos atendidos pela Air France. Cada aeronave precisava de calculadores de desempenho e manuais específicos, com variações que dependiam do sistema de propulsão específico do avião. Pessoal de retaguarda, nos escritórios, preparava uma pasta para cada voo, incluindo informações sobre o clima, detalhes dos aeroportos e itinerários. Essa papelada toda ajudava a manter a segurança dos voos da Air France, mas, ao mesmo tempo, também criava uma grande complexidade operacional. Sebastien Veigneau, copiloto da Air France, explica: "No passado costumávamos receber nosso plano de voo mensalmente, impresso em papel. Os documentos dos planos eram despachados individualmente para todos os 4.000 pilotos e todos os 15.000 comissários de bordo e aeromoças."[38]

Em 2006, gestores da Air France perceberam que a tecnologia poderia libertar seus funcionários dos formulários em papel e da coordenação manual e, ao mesmo tempo, possibilitar que os processos fossem orquestrados mais de perto. A empresa poderia reduzir o custo e os riscos, aperfeiçoar o treinamento dos pilotos e agilizar os processos mais críticos. A Air France começou digitalizando a maior parte da documentação de referência e de voo, e depois dando notebooks para todos os pilotos. Os comandantes poderiam usá-los para realizar tarefas que anteriormente faziam em papel. Entrementes, ao instalar *tablets*, denominados Eletronic Flight Bags, em suas aeronaves, a companhia abriu caminho para a redução de papelada nas operações de voo. A Air France beneficiou-se porque todas as notas eram legíveis, disponíveis em tempo real e no mesmo lugar. A documentação era fácil de ser mantida e atualizada em relação aos documentos em papel. Os pilotos poderiam ter as instruções mais atualizadas, em um único toque. E os passageiros também se beneficiavam por não ter de esperar tanto, pois as atividades eram mais eficientes.

Embora o processo inicial mostrasse ser promissor, ele também encontrava dificuldades. Problemas no projeto do aplicativo e a reticência dos pilotos levavam a certa insatisfação. Em 2009, a empresa colocou lado a lado o pessoal de TI e pilotos ativos para idealizarem uma solução que fosse mais rápida, simples e moderna. Em apenas alguns meses, a equipe desenvolveu uma solução para iPad, apelidada de Pilot Pad, que os comandantes acharam mais útil que o método original utilizando o notebook.

As mudanças operacionais da Air France foram, em grande parte, invisíveis para os clientes, mas o esforço empreendido beneficiou a eles através de maior segurança, melhor coordenação das tripulações e aeronaves e tempo de espera reduzido.

A orquestração digital permitiu que a companhia aérea melhorasse substancialmente os seus processos. Entretanto, os benefícios estenderam-se para além das pistas dos aeroportos. A transformação também liberou os pilotos de tarefas que geravam frustração e esforço adicional no passado. Usando seus Pilot Pads, os comandantes poderiam acessar on-line, de qualquer ponto do planeta, a plataforma de programação de voos. Hoje em dia, toda vez que a Air France atualiza um documento na biblioteca, 60% dos pilotos afetados a revisam em um prazo de 24 horas, o que possibilita que eles estejam informados, não importando onde se encontrem. Os pilotos também podem realizar cursos de treinamento de modo mais conveniente. Anteriormente, exigia-se deles que participassem *in loco* das apresentações para manterem-se atualizados com as últimas novidades em termos de aeronaves e de práticas – um grande desafio dado o seu típico cronograma apertado de viagens. Novos módulos de *e-learning* agora permitem aos pilotos completarem o treinamento na hora e onde eles quiserem.

Até o momento, o programa Pilot Pad tem sido um sucesso. Ao libertar-se do papel, a Air France orquestrou melhor do que nunca os seus processos. Além disso, o *tablet* liberou os pilotos para fazerem tarefas não relacionadas com os voos sempre e quando eles quisessem. Conforme nos disse Veigneau: "Quando o Pilot Pad foi apresentado, ele transformou as atividades em um processo eficiente e fácil de interagir. A única questão que temos com os pilotos agora é: 'Quando vou receber o meu Pilot Pad?'" Em 2013, a Air France expandiu o programa para todos os seus comandantes. Agora, ciente do potencial da solução para a participação ativa deles, as operações de voo agrupam planos para continuar ultrapassando os limites com novas capacidades digitais. Por exemplo, em 2014 o pessoal de bordo também foi equipado com iPads.

CONSTRUINDO SUA VANTAGEM OPERACIONAL

A transformação digital das atividades começou entre as décadas de 1960 e 1970 com sistemas transacionais básicos. Ela se acelerou nos anos de 1980 e 1990 com a introdução de PCs, e-mail e sistemas on-line. E deu um salto nos anos 2000 com os celulares, a banda larga e a comunicação global barateada. Agora ela tem como desafio tornar tudo ainda mais rápido por meio de tecnologias como robótica flexível, *analytics* avançada, tecnologias de voz e tradução e a impressão 3D.

Sendo assim, como você pode pensar em oportunidades para transformar suas atividades? A vantagem das atividades digitais vai além de serem excelentes ferramentas. Trata-se de uma combinação de pessoas, processos e tecnologia interligados de uma maneira única para ajudá-lo a superar os seus concorrentes. Nenhum dos exemplos deste capítulo foi apenas sobre adicionar novas tecnologias a um processo. Eles foram, na realidade, sobre uma maneira de usar a tecnologia digital como uma oportunidade para se repensar a forma que os processos de sua empresa funcionam. Se você entender o poder das atividades transformadas, será capaz de criar uma vantagem operacional que poucos outros poderão copiar.

Ao buscar oportunidades para transformar atividades, não pense em tecnologia móvel, *analytics* ou dispositivos embutidos. Pense nas restrições com as quais conviveu por anos – muitas destas que você já nem mais considera como tal porque elas são simplesmente conhecidas de todos. As hipóteses por trás dessas restrições ainda são verdadeiras? Ou podem as novas tecnologias permitir que você trabalhe de forma radicalmente diferente? É aí que se pode encontrar as melhores oportunidades.

Busque maneiras de aplicar cada uma das seis alavancas às suas atividades. E descubra como usar a tecnologia para romper paradoxos. Mas, não pare por aí. Os "Mestres Digitais" que estudamos utilizaram várias alavancas – isoladas e combinadas – para transformar suas atividades. Uma mudança levou a outra e depois a uma terceira...

As empresas libertaram do papel seus processos de projeto e produção, abrindo possibilidades para orquestrá-los de novas maneiras. A Codelco usou a automação para controlar e depois para inovar os seus processos. A Asian Paints repensou hipóteses a partir de uma herança do passado, padronizando seus processos de vendas e, ao mesmo tempo, dando maior autonomia aos vendedores em contato direto com os clientes para realizarem tarefas mais estratégicas. O Caesars controla seus processos digitalmente e, simultaneamente, dá maior autonomia aos funcionários para tomarem decisões de forma independente e trabalharem ativamente a fim de encontrar inovações que melhorem cada processo.

Transformar digitalmente as atividades requer uma visão que vá além dos ajustes incrementais. Mas, também, exige algo mais. A transformação requer dados consistentes e disponíveis em tempo real, para as pessoas e máquinas que deles precisarem. Para muitas empresas, a verdadeira transformação das atividades inicia-se revisando sistemas e informações antigos para fornecer uma visão unificada dos processos e dados. Não se trata de tarefa fácil, mas vale a pena o esforço. Conforme discutiremos no Capítulo 8, incrementar sua plataforma tecnológica é a base sobre a qual todos os demais elementos são construídos.

LISTA DE VERIFICAÇÃO PARA CONDUZIR A TRANSFORMAÇÃO DIGITAL: ATIVIDADES

- ✓ Liberte-se de hipóteses antigas, da era pré-digital.

- ✓ Tente encontrar gargalos e ineficiências em seus processos e considere se novas tecnologias digitais podem ajudá-lo a repensar as suas atividades.

- ✓ Considere como cada uma das seis alavancas pode ajudá-lo a aprimorar as atividades.

- ✓ Caso não consiga solucionar ambos os lados de um paradoxo de uma só vez, comece com a padronização ou controle. Isso pode abrir possibilidades para utilizar outras alavancas.

- ✓ Considere exemplos dentro e fora do seu setor.

- ✓ Assim como na experiência vivida pelo cliente, uma plataforma digital sólida é essencial para a transformação operacional. Iremos discutir mais a este respeito no Capítulo 8.

CAPÍTULO 4

REINVENTANDO MODELOS DE NEGÓCIOS

Não sufoque sua inspiração e sua imaginação;
não se torne escravo do seu modelo.

— VINCENT VAN GOGH

Mostramos de que maneira "Mestres Digitais", como a Burberry, podem criar valor a partir da transformação da experiência vivida pelo cliente. Eles também podem, como a Codelco, obter alta eficiência operacional a partir da transformação das operações. Porém, algumas empresas modificam suas atividades de maneira ainda mais extensa. Elas repensam a experiência vivida pelo cliente, as operações internas e as fórmulas econômicas para reinventarem seus modelos de negócios.

Conforme descrito na introdução deste livro, ondas de mudança digital estão ocorrendo em intervalos cada vez mais curtos. Cenários competitivos estão em perpétuo movimento. Muitas das barreiras, que outrora protegiam as grandes de um setor, caíram. A concorrência é global e as tecnologias digitais forneceram recursos para se buscar as oportunidades. O "prazo de validade" dos modelos de negócios existentes está se tornando mais curto, colocando em questionamento o próprio conceito de vantagem competitiva duradoura.

Executivos de todos os setores têm de estar atentos às oportunidades e ameaças da rápida evolução digital e prontos para reinventarem os modelos de negócios conforme a necessidade.

Algumas vezes a reinvenção desses modelos envolve mudar radicalmente aquilo que uma empresa vende, a maneira como é vendido ou como obter lucro a partir disso. A reinvenção poderá envolver reimaginar a natureza da concorrência no mercado em que a sua empresa atua ou a reconfiguração de sua cadeia de valor para produzir uma vantagem de eficiência substancial em relação a seus concorrentes. Ela também estará, talvez relacionada a fazer a transição de multinacional para uma empresa verdadeiramente global, mudar de produtos para serviços que agreguem valor ou, então, partir para mercados totalmente novos. E, inclusive, implicar a criação de novos negócios ou serviços digitais, seja para ampliar o seu modelo de negócios atual ou então substitui-lo.

Os executivos veem potencial para criação de valor na reinvenção dos modelos de negócios ao menos por três razões. Primeiramente, ela pode reordenar as cadeias de valor e criar grandes mudanças no cenário competitivo, pois já gerou ou redistribuiu bilhões de dólares em setores que vão do varejo ao transporte aéreo[1]. Em segundo lugar, a reinvenção bem executada dos modelos de negócios e suas respectivas sustentações operacionais pode ser difícil de reproduzir. E, em terceiro lugar, a inovação tecnológica exponencial da atualidade desafia continuamente as empresas com oportunidades (e ameaças) fazendo com que elas fundamentalmente tenham de repensar a maneira de realizar negócios. Por exemplo, a impressão 3D já está gerando novos modelos de processos de fabricação, bem como novas proposições de clientes, de modos inimagináveis há alguns anos.

Mas, apesar de toda essa agitação, a reinvenção dos modelos de negócios continua difícil de ser interpretada. Em nossa pesquisa, míseros 7% daqueles que responderam declararam que as iniciativas no âmbito digital, implementadas por suas empresas, estavam ajudando a lançar novos negócios. Apenas 15% disseram que estavam surgindo novos modelos de negócios como consequência da tecnologia digital[2]. É provável que muitos executivos não estejam buscando oportunidades para reinventar seus modelos de negócios. Outros talvez considerem tal tentativa muito arriscada.

Portanto, por qual razão você iria se preocupar com a reinvenção do modelo de negócios de sua empresa? Pelo simples fato de que não considerá-la é um risco ainda maior. Empresários dos meio musical, jornalístico e acionário já assistiram as mudanças radicais que a reinvenção dos modelos de negócios podem trazer para os setores em que atuam. Outros setores como o securitário e educacional estão começando a passar pela mesma situação. Não importa a área, você deve estar ciente que é prioritário colocar em questionamento o modelo de negócios atual de sua empresa. Caso contrário, os concorrentes irão fazê-lo.

EMPRESAS LÍDERES DO SETOR: ESTEJAM ATENTAS!

O modelo de negócios que opera o mercado de táxis londrino tem permanecido estável por muitos anos. Empresas deste setor mediavam a lei da oferta e demanda por meio de uma dispendiosa infraestrutura: call centers funcionando ininterruptamente 24 horas por dia e GPS instalados nos veículos. Apesar dessa tecnologia, conseguir um táxi em Londres continuava a ser difícil. Algo estava prestes a acontecer.

Em 2010, quando três empreendedores e três taxistas (todos cofundadores de uma *start-up* chamada Hailo) encontraram-se em um café de Londres, a transformação do modelo de negócios era a última coisa que passava por suas cabeças. Terry Runham, Russell Hall e Gary Jackson – os três taxistas – já haviam tentado tirar do papel um negócio de *e-taxi*, com resultados diversos. Ron Zeghibe, Jay Bregman e Caspar Wooley – os três empreendedores – tinham um algoritmo, criado originalmente para uma empresa de *e-courier*, e estavam em busca de uma nova vida. Logo de cara instala-se um clima de harmonia entre todos eles. Todos concordaram que as atuais ineficiências no mercado de táxis londrino poderiam ser transformadas em uma oportunidade.

A ideia fundamental dos taxistas ia contra a lógica. Não se preocupar com a experiência vivida pelo cliente neste estágio. Pensar apenas em criar um sistema que funcione para os taxistas. O resto seria consequência. Os empreendedores enxergavam o potencial. Eles poderiam elaborar diferenciação do lado da oferta, onde conseguiriam erigir barreiras à entrada de novos concorrentes. Todo concorrente queria garantir clientes e estes estavam enfrentando uma disputa semelhante por parte de *apps* similares. Era preciso uma abordagem diferente.

Logo de início, a equipe concentrou-se em corrigir duas dificuldades que eram fundamentais na vida dos taxistas – maximização da ocupação e o isolamento. A maioria dos taxistas gasta de 30% a 60% de seu tempo andando com o táxi vazio. Portanto, oferecer um serviço por uma tarifa pequena fazia sentido. Além disso, embora os motoristas de taxi formem uma pequena comunidade muito unida, em geral, eles se sentem isolados. Portanto, oferecer uma comunidade social que envolvesse os taxistas e os mantivessem mais próximos, fazia sentido. Com esses parâmetros a Hailo criou uma proposição de valor precisa para a demanda desse mercado de dois lados.

A Hailo usa extensivamente a *analytics* para oferecer aos motoristas uma visão melhor dos passageiros disponíveis, como conseguir corridas eficientemente e como monitorar seu desempenho ao longo do tempo. O *app* também dá aos taxistas um panorama, em tempo real, do tráfego. Os motoristas podem enviar um alerta sobre picos de demanda quando existirem vários chamados em um dado local como, por exemplo, ao final de uma peça de teatro. A Hailo foi além, ao disponibilizar no aplicativo um diário de bordo completo para cada motorista. Eles podem medir a porcentagem de tempo com o carro ocupado com passageiros, o volume diário de combustível gasto, ganho por hora e uma infinidade de outros dados de gestão. Os profissionais podem estabelecer metas pessoais diárias e comparar o seu desempenho em relação ao seu histórico.

Para remediar o isolamento, o *app* oferece um *newsfeed* em que os motoristas podem atualizar seus status e compartilhar informações com outros colegas profissionais, uma espécie de Facebook para taxistas. Eles podem criar um grupo de seus melhores amigos, a partir do qual seus colegas conseguem pesquisar na cidade e participar de chats ao longo do dia.

Poucos meses depois da introdução da Hailo, a média de ocupação destes taxistas havia crescido significativamente. Esses resultados impressionantes deixaram a comunidade de motoristas maravilhada. Os profissionais alegam que o uso da Hailo levou a um aumento de 30% em suas atividades[3]. O resultado disto foi que, até 2013, 60% dos taxistas londrinos já haviam aderido a essa rede.

Mas, onde os clientes entram nessa história toda? A Hailo desenvolveu um *app* para *smartphones* muito simples e intuitivo para os clientes. Assim que um passageiro localiza um táxi, ele recebe o número de registro, nome, foto e número de celular do motorista. Em média, um táxi Hailo leva cerca de quatro minutos para chegar, não importando onde o cliente se encontre na cidade. Diferentemente de seus concorrentes, os motoristas da Hailo também concedem cinco minutos de espera antes de acionarem seus taxímetros. Até o início de 2012, 99% dos pagamentos foram feitos em dinheiro. Dois terços dos táxis não tinham condições de processar cartões de crédito e havia uma sobretaxa de 12,5% para o cliente. Através da Hailo, os clientes podem cadastrar seus cartões e pagar com um simples toque diretamente de seus celulares. A partir de 2013, havia perto de meio milhão de usuários cadastrados só na cidade de Londres.

Como a Hailo ganha dinheiro com tudo isso? O modelo de lucros é simples: a Hailo oferece corridas a uma taxa de 10% sobre cada uma delas. Não existe taxa de adesão. Conforme observa um dos fundadores: "A partir do momento que se cobrem os gastos, o resto é lucro."[4]

As tecnologias digitais também permitiram à Hailo ter custos operacionais extremamente baixos. A empresa não fornece equipamentos, portanto, não há custos para instalação de displays móveis monitorados por GPS – os *smartphones* dos taxistas desempenham essa função. Por meio de negociação em volume, a empresa ajuda os taxistas a conseguirem ótimas ofertas das companhias telefônicas. Diferentemente dos concorrentes, a Hailo não tem necessidade de manter call centers caros, pois o algoritmo no software realiza um trabalho melhor que os operadores no agendamento das corridas de cada taxista.

A empresa globalizou-se, abrangendo várias cidades ao redor do mundo – em geral, adaptando seu modelo econômico para atender às condições locais. Em 18 meses, a companhia construiu um modelo de negócios de grande sucesso. Assim explica um dos fundadores da Hailo, Ron Zeghibe: "Compreendemos que se quiséssemos aplicar tecnologia a este mercado, precisávamos de pessoas que o conhecesse profundamente. Ter dado ouvidos e utilizado suas ideias para construir o DNA da empresa está nos rendendo enormes dividendos. Hoje estamos em condições de entrar em qualquer mercado e enfrentar as empresas que o dominam com uma boa chance de sobrepujá-las."[5]

O que a Hailo demonstra é que o emprego de tecnologias digitais para combinar excelência tanto nas atividades quanto na experiência vivida pelo cliente, entremeado em um modelo de negócios diferenciado, rende dividendos. Modelos de negócios transformativos como os da Hailo, ou seu equivalente na cidade de São Francisco, o Uber, raramente se constituem em apenas uma questão de tecnologia.

CINCO ARQUÉTIPOS DA REINVENÇÃO DOS MODELOS DE NEGÓCIOS

Embora já faça parte do léxico atual da administração, a reinvenção dos modelos de negócios ainda é um campo emergente com várias interpretações e definições[6]. Nos últimos anos, vários livros deram sua contribuição para melhor compreendermos o desenvolvimento ou a inovação dos modelos de negócios[7]. Alguns também focaram no papel específico da tecnologia no processo de reinvenção dos modelos de negócios. Tais publicações analisaram especificamente modelos de negócios impulsionados por sistemas de informação ou então nas disrupções provocadas pela aplicação nos negócios de novas tecnologias digitais, principalmente em *start-ups* inovadoras[8].

No presente livro, nos concentramos em como as empresas conduzem sua transformação digital sob a ótica das grandes companhias globais. Dirigentes das maiores empresas, buscando reinventar seus modelos de negócios, devem usar suas "lentes de aumento". Tecnologias que surgem, *start--ups*, novas pequenas empresas que entram no mercado e concorrentes em setores próximos, tudo isso merece ser considerado.

Em nossa pesquisa, observamos todos os modelos descritos na literatura em questão. Alguns são mais comuns que outros, alguns são mais radicais que outros e alguns são mais aplicáveis em diversos segmentos que outros. Todas as opções apresentam oportunidades para criar valor comercial substancial e possuem perfis de risco diferentes.

Observamos cinco grandes arquétipos de reinvenção de modelos de negócios impulsionados por tecnologia digital. O primeiro deles, a *reinvenção de setores*, envolve um remodelamento substancial da estrutura de um setor de atividade, como a Hailo fez no mercado de táxis, ou então fundamentalmente o atendimento de comportamentos de novos consumidor. A segunda categoria diz respeito à *substituição de produtos ou serviços*, quando os seus produtos ou serviços principais tornam-se diretamente substituíveis por um novo formato digital. A terceira categoria, a *criação de novos negócios digitais*, envolve a elaboração de novos produtos e serviços que gerem receita adicional. A quarta categoria, a *reconfiguração de modelos de geração de valor*, significa recombinar produtos, serviços e dados para mudar a maneira de uma empresa participar da cadeia de valor. O quinto arquétipo diz respeito a *repensar as proposições de valor*, usando novas capacidades digitais para almejar necessidades não atendidas de clientes existentes ou novos.

Vale a pena prestar atenção em todas essas variedades. A reinvenção dos modelos de negócios gera oportunidades para criar valor novo. Tanto a defesa quanto o ataque são importantes. Considere que seus concorrentes, por exemplo, possíveis empresas entrando no mercado (em geral, vindas de fora do setor em que você atua) já são bons nesse aspecto. Portanto, como encarar a reinvenção? Examinemos os modelos que vimos em ação em nossa pesquisa.

REINVENÇÃO DE SETORES

Reinventar um setor é uma tarefa difícil para qualquer empresa. Isto não acontece todo o dia e é um empreendimento complexo e arriscado para se levar adiante. Em geral, as companhias precisam se aventurar fora da zona de conforto de seu negócio principal para gerarem novas formas de valor. A reinvenção também pode exigir novas competências, novos modos de operação e novos modelos econômicos.

As empresas estavam acostumadas a focar na criação de vantagem competitiva a partir de uma experiência diferenciada vivida por seus clientes, ou da otimização de suas atividades internas e ou ainda do desenvolvimento de canais de distribuição de maior alcance. Com o poder da internet e das novas tecnologias digitais, agora as companhias estão aptas a interligar muitos participantes e criar novas plataformas para as companhias interagirem e transacionarem[9]. As empresas também podem alavancar ativos que não possuem e reconfigurar suas cadeias de valor – desde a compra de serviços de TI à la carte de fornecedores de infraestrutura baseada na nuvem, como a Amazon, passando pela utilização do conceito de *crowdsourcing* para terceirizar seus departamentos de Programa e Desenvolvimento (P&D), até o preenchimento de vagas importantes através de provedores de mão de obra on-line globais, como o Desk.

A economia baseada em plataformas não se aplica apenas no nível setorial, veremos mais tarde como, por exemplo, a Nike e a Volvo utilizaram *platform thinking*[NT-1] para criar novas fontes de receita ou novas conexões para os clientes. Porém, todos os modelos de negócios que observamos para reinventar um setor através de tecnologia digital envolviam alguma forma de emprego de plataformas.

Um bem documentado exemplo de empresa bem-sucedida na construção de uma plataforma para mudança de um setor de atividade é a Apple. Com o iPod, a Apple criou uma forma conveniente e amigável de baixar músicas para um *player* brilhantemente projetado. Mas, a mágica veio depois, quando a empresa lançou sua loja iTunes – um serviço que criava uma firme ligação entre hardware, software, música digital e vídeos em um pacote de fácil manuseio. O restante é história. A Apple não apenas conseguiu que o iPod se tornasse um produto admirado com alta margem de lucro, mas a loja iTunes também possibilitou que a empresa se tornasse uma importante plataforma de distribuição e estabelecesse um preço-base para cada faixa de música. Tais reinvenções são raras, mas, quando ocorrem, elas fundamentalmente mudam as regras do jogo.

Plataformas multilaterais não são novidade. American Express, PayPal e Square conectaram com sucesso comerciantes e consumidores. Fabricantes de consoles de video games, como o PlayStation da Sony e o Xbox da Microsoft, interligaram desenvolvedores de jogos e usuários. Mais recentemente, o Google Android conectou fabricantes de dispositivos móveis, desenvolvedores de aplicativos e usuários.

A novidade é que o poder da tecnologia digital ampliou substancialmente o escopo de oportunidades para modelos de negócios baseados em plataformas. Setores tão diversos como automotivo, educacional, assistência médica e, até mesmo, assistência jurídica estão se tornando prontos para a transformação. Em um artigo de 2013, Goffrey Parker e Marshall Van Alstyne parafrasearam a citação do empreendedor e capitalista de risco Marc Andreessen citado em nossa introdução, dizendo: *"Platforms are eating the world."*[10] Eles argumentam que estamos no meio de uma mudança significativa nos modelos de negócios – uma transformação impulsionada pela internet e uma geração de usuários conectados.

Empresas participantes daquilo que é comumente chamada de *economia colaborativa* estão repensando a natureza de setores com grande volume de ativo imobilizado, com implicações para seus modelos de negócios. Em vez de permitir que todas as receitas sejam destinadas a umas poucas grandes empresas que criam ativos especializados para alugar, novas empresas estão intermediando conexões entre clientes e pessoas que queiram compartilhar seus ativos por um tempo. Do aluguel de carros a hospedagem para férias, dos trabalhadores temporários a financiamento colaborativo e até mesmo cuidadores de cães, o consumo colaborativo está progredindo de forma estável como uma opção alternativa para o cliente.

Pensemos nos hotéis. Redes como Marriott, Hilton e outras investem enormes quantias para construírem instalações apropriadas que eles alugam para clientes por noite ou por mês. Porém, outras pessoas possuem ativos que alugariam de bom grado para conseguir uma renda extra: uma casa de praia, um quarto sobrando ou uma casa na cidade enquanto os donos estiverem viajando de férias. Por que uma empresa não poderia ganhar dinheiro tirando proveito dos desejos desses indivíduos, alugando suas propriedades e aproveitando-se da relativa imaturidade de um mercado desses?

Em 2008, a Airbnb viu um vácuo no modelo tradicional de aluguel de quartos. A empresa é um mercado comunitário de confiança que funciona on-line e por telefone para pessoas visualizarem ou reservarem acomodações ao redor do mundo. Começou pequena, mas cresceu muito rapidamente. Ela passou de 100.000 noites de hospedagem reservadas em 2009 para 750.000 no ano seguinte, subindo depois para dois milhões no ano posterior. Em 2013, já tinha presença em 33.000 cidades de 192 países ao redor do planeta[11]. Toda noite, ela ajudava cerca de 150.000 pessoas a pernoitarem em acomodações alugadas através deste serviço – um número significativo comparado aos 600.000 quartos do Hilton no mundo[12]. O modelo de negócios baseia-se em corretagem. A Airbnb fica com 3% do locador e com 6 a 12% do viajante, dependendo do preço e da qualidade da propriedade. Por essa tarifa, a empresa fornece atendimento ao cliente e trata do pagamento, além de um seguro por perdas e danos no valor de 1 milhão de dólares para os seus hóspedes. Os locadores e hóspedes podem se avaliar mutuamente aumentando, portanto, a confiança e a qualidade do serviço.

Grandes corporações perceberam isso. Em 2013, o Marriott, em colaboração com a empresa de aplicativos para dispositivos móveis e web, a LiquidSpace, começou a alugar espaços para reunião, por demanda, contrariando a noção de que você tem de ser um hóspede do hotel para usar suas instalações[13]. Grandes redes hoteleiras ao redor do mundo agora estão considerando como estender conceitos da economia colaborativa para outras partes de seus modelos de negócios.

A economia colaborativa está fazendo incursões em vários setores diferentes de aluguel. A *start-up* de *car-sharing* Zipcar foi fundada em 2000. Os clientes da Zipcar podem alugar carros por uma hora ou um dia, usando seus celulares ou cartões de crédito para fazerem reservas e poderem entrar no automóvel. Seguro e estacionamento fazem parte do modelo de negócios. Os carros são convenientemente alocados em estacionamentos distribuídos pela cidade, em vez de uns poucos locais para aluguel. Os motoristas podem pegar um veículo rapidamente, sem perder tempo com papelada e processos de *check-in*. Para aqueles que precisam de um veículo apenas ocasionalmente, a conveniência e a vantagem de preço do Zipcar, em relação a locadoras tradicionais ou aos valores de se manter a propriedade de um carro, permitiu que a empresa crescesse rapidamente. Hoje ela ocupa o primeiro lugar do mundo de redes de *car-sharing*. Em meados de 2013, a Zipcar tinha 810.000 membros e oferecia 10.000 veículos em vários países da América do Norte e da Europa[14].

Assim como no setor de hospedagem, grandes empresas entraram em cena. Em 2009, a fabricante Daimler/Mercedes Benz iniciou seu serviço Car2go, alugando carros Smart Fortwo com tarifas cobradas por minutos, independentemente da distância percorrida ou do combustível consumido. Em 2013, a Car2go operava mais de 8.000 veículos em oito países, com mais de 400.000 clientes cadastrados[15]. Foi em 2013, inclusive, que a gigante na locação de carros, a Avis, adquiriu a Zipcar[16].

Embora hoje não esteja claro se tais modelos de negócios criam valor extra ou simplesmente substituem empresas existentes, não há dúvida nenhuma que, ao longo do tempo, esses tipos de compartilhamento de ativos impulsionados digitalmente se tornarão significativos. Com o passar do tempo, isso certamente aparecerá em outros setores. Se você for capaz de identificar ativos subutilizados, de encontrar uma maneira de otimizar o seu uso através de um modelo de acesso sensível ao tempo e localizar a fórmula econômica correta, é bem provável que tenha uma valiosa nova fonte de receitas.

Reinventar setores através de modelos de negócios baseados em plataformas multilaterais tem recebido grande atenção por parte dos líderes empresariais nos últimos anos. Compreender a economia subjacente de tais plataformas é um pré-requisito para explorar a reinvenção de setores. Pesquisas acadêmicas recentes também têm colaborado para a compreensão da economia baseada em plataformas[17].

As plataformas multilaterais podem agregar de forma eficiente os participantes dispersos em setores fragmentados – ajudando a reduzir aquilo que os economistas chamam de "custos de transação", como a Hailo fez no segmento de táxis ou a Airbnb fez para o caso de hospedagens.

Plataformas bem executadas podem criar barreiras significativas à entrada de novos concorrentes através de efeitos de rede. Por exemplo, quanto mais compradores o eBay conquista, mais atrairá os vendedores que, por sua vez, atrairão um número maior de compradores. O valor para os clientes em um dos lados da plataforma tipicamente aumenta com o número de participantes do outro lado. Além disso, o poder da massa pode derrubar a proteção de mercado tradicional, por exemplo, quando as recomendações de amigos viajantes substituem aquelas das agências de viagem.

Oportunidades para plataformas que reinventam setores inteiros não surgem todos os dias. Mas, elas realmente existem em vários setores de atividade. Elaborar um novo modelo de negócios que mude todo um setor requer visão, criatividade, planejamento cuidadoso e investimento. Poucos são bem-sucedidos nesse intento, mas aqueles que o conseguem passam a ter uma vantagem significativa.

SUBSTITUIÇÃO DE PRODUTOS E SERVIÇOS

Em alguns casos, transformar o modelo de negócios passa a ser essencial, pois o produto ou serviço básico que a companhia fornece está sendo substituído por tecnologia digital nova. Em tais situações, é preciso que a empresa "se substitua". Para tanto, talvez seja necessário canibalizar suas próprias receitas. Mas, se a mudança de sua oferta antiga para uma oferta digital nova for real, não existe outra maneira.

Após a fotografia digital ter substituído os filmes e os *smartphones* terem substituído as câmeras fotográficas, os modelos de negócios tradicionais tanto da Kodak quanto da Fujifilm tornaram-se obsoletos. As duas empresas viram a mudança aproximando-se. Porém, a Kodak não sobreviveu ao passo que a Fujifilm sim. A Kodak ficou presa à sua atividade principal por tempo demais. Já a Fujifilm conseguiu administrar o "ataque digital" utilizando-se da diversificação. Ela usou seu expertise em componentes químicos para ingressar no mercado de cosméticos e de filmes para fabricar filmes óticos para telas planas de LCD[18].

Ao analisar os modelos de negócios de sua empresa, caso observe um declínio constante no número de clientes ou nos lucros, comece a repensar rapidamente. É possível fazer experimentações de novos modelos que usem a sua marca, enquanto as atividades existentes da companhia ainda gerarem receita suficiente para subsidiar as experimentações. Pode ser que suas experiências assustem e afastem *start-ups* ou deem à sua empresa uma vantagem em relação aos seus concorrentes que tentam ameaçá-lo. Porém, essas mudanças fundamentais são melhores afrontadas se feitas logo cedo.

Com início há duas décadas, indivíduos e empresas desfrutam do acesso a várias formas novas de entregar e receber documentos e de comunicação textual – desde o e-mail até as mídias sociais. Porém, a experiência não foi positiva para todos. Companhias do setor postal sentiram, na melhor das hipóteses, um leve declínio em seu principal negócio – a entrega (física) de cartas. Na Austrália, por exemplo, o número de cartas postadas caiu 17% no período entre 2009 e 2012 – um rombo de 20% nas receitas da Australia Post[19]. A empresa passou do domínio total (100%) do mercado de comunicações escrita para menos de 1%, apenas em uma geração. Para este caso radical de substituição digital, repensar o modelo de negócios para serviços postais claramente se fazia necessário[20].

Em resposta à mudança nas comunicações digitais, uma série de empresas de serviços postais ao redor do mundo foi em busca de serviços E2E (*electronic-to-electronic*). Acelerar a "canibalização" do negócio existente poderia parecer um contrassenso. Mas, essas empresas de serviços postais acreditaram que a integração dos canais físico e eletrônico poderia criar uma nova plataforma que permitisse a elas se manterem na posição de intermediário e facilitador nas comunicações e no comércio.

Os correios sueco e dinamarquês estão entre os primeiros a explorar a diversificação em serviços eletrônicos (*e-services*) nos anos 1990. Um dos exemplos mais estabelecidos e bem-sucedidos de "caixa postal digital" é a e-Boks, em que a Post Danmark detém uma participação, juntamente com o Nets, sistema de pagamentos bancários nórdico.

A e-Boks começou como um sistema fechado unidirecional que suportava comunicações transacionais B2C (empresa-consumidor) e G2C (governo-consumidor). A empresa pretendia oferecer um sistema de arquivamento universal e autenticado para administração consolidada de documentos. Ela possibilitou que grandes remetentes comerciais e governamentais digitalizassem totalmente os processos de comunicação transacional com seus consumidores. A e-Boks também tornou mais fácil a administração das preferências das organizações pela comunicação digital ou pela tradicional (física). Para os consumidores, a empresa oferecia conveniência, segurança e escolha em um sistema on-line familiar (parecido com *internet banking*). O serviço integrava opções de pagamento, possibilitava a escolha de meios preferidos para envio por remetente e oferecia arquivamento on-line perene para documentos comerciais para pessoas físicas.

A e-Boks pode ser acessada na web ou via *app*, que são usados por centenas de milhares de pessoas. A comunicação bidirecional na companhia agora disponibiliza um canal seguro para contatos contendo informações sigilosas como número de inscrição na Previdência Social. As respostas dos destinatários podem ser baixadas diretamente nos aplicativos comerciais da empresa remetente. Da mesma forma, contratos e acordos que exijam assinatura podem ser tratados dentro da e-Boks, gerando um registro eletrônico de aceitação ou rejeição que tem força legal segundo a legislação dinamarquesa. Ao mesmo tempo, as soluções do portal ainda oferecem aos consumidores uma série de canais.

O crescimento da e-Boks está intimamente ligado às sólidas políticas de *e-government* que estabelecem a condição legal das comunicações digitais e de um ativo apoio (e adoção) por parte do governo. Órgãos governamentais dinamarqueses estaduais, regionais e locais estão lincados a e-Boks, assim como a maior parte dos bancos, concessionárias de serviços de utilidade pública e outras grandes organizações comerciais. À medida que a empresa foi acrescentando novas áreas de prestação de serviços, o número de pessoas que passaram a utilizá-la foi aumentando e os efeitos de rede levaram a uma aceitação cada vez maior do serviço por parte dos cidadãos. Em 2013, cerca de 80% da população adulta dinamarquesa havia se cadastrado na e-Boks[21].

Já que etapas de processamento como impressão, dobragem e envelopamento eram responsáveis por partes numerosas das despesas relativas à remessa de uma carta tradicional, grandes organizações geralmente conseguem reduzir seus custos de distribuição em até 80% ao mudarem para a remessa digital[22]. A "caixa postal digital" focava-se, inicialmente, em comunicações comerciais de pessoas físicas – extratos bancários, contas e faturas, holerites, correspondência fiscal e de assistência médica como resultados de laboratórios. Entretanto, assim que essa plataforma segura e que exige a autorização do usuário para conectar remetentes e destinatários foi estabelecida, ela criou mais oportunidades. Podem ser gerados novos fluxos de receita de empresas remetentes: novos aplicativos centrados em novos consumidores, aplicações de marketing baseadas em autorização e soluções de gerenciamento de bancos de dados.

A maior parte das empresas que prestam serviços postais ao redor do mundo considera o modelo "o remetente paga" – assim como no correio tradicional – como a estratégia de fixação de preços mais viável no curto prazo. Mas, elas estão explorando oportunidades a respeito da fixação de preços através de *click-through*[NT-2], fixação de preços pelo valor percebido[NT-3] e da construção de serviços modulares por assinatura para os consumidores.

Quando o principal produto ou serviço de uma empresa está sendo substituído por novos formatos digitais, não há volta. É preciso escolher a maneira e o momento corretos para se desvincular. Extrair o máximo do modelo antigo para alimentar o novo é uma boa prática e irá permitir que se defenda a atividade principal por um tempo. Mas, administrar de forma proativa a transição é, em última instância, a única estratégia viável.

A CRIAÇÃO DE NOVOS NEGÓCIOS DIGITAIS

Empresas grandes podem ter dificuldade para criar novas fontes de crescimento com a reinvenção do modelo de negócios. O foco no crescimento incremental do ramo atual e a proteção de ativos existentes podem restringir um pensamento radical. Na maioria dos casos, *start-ups* e novas empresas entrando em um dado mercado são os catalisadores para a criação de novos negócios digitais. Mas, nem sempre esse é isso.

A Nike tradicionalmente tem construído o seu negócio através de uma combinação de produtos novos e inovadores e da intensa consolidação da marca por meio de variadas plataformas de mídia e operações eficientes. À medida que foram surgindo possibilidades de novas tecnologias digitais, a Nike rapidamente tirou partido de todas as três áreas. A empresa transformou a experiência vivida pelo cliente ao introduzir diferentes processos de venda e conectar atletas ao redor do mundo, bem como suas atividades com métodos recentes de projeto e fabricação.

A companhia não partiu da estratégia de um novo modelo de negócios; pelo contrário, ela buscou maneiras de oferecer ainda mais valor para seus clientes conectados. Além de sua presença nas redes sociais, a Nike decidiu compor tecnologia e informações em um novo modelo de negócios. Nascia o conceito Nike+[23].

O Nike+ inclui vários componentes conectados: um tênis, um sensor, uma plataforma na internet em dispositivos como iPod, iPad, Xbox, relógio de pulso com GOS ou um FuelBand. O FuelBand, um produto desse novo conceito, é capaz de rastrear (geolocalização) uma pessoa ao longo do dia, dando aos usuários atualizações em tempo real das calorias por eles queimadas ou dos passos que eles deram para motivá-los. O Nike+ fornece pontuação NikeFuel, uma métrica própria para monitorar atividades de condicionamento físico que pode ser compartilhada on-line pelo usuário. Os corredores também podem compartilhar virtualmente seus itinerários e desempenho com os amigos via Twitter ou Facebook. Eles até conseguem obter planejamento de treinos de um treinador digital.

Ao mesmo tempo, a Nike coleta dados preciosos sobre como os clientes usam seus produtos, dando à empresa a oportunidade de aprimorar o marketing de sua marca e, no processo, criar uma comunidade de usuários altamente engajada. Já em 2008 a companhia era capaz de apreender coisas que jamais conhecera anteriormente: "No inverno, as pessoas nos EUA correm com maior frequência que aquelas na Europa e África, porém, distâncias mais curtas. A duração média mundial de uma corrida é de 35 minutos e a *power song*[NT-4] mais popular do Nike+ é 'Pump It' de Black Eyed Peas."[24]

Através do Nike+ a empresa estendeu o seu modelo de negócios, passando de fornecedora de artigos esportivos à fornecedora de novos equipamentos, tecnologia, dados ricos e úteis serviços que podem ser agregados. Hoje em dia, a companhia está atraindo parceiros externos para continuamente aprimorar os serviços na plataforma Nike+. Nada mal para uma marca que já era bem-sucedida, com cerca de 44.000 colaboradores. Mark Parker, CEO da Nike, explica de forma vívida: "Um dos meus medos é ser uma daquelas empresas enormes, lentas, constipadas e burocráticas contentes com o seu sucesso. As corporações esfacelam-se quando seus modelos fazem tanto sucesso a ponto de ele sufocar formas de pensar que o desafiem."[25]

A Nike ampliou sua participação de mercado e criou novas fontes de renda com uma gama de produtos e serviços adicionais[26]. Ela compreendeu a natureza da necessidade de participação de seus clientes e perguntou: "Como podemos fornecer ainda mais valor?" Dessa forma, elaborou uma plataforma digital coerente que interconectasse seus produtos e serviços em benefício dos atletas espalhados pelo mundo.

RECONFIGURAÇÃO DOS MODELOS DE GERAÇÃO DE VALOR

Muitas vezes, reinventar o modelo de negócios de uma empresa não se tratará de mudar as regras de mercado de um dado setor através da substituição de seus produtos ou serviços, ou da criação de um novo negócio digital, mas, sim, a reconfiguração do seu modelo de geração de valor. O uso da tecnologia para conectar todos os seus produtos, serviços e informações de uma forma diferente pode criar vínculos com os clientes e vantagem competitiva. Quando bem feita, ela cria custos de mudança[NT-5] e incentivos para os clientes que favorecem as transações com o seu negócio.

Muitas empresas querem se reconectar com seus consumidores sem ameaçar o modelo de distribuição com terceiros que tem sido bem-sucedido há tantos anos. Esse é um dilema que muitas companhias B2B (*business--to-business*) estão tentando solucionar. Exige repensar o tradicional modelo integrado verticalmente.

As seguradoras, por exemplo, construíram negócios rentáveis usando agentes para distribuir os seus produtos e serviços para os clientes finais. Mas, o que acontece quando a porcentagem da população que quer trabalhar com agentes diminui? Ou quando a sua empresa ficou tão afastada de seus clientes finais que passa a ser difícil compreender as necessidades detalhadas deles? Simples: sua empresa precisará de um novo modelo de negócios.

Muitos fabricantes de automóveis são empresas B2B. Eles produzem veículos e os vendem a revendedores. Estes, por sua vez, os repassam para clientes. As montadoras são completamente dependentes das concessionárias para venderem os seus produtos, muito embora os revendedores gerem custos elevados e, por vezes, sejam difíceis de administrar. Pior ainda, as lojas detêm a relação com o cliente, e os fabricantes pouco contato têm com os compradores finais.

O fabricante sueco Volvo decidiu fazer algo a respeito desse modelo tradicional. Em 2012, a empresa dependia de uma rede de 230 revendas em uma centena de países ao redor do mundo para comercializar os seus produtos. As revendas administravam todas as vendas e os serviços pós-venda. Pelo fato de elas controlarem o processo de comercialização, as concessionárias locais tradicionalmente detinham o conhecimento do cliente. A fabricante realizava pesquisa de mercado tradicional, mas tinha pouco ou nenhum conhecimento de seus consumidores finais.

A Volvo estava enfrentando uma concorrência cada vez mais acirrada. A natureza da demanda também estava mudando – os carros não eram mais vendidos apenas como um produto, mas sim como uma solução de transporte que mudava a natureza da experiência vivida pelo cliente. Dotados de tecnologias de comunicação e TI avançadas, os automóveis conectados prometiam oferecer aos clientes transporte mais eficaz e seguro com menor impacto ambiental.

Como a montadora poderia desenvolver uma relação mais direta com os clientes finais sem afetar as relações já existentes com as revendas? A empresa decidiu promover uma profunda transformação no seu modelo de negócios, passando de B2B para um modelo "B2B2C", em que ela iria prestar alguns serviços diretamente ao cliente[27]. Tais serviços não foram elaborados para concorrer com os revendedores. Na realidade, eles reforçavam a atração pelos carros da Volvo, beneficiando, consequentemente, as próprias revendas. Para evoluir para esse novo modelo B2B2C, a empresa se valeu muito das tecnologias digitais – mobilidade, mídias sociais, *analytics* e dispositivos inteligentes integrados.

A fim de aumentar o envolvimento com o cliente, a fabricante começou a fazer uso intensivo de mídias sociais como Facebook, Twitter e YouTube, além de sua presença na web. O propósito da interação com essas mídias sociais não era o de vender – e concorrer com suas revendas –, mas sim, o de reforçar a proximidade com os clientes atuais, abrir uma conversação de duas vias, criar confiança e aumentar a fidelização.

Depois a Volvo fez mais. Ao atender a necessidade de adicionar um botão "pressione para falar" em seus veículos, a empresa está desenvolvendo o seu conceito de carro conectado. O Volvo On Call, serviço de assistência em trânsito, é fornecido através de call centers locais que operam segundo acordos estruturais globais. Um motorista em um carro da linha mais recente da Volvo pode pressionar um botão e falar diretamente com um atendente no call center. Com o GPS, a central disponibiliza serviços como encontrar o revendedor mais próximo, enviar um guincho ou chamar a polícia. Além disso, o serviço On Call dispara automaticamente sinais de alerta durante um acidente. O atendimento também está disponível em um *app* para dispositivos móveis, abrindo a comercialização para clientes com carros mais antigos sem sistema eletrônico acoplado ao de comunicação GPS ou GSM (*Global System for Mobile Communications*). O serviço On Call está incluso por vários anos após a compra de um novo veículo e, depois disso, pode ser renovado por uma taxa.

Obviamente a Volvo não foi a primeira empresa a fornecer tal tipo de funcionalidade. A empresa americana OnStar foi a precursora, seguida posteriormente por outras companhias. O que a Volvo fez foi usar a necessidade de "pressionar um botão para falar conosco" para reconfigurar o seu modelo geração de valor com revendedores e clientes. Desta forma, a empresa poderia se aproximar dos clientes sem encontrar uma forte resistência por parte dos revendedores. Os call centers são onerosos para qualquer revendedor fazer por conta própria, mas são úteis na venda de carros. As concessionárias estavam contentes pelo fato de a Volvo assumir as atividades da central de atendimento, sem elas próprias terem de fazê-lo. Ao incorporar funcionalidade de "carro conectado" a seus veículos, a Volvo começou a lançar novos serviços digitais como rastreamento de automóveis roubados, controle das portas, acionamento do aquecedor, painel de comandos remoto e serviços de localização.

Em vez de passar por cima dos revendedores, a fabricante está usando seus novos métodos de contato com os clientes para fornecer informações e serviços aos revendedores. A empresa criou um banco de dados centralizado de clientes e implementou uma solução CRM global (*Customer Relationship Management*, ou seja, gestão do relacionamento com os clientes). A Volvo agora integrou dados existentes dos revendedores com uma alimentação constante de informações provenientes do próprio carro. Novas capacidades analíticas permitem à empresa ficar mais próxima do marketing "um-para-um" embora, ao mesmo tempo, também fornecendo informações aos revendedores sobre os seus clientes. Além disso, a montadora pode lançar novos serviços como lembretes de manutenção que informam aos compradores quando as revendas têm horários livres para agendamento dentro de seus cronogramas de atendimento. Trata-se de um modelo de negócios dual, em que todos saem ganhando, habilitado por tecnologia digital.

REPENSAR AS PROPOSIÇÕES DE VALOR

Hoje em dia há um grande frisson da mídia em torno das grandes disrupções provocadas pelos novos modelos de negócios digitais. Embora elas sejam importantes, nem todas as mudanças no modelo de negócios têm de ser disruptivas para criar valor. De modo semelhante, as transformações nem sempre têm de conduzir as empresas a mercados totalmente novos. Para se criar um novo modelo de negócios, não é preciso esperar até o modelo antigo de uma empresa ser ameaçado.

As transformações dos métodos de negócios também podem possibilitar o reforço da presença de uma empresa no mercado em que atua no momento. Mas, estas transformações não precisam ser tão drásticas. Elas podem se referir à combinação de produtos e serviços de maneiras inovadoras: aproveitar melhor a *analytics*, elaborar novos modelos econômicos ou substituir os produtos/serviços ofertados pela a empresa. Obviamente, nem todas essas abordagens são mutuamente exclusivas e algumas companhias combinam esses modelos para gerar ainda mais valor.

Uma visão desconcertante sobre os consumidores estava inquietando a seguradora japonesa Tokio Marine Holdings. Muitos de seus consumidores precisavam de seguros não anualmente, mas, sim, para atividades muito específicas por pequenos períodos bem definidos. A empresa decidiu aumentar o seu modelo de negócios tradicional para suprir esta necessidade não atendida.

Tecnologia móvel e baseada em localização ofereceu aos executivos da seguradora uma forma de tornar os seus produtos mais relevantes para os clientes em situações de estilos de vida específicos. Em 2011, a seguradora fez uma parceria com a operadora de telefonia celular Docomo para oferecer a seus consumidores uma série de produtos de seguro inovadores sob a bandeira One-Time Insurance. Esses produtos eram disponibilizados através de um aplicativo para celular especializado. O *app* fornece aos usuários recomendações específicas para produtos de seguro para certas atividades como esqui e golfe ou seguros de viagem. Por meio do aplicativo, a empresa consegue enviar instantaneamente, e de modo proativo, pacotes de seguros relevantes e personalizados para seus consumidores[28]. Em janeiro de 2012, a companhia também lançou o One Day Auto Insurance – um novo tipo de seguro para automóveis que pode ser adquirido pelo celular. O produto oferece aos consumidores a possibilidade de segurar um veículo por um determinado número de dias ao usarem um carro emprestado de amigos ou parentes[29].

Enquanto algumas companhias, como a Tokio Marine, têm usado novas tecnologias e dados para melhorar suas proposições de valor, outras utilizam informações que já possuem para criar novas proposições de valor baseadas nos dados em si.

A Entravision Communications Corporation é uma empresa de comunicações em língua espanhola com grande alcance entre o público latino residente nos Estados Unidos, um público que coletivamente tem mais de um trilhão de dólares em poder de compra[30]. A Entravision, com início em 1996, opera mais de uma centena de estações de rádio e TV, além de plataformas digitais. A companhia foi única em sua capacidade de oferecer marketing altamente localizado em diferentes regiões do país. À medida que a Entravision processava um volume crescente, tanto de dados internos quanto externos, resultantes de acordos de licenciamento com seus parceiros, ela começou a ver o valor potencial de dominar essa nova moeda. Através do emprego de sofisticada *analytics*, a empresa passou a obter visões apuradas sobre o comportamento de seus ouvintes e telespectadores, visões estas que eram bastante procuradas por empresas vendendo produtos e serviços para esse mercado formado por latinos[31].

A demanda por visões mais detalhadas dos mercados dos povos latinos começou a crescer além dos compradores de horários de propaganda tradicionais, transformando as conversas de clientes da Entravision em *analytics* e modelagem preditiva. Nascia daí, em 2012, a Luminar. A Luminar é uma unidade de negócios exclusiva que passou de fornecedora interna de *analytics* para fornecedora de *big data*, na forma de um serviço, para clientes externos. Desde então, a empresa conquistou clientes como Nestlé, General Mills e Target, entre outros[32]. Em 2013, a companhia expandiu ainda mais, lançando a Luminar Audience Platform para compra de audiência on--line específica e almejada. Hoje, ela coleta e analisa dados de 15 milhões de adultos americanos de origem latina, representando em torno de 70% das transações imobiliárias virtuais e via catálogos dessa população nos Estados Unidos[33]. A empresa que tradicionalmente se via como um grupo de comunicações agora se vê como um empreendimento de comunicações e TI integradas atendendo o mercado latino.

ENTENDENDO A TRANSFORMAÇÃO DO MODELO DE NEGÓCIOS

Os modelos bem-sucedidos não duram para sempre. Algumas vezes, a criação de valor novo requer que uma empresa aventure-se no território inexplorado dos recentes modelos de negócios. Oportunidades de negócios ou ameaças competitivas podem ser o catalisador para tal mudança. Os "Mestres Digitais" não são paranoicos. Mas, eles efetivamente supõem que concorrentes e novas empresas entrando no mercado podem usar o potencial das tecnologias digitais para irem atrás de seu negócio. Você deve fazer a mesma suposição.

Primeiramente, é preciso ter um bom entendimento do(s) atual(is) modelo(s) de negócios de sua empresa. Também é necessário estar constantemente em busca de sintomas de mudança nos modelos de negócios, o que deveria acionar alarmes em sua organização. Sua empresa está experimentando um gradual declínio em fluxos de receita tradicionais ou erosão na margem de lucro devido à "comoditização"? Novos concorrentes estão surgindo de lugares inesperados ou setores próximos? Substitutos digitais mais baratos para os seus produtos ou serviços estão fazendo incursões em seu mercado? As barreiras às entradas tradicionais estão diminuindo em seu setor?

Sua empresa pode optar por agir na defensiva ou na ofensiva. Quando no modo defensivo, em geral, as empresas usam dados e quaisquer outras vantagens que consigam reunir para diminuir o declínio do modelo antigo. Além disso, cortes agressivos nos custos operacionais podem liberar caixa e capacidade de investimento para suportar a transição. Mas, também é possível optar por jogar na ofensiva. Sua companhia pode ser a primeira a se movimentar no sentido de repensar o modelo de negócios de seu setor. É possível causar disrupção na concorrência, ou em outros setores, substituindo-se um produto ou serviço tradicional por uma nova oferta digital. Podem ser usados novos modelos de negócios digitais para criar diferentes fontes de receita. Também é viável reconfigurar o modelo de geração de valor e passar a desempenhar um papel diferente na cadeia de valor. Ou então, pode-se buscar oportunidades para repensar as proposições de valor, atendendo seus clientes atuais de novas maneiras. O escopo pode ser aterrorizante, mas o exercício vale a pena estrategicamente.

Não comece pela tecnologia. Comece indagando como é possível gerar maior valor para os seus clientes e pense como criar este valor em termos operacionais e de forma lucrativa. Em seguida, explore as possibilidades oferecidas pela tecnologia digital para ajudá-lo a chegar lá de maneira mais inteligente, barata e rápida. Aprenda como outros setores solucionaram problemas semelhantes ou tiraram proveito de oportunidades similares.

Há vários caminhos possíveis a serem trilhados. É preciso priorizar as opções que gerem o maior valor para os clientes, que sejam operacionalmente difíceis de se copiar e capazes de oferecer um modelo econômico rentável. Também será necessário reduzir os riscos fazendo experimentos controlados com o novo modelo. Ao mesmo tempo, reúna dados que irão ajudá-lo a aprender e revisar suas hipóteses. Muitas vezes, as mudanças de tecnologia que criam novas oportunidades para alteração do modelo de negócios são as mesmas que podem afetar negativamente o seu modelo atual.

Elaborar, testar e implementar novos modelos de negócios é uma tarefa para os grandes executivos. Trata-se de uma atividade estratégica. Funcionários não terão autoridade suficiente para levar adiante a experimentação de diferentes tipologias de negócios, penetrando nos silos de uma empresa.

A implementação de um novo modelo requer visão, liderança e governança. Se ele for, em última instância, desenvolvido para substituir o antigo, é preciso saber quando mudar os recursos e a que velocidade; a transição não acontecerá da noite para o dia. Caso se opte pela coexistência dos modelos antigo e novo, é preciso administrar com cuidado possíveis conflitos e a alocação de recursos para ambos.

Vimos, então, as três áreas de investimento que constituem o *que* da transformação digital – criar experiências fascinantes para o cliente, explorar o poder das atividades principais e reinventar os modelos de negócios. Voltemos agora nossa atenção para o *como* – a liderança comprometida necessária para conduzir com sucesso a transformação digital.

LISTA DE VERIFICAÇÃO PARA CONDUZIR A TRANSFORMAÇÃO DIGITAL: MODELO DE NEGÓCIOS

✓ Desafie, junto com a alta cúpula, constantemente o modelo de negócios da sua empresa.

✓ Monitore os sintomas que levam à mudança do modelo de negócios no setor em que sua companhia atua – por exemplo, "comoditização", novas empresas entrando no mercado e substituição de processos por tecnologia.

✓ Considere como transformar o seu setor antes que outros o façam.

✓ Considere se é chegado o momento ou não de substituir produtos e serviços por versões mais novas, caso suas ofertas atuais estejam sob ameaça digital.

✓ Considere a criação de negócios digitais inteiramente novos usando as principais habilidades e ativos de sua empresa.

✓ Considere a reconfiguração dos modelos de geração de valor conectando os seus produtos, serviços e dados de maneiras inovadoras para criar valor adicional.

✓ Considere reforçar a presença de sua empresa no mercado em que ela atua no momento, repensando sua proposição de valor para atender novas necessidades.

✓ Faça experimentos e iterações com as ideias do novo modelo de negócios.

PARTE II

DESENVOLVENDO CAPACIDADES DE LIDERANÇA

Após termos discutido o *que* são capacidades digitais, agora nos voltaremos para o *como* usá-las da condução da transformação. Nem todas as empresas são aptas a começar a jornada digital. Entretanto, para a vasta maioria delas, o problema não é fazer as pessoas começarem, mas sim, fazer com que todos caminhem na mesma direção. Esses dois desafios são do domínio da liderança. As capacidades de liderança são essenciais para se alcançar a verdadeira transformação digital; elas transmutam investimento digital em vantagem competitiva digital.

Na Parte II, descreveremos os quatro elementos-chave da capacidade de liderança. A transformação digital inicia-se quando você cria uma visão transformativa de como sua empresa será diferente no mundo digital e depois envolve os funcionários para concretizarem a visão em realidade. Estabelecer o modelo de governança digital correto é crítico, já que ele atua como um timão para conduzir as iniciativas digitais de sua empresa na direção correta. Finalmente, as capacidades de liderança tecnológicas – fomentar estreitos laços entre o pessoal das áreas de TI e comercial – irá ajudá-lo a construir e colher continuamente os frutos de uma plataforma digital bem elaborada.

CAPÍTULO 5

ELABORANDO A VISÃO DIGITAL DE SUA EMPRESA

Não precisamos de magia para transformar o mundo.
Já trazemos dentro de nós mesmos todo o
poder necessário.
Temos o poder de imaginar algo melhor.

— J. K. ROWLING

Quando em 2009 Jean-Pierre Remy tornou-se CEO da PagesJaunes, a empresa atravessava um momento difícil. Na posição de líder no mercado francês do agonizante setor de "Páginas Amarelas", a companhia assistia a um declínio de mais de 10% ao ano nas receitas provenientes de suas tradicionais listas em papel[1]. Afinal de contas, na era do Google, Craiglist e Yelp, quem procuraria uma empresa no antigo formato das Páginas Amarelas, um grosso catálogo em papel? A PagesJaunes precisava se adaptar ao mundo da pesquisa digital, e bem rápido.

Remy tentou convencer seus funcionários que os serviços de listas digitais eram uma oportunidade. A empresa ainda tinha uma marca de respeito e estreitos laços com seus anunciantes, além de uma pequena presença em serviços digitais. Mas, como funcionários de uma companhia centenária, eles eram céticos; a PagesJaunes sempre tinha sido líder de mercado e havia pouca necessidade de mudar o negócio. Muitos empregados viam a forma digital como algo secundário, que era irrelevante na venda de anúncios em listas tradicionais. Esses trabalhadores haviam passado pela criação do Minitel – o revolucionário sistema francês de rede nas décadas de 1980 e 1990 – sem nenhum impacto na posição competitiva da empresa[2]. Eles haviam passado por e sobrevivido à bolha.com e seu posterior colapso, no período de 1997-2002, com a PagesJaunes mantendo sua posição de líder de mercado. Mesmo com o declínio das receitas, alguns funcionários da companhia o atribuíam a uma má administração e não a uma grande mudança no setor. Poucos viam a forma digital como uma ameaça ou oportunidade de fato existente.

Era claro o que os trabalhadores da PagesJaunes precisavam: uma visão transformativa do futuro que fosse mais convincente que a visão atual deles do negócio. Remy encontrou essa tal visão: a missão da empresa não era produzir pesadas listas. Nunca tinha sido. O negócio da PagesJaunes era o de conectar pequenos negócios a clientes locais. As listas eram simplesmente uma tecnologia atrasada; a inovação digital poderia fazer esse serviço melhor[3]. Essa visão era clara e convincente. Ela pintava outro quadro do futuro e, ao mesmo tempo, a associava às capacidades atuais da empresa. Esse modo de enxergar deixava claro que a forma digital era o futuro e que as listas impressas iriam desaparecer. Dava aos funcionários uma ideia sobre como as funções por eles desempenhadas e suas habilidades poderiam se adequar ao novo mundo e como eles poderiam desempenhar um importante papel no futuro digital.

Remy também anunciava uma audaciosa meta: a PagesJaunes mudaria o seu *mix* de produtos, passando de menos de 30% das receitas oriundas da forma digital para mais de 75%, em cinco anos[4]. Este objetivo explícito cessou o debate entre os funcionários sobre quanto e o quão rápido eles precisavam mudar. Ele também forneceu uma maneira clara – receitas digitais como uma parcela da receita total – de medir o avanço nesse sentido. Qualquer coisa que aumentasse as receitas digitais era bem-vinda. Qualquer coisa que aumentasse as receitas provenientes das listas impressas era menos importante.

Remy gastou os dois anos seguintes ajudando todo mundo (funcionários, clientes e investidores) a entender a promessa que a forma digital poderia reservar para o futuro da empresa. Ele se comunicava de forma clara e contínua com seus funcionários. Parte das coisas que havia ajudado a empresa a se tornar um líder de mercado ainda seria valiosa no futuro. Outras coisas teriam de, lentamente, desaparecer. A marca da companhia poderia continuar a ser forte no mundo digital. As relações com os clientes que seus vendedores tinham construído ao longo de vários anos ainda eram valiosas, mas eles teriam de aprender a vender serviços digitais em vez de anúncios em papel. Algumas habilidades voltadas para o mundo das listas tradicionais, como impressão e entrega, seriam menos úteis no futuro. Mas, a PagesJaunes continuaria no mercado impresso por vários anos ainda – o tempo que fosse necessário para o pessoal do mundo impresso aposentar-se, reciclar-se ou transferir-se para outra empresa.

Os altos executivos da corporação movimentavam-se rapidamente para realinhar os investimentos e as capacidades da empresa. Contrataram pessoal experiente com capacidades e modo adequado de pensar para trabalhar na economia digital, equipe de vendas para vender serviços digitais e designers para criar páginas web e anúncios digitais. A PagesJaunes investiu em protótipos para serviços digitais, como design de páginas web e aplicativos para dispositivos móveis, para mostrar aos seus clientes como poderiam alcançar seus próprios consumidores de novas formas. Eles até assinaram um acordo de parceria com o Google, em vez de concorrer com ele. Finalmente, Remy deu uma forte indicação ao congelar todos os investimentos não essenciais no mercado das listas tradicionais.

A transição não foi nem tranquila nem imediata. Em um país em que demitir empregados é muito difícil, alguns deles resistiam à mudança. Remy convenceu uma parte a participar da transformação e, ao mesmo tempo, encontrou maneiras para contornar aqueles que não aceitaram a proposta. Em um momento em que a receita proveniente de formas digitais crescia mais lentamente que o planejado e a receita gerada pelas listas tradicionais declinavam mais rapidamente devido à recessão mundial, os executivos tinham de reestruturar o débito da empresa. Mas, os clientes começaram a ver o valor dos serviços digitais e o pessoal de vendas aprendeu como vendê-los.

Em 2013, quatro anos depois de Remy ter anunciado sua nova visão digital, e apesar das atribulações da economia europeia, a PagesJaunes havia quase atingido suas metas de transformação. A receita anual proveniente das formas digitais estava crescendo suficientemente rápido para sanar a maior parte das perdas anuais da empresa no negócio das listas tradicionais. Pela primeira vez desde que havia conseguido unir a companhia, Remy projetava para 2015, um crescimento geral das receitas. Enquanto as companhias do mercado tradicional de Páginas Amarelas sofriam para lidar com a concorrência digital, a PagesJaunes havia se tornado uma empresa impulsionada por tecnologia virtual, não aquela de papel.

A VISÃO É IMPORTANTE; UMA VISÃO TRANSFORMATIVA É MAIS IMPORTANTE AINDA

As mudanças que estão sendo operadas pela transformação digital são reais. Contudo, mesmo quando os executivos de uma empresa já veem a ameaça/oportunidade digital, talvez ainda seja preciso convencer seus funcionários. Muitos deles acreditam que são pagos para realizar um determinado trabalho, e não para mudar esse trabalho. E eles já passaram por grandes iniciativas no passado que não foram bem-sucedidas em se transformar em realidade. Para muitos, a evolução digital é irrelevante ou então mais uma moda passageira. Outras pessoas talvez não compreendam como a mudança afeta seus trabalhos ou como elas próprias poderiam fazer a transição.

Nossa pesquisa mostra que uma transformação digital de sucesso começa no alto escalão da empresa. Apenas os executivos-chefe são capazes de criar uma visão convincente do futuro e transmiti-la por toda a organização. Depois, funcionários do médio e baixo escalão poderão transformar em realidade essa visão. Os gerentes conseguem redesenhar processos, os trabalhadores podem começar a trabalhar de forma diferente e todo mundo é capaz de identificar novas formas de cumprir a visão. Esse tipo de mudança não acontece por simples decreto. Ele tem de ser conduzido.

Entre as empresas por nós estudadas, nenhuma criou verdadeira transformação digital adotando uma abordagem "de baixo para cima". Alguns executivos mudaram partes da companhia – por exemplo, desenvolvimento de produto e cadeia de suprimentos, como na Nike – mas eles pararam nos limites de suas unidades de negócio. Modificar parte do negócio não é o suficiente. Muitas vezes, os verdadeiros benefícios da transformação provêm de visualizar possíveis sinergias através de setores, para então criar as condições por meio das quais todo mundo poderá vivenciar esse valor. Apenas os altos executivos estão em condição de impulsionar o modelo de mudança que vai além destes limites.

Então, o quão prevalente é a visão digital? Em nossa pesquisa global com 431 executivos de 391 empresas, apenas 42% disseram que seus executivos possuíam uma visão digital e somente 34% declarou que a visão era comungada entre a alta e a média gerência. Estes números são surpreendentemente baixos, dada a rápida velocidade com que a transformação digital está remodelando empresas e setores. Mas, as estatísticas globais baixas escondem uma importante distinção: os "Mestres Digitais" possuem uma visão digital em comum, ao passo que os demais não. Entre os mestres por nós pesquisados, 82% concordavam que seus altos executivos tinham uma visão comum sobre a transformação digital e 71% disseram que ela era compartilhada pela alta e média gerências[5]. O quadro é bem diferente para empresas que não se encontram na categoria "Mestres Digitais", nas quais menos de 30% disseram existir uma visão digital comum entre seus executivos e apenas 17% afirmou que essa visão compartilhada estendia-se para a média gerência.

Mas, ter uma visão digital compartilhada ainda não é suficiente. Muitas organizações deixam de captar o potencial total das tecnologias digitais, pois falta a seus dirigentes uma visão verdadeiramente transformativa do futuro digital. Em média, apenas 31% dos que responderam nossa pesquisa disseram ter uma visão que representasse uma transformação radical e 41% deles afirmaram que suas visões conseguiam atravessar as unidades organizacionais internas[6]. Os "Mestres Digitais" eram, de longe, mais transformadores em suas visões, com dois terços assumindo que tinham uma visão radical e 82% concordando que suas visões conseguiam vencer as barreiras dos setores organizacionais. Enquanto isso, as empresas não pertencentes à categoria "Mestres Digitais" eram bem menos transformativas em suas visões.

QUAL O ASPECTO DAS VISÕES DIGITAIS?

Onde você deve focar sua visão digital? Em geral, as visões digitais adotam uma dentre três perspectivas: repensar a experiência vivida pelo cliente, repensar os processos operacionais, ou então combinar as duas abordagens anteriores, e repensar os modelos de negócios. A abordagem adotada por sua empresa deve refletir as capacidades da organização, as necessidades de seus clientes e a natureza da concorrência existente em seu segmento de atuação.

Repensando a Experiência Vivida pelo Cliente

Muitas organizações começam a repensar a forma através da qual interagem com seus clientes. Elas querem se tornar mais maleáveis, bem como ser mais inteligentes no modo de vender para (e atender aos) seus clientes. As empresas partem de vários pontos distintos ao repensarem a experiência vivida pelo consumidor.

Algumas delas visam transformar as relações com seus clientes. Adam Brotman, CDO da Starbucks, tinha esta visão: "A forma digital tem de ajudar nossas lojas-parceiras e ajudar a empresa a ser tudo o que podemos ser (...) contar a nossa história, construir a nossa marca e ter um envolvimento com nossos clientes."[7] A CEO da Burberry, Angela Ahrendts, foca na coerência multicanal: "Tínhamos uma visão e esta era ser a primeira empresa totalmente digital, de ponta a ponta (...) Um cliente terá acesso total à Burberry através de qualquer dispositivo, em qualquer lugar."[8] Marc Menesguen, diretor-executivo de marketing estratégico da gigante na área de cosméticos, a L'Oréal, diz: "O mundo digital multiplica as maneiras como nossas marcas podem criar uma relação com o cliente repleta de emoções."[9]

Outras empresas imaginam como elas podem ser mais inteligentes no atendimento (e nas vendas) para seus clientes através do uso de *analytics*. O Caesar começou com a missão de usar informações sobre os clientes em tempo real para proporcionar uma experiência personalizada a cada um deles. A companhia foi capaz de aumentar a satisfação dos consumidores, bem como os lucros obtidos com cada um deles, empregando tecnologias tradicionais. Depois, à medida que novas tecnologias foram surgindo, ela estendeu sua visão para incluir uma recepção "na palma da mão de cada cliente" acessada através de dispositivos móveis e baseada em geolocalização[10].

Outra abordagem é imaginar como as ferramentas digitais poderiam ajudar a empresa a aprender a partir do comportamento dos clientes. O Commonwealth Bank of Australia vê as novas tecnologias como uma maneira fundamental de integrar informações dos clientes às suas iniciativas de coautoria. De acordo com seu CIO, Ian Narev: "Estamos aplicando progressivamente nova tecnologia para permitir que nossos clientes desempenhem um papel ativo no desenvolvimento de produtos. Isso nos ajuda a criar produtos e serviços mais intuitivos, que podem ser compreendidos imediatamente pelos clientes e mais adequados às suas necessidades individuais."[11]

Finalmente, algumas empresas não estão limitando suas visões a influírem na experiência vivida pelo cliente, estão, sim, estendendo-as para provocarem uma verdadeira mudança em suas vidas[12]. Por exemplo, o CEO da Novartis, Joseph Jimenez relatou este potencial: "As tecnologias que usamos em nosso dia a dia, como *smartphones* e *tablets*, poderiam fazer uma verdadeira diferença em ajudar pacientes a controlarem a própria saúde. Estamos explorando novas maneiras de usar estas ferramentas para aumentar nossos níveis de observância da legislação e possibilitar que profissionais da área da saúde monitorem remotamente o progresso de cada paciente."[13]

Repensando as Atividades

Organizações cujos destinos estão intimamente ligados ao desempenho de suas atividades principais e sua cadeia de suprimentos, geralmente começam repensando suas atividades. Entre os principais fatores que levam às visões operacionais temos a eficiência e a necessidade de integrar atividades díspares. Pode ser que os executivos queiram aumentar a visibilidade do processo e a velocidade na tomada de decisão ou então desejem uma colaboração entre os setores organizacionais. Em 2011, por exemplo, a Procter & Gamble colocou a excelência operacional como elemento central de sua visão digital: "Transformar a P&G para a forma digital possibilitará que administremos a empresa em tempo real e conforme a demanda. Seremos capazes de colaborar uns com os outros de forma mais eficaz e eficiente, dentro e fora da companhia."[14] Outras empresas, em setores tão diversos como bancário e industrial, transformaram-se através de visões similares, operacionalmente focadas.

As visões operacionais são particularmente úteis para aquelas que vendem, em grande parte, para outras empresas. Quando a Codelco lançou sua iniciativa Codelco Digital a meta era melhorar radicalmente as atividades de mineração por meio da automação e da integração de dados. Conforme descrevemos no Capítulo 3, a mineradora continuou a estender essa visão para abranger nova automação no processo de mineração e uma capacidade de controle e de atividades integradas. Agora, seus executivos estão imaginando maneiras novas e radicais para redefinir o processo de extração de minério e, possivelmente, o próprio setor de atividade em si.

As visões operacionais de algumas empresas vão além de uma perspectiva interna para considerarem como a companhia poderia modificar atividades no setor em que atua ou até mesmo em relação a seus clientes. Por exemplo, o fabricante de aviões, Boeing, imagina como mudanças em seus produtos poderiam permitir uma transformação em suas próprias atividades. "A Boeing acredita que o futuro da indústria aeronáutica resida na 'companhia aérea digital'", expõe a empresa em seu site. "Para ser bem-sucedido no mercado, as companhias aéreas e suas equipes de engenharia e TI têm de tirar proveito da quantidade crescente de dados provenientes das aeronaves, através do uso de *analytics* avançada e tecnologia aeronáutica para levar a eficiência operacional ao patamar seguinte."[15] O fabricante prossegue, dando um quadro claro do significado, na prática, de uma companhia aérea digital: "O segredo para a companhia aérea digital é fornecer informações operacionais e de manutenção seguras e detalhadas as pessoas que mais precisam delas e quando mais precisarem delas. Isso significa que o departamento de engenharia irá compartilhar dados não apenas com o departamento de TI, mas também com os departamentos financeiro, contábil, operacional e diretoria."[16] A visão não irá apenas aprimorar as atividades dos clientes da Boeing, mas também as da própria Boeing, já que informações extraídas das aeronaves poderão ajudar a empresa a identificar novas formas de aprimorar os projetos de seus produtos, bem como os serviços por ela prestado. Os dados, inclusive, podem levar a novos modelos de negócios já que a companhia usa as informações para fornecer novos serviços a seus clientes.

Repensando os Modelos de Negócios

Alguns executivos combinam ideias em torno de processos operacionais e a experiência vivida pelo cliente para imaginar novos modelos de negócios. A nova visão pode estender o modelo de negócios atual ou, quem sabe, se afastar substancialmente dele. Há muitos recursos e estruturas que podem ajudá-lo a imaginar novos modelos de negócios[17]. E aqui, no Capítulo 4, apresentaremos exemplos de empresas que transformaram digitalmente os seus modelos de negócios. Em nossa pesquisa, vimos duas grandes maneiras de formar uma visão de um novo modelo de negócios: jogar na defensiva ou na ofensiva.

Algumas companhias adotam uma abordagem defensiva para repensar o modelo. Muitas vezes elas se encontram ameaçadas e precisam focar na própria sobrevivência em longo prazo. Por exemplo, setores baseados em informação (como livros, música e turismo) estão passando agora por profundas mudanças estruturais. O rápido ritmo das transformações nestas áreas está forçando empresas a redesenharem seus modelos de negócios. A abordagem defensiva foi a adotada pela PagesJaunes. Diante de uma situação de crise, os executivos da empresa precisavam criar uma visão capaz de impulsionar uma rápida mudança.

Por outro lado, algumas companhias têm sorte o bastante para não ter de enfrentar uma crise; elas podem adotar uma abordagem mais ofensiva. Os executivos dessas empresas podem focar na oportunidade potencial de novos modelos de negócios impulsionados digitalmente, em vez de ter de superar uma situação de crise. Entretanto, a ausência de uma grande adversidade pode ser ao mesmo tempo uma benção ou uma maldição. É uma benção porque empresas nessa situação têm tempo para testar novas abordagens digitais. Mas, pode ser uma maldição se os funcionários – ou seus líderes – veem pouca razão para mudar. O banco Santander está adotando uma abordagem baseada em oportunidades para o seu modelo de negócios, enfatizando uma visão de como as tecnologias digitais podem ajudá-lo a entrar em novos segmentos de mercado: "Nosso objetivo para os próximos anos é explorar oportunidades de crescimento em segmentos em que o banco tem uma presença menor, como empresarial, seguros e cartões de crédito. Mais especificamente, estamos fazendo investimentos significativos em sistemas de TI e em pessoal para sermos capazes de tirar proveito dessas oportunidades."[18]

Poucas empresas vão além dos desafios e das oportunidades de hoje. Elas criam perspectivas para se prepararem – ou mesmo impulsionarem – a próxima visão de longo prazo em seus setores. A General Electric, por exemplo, foca sua visão na próxima onda de dispositivos inteligentes conectados. Em 2011, o CEO Jeffrey Immelt afirmou: "Iremos liderar na produtividade de nossos produtos instalados e seus ecossistemas. Isso exigirá liderança da 'Revolução Industrial da internet', tornando mais inteligentes os sistemas de infraestrutura."[19]

A Progressive Insurance tem tido, por décadas, visão de ser mais inteligente que a concorrência na avaliação de apólices de risco e na fixação de preços. Em 1956, a empresa estabeleceu um padrão setorial ao reduzir as taxas para motoristas de baixo risco com seu Safe Driver Plan[20]. A companhia começou a usar seu próprio banco de dados para identificar quais motoristas de alto risco apresentavam, na verdade, um risco menor do que pareciam ter na teoria. Ela pôde, assim, fixar preços para suas apólices e ter os clientes que queriam, ao mesmo tempo, que outros consumidores poderiam escolher seus concorrentes.[21]

Mais tarde, a Progressive deu um passo além, imaginando o que seria possível caso ela tivesse informações baseadas no real comportamento dos clientes como motorista. Por mais de 15 anos, a empresa fez testes coletando dados de telemetria de seus clientes, oferecendo descontos e apólices "pague conforme a quilometragem rodada" como forma de incentivo. Em 1998, ela lançou um projeto-piloto no Texas usando dispositivos móveis especializados com GPS[22]. Em 2004, ela testou o TripSense, usando um sensor barato que os motoristas poderiam instalar facilmente na porta de seus carros. As informações obtidas desse projeto-piloto levaram ao programa Snapshot que se baseia em um dispositivo similar e que, em 2011, a Progressive lançou em âmbito nacional[23].

O dispositivo Snapshot da empresa não é uma simples engenhoca que separa os motoristas que pensam que são bons daqueles que pensam que são ruins. Através de seus recursos de telemetria e de *analytics*, a Progressive consegue associar comportamentos reais na condução de veículos – velocidade, distância, aceleração e frenagem – aos riscos. Pelo fato de os executivos da companhia terem tido a vontade de investir na coleta e uso de novas informações, a Progressive consegue oferecer serviços que seus concorrentes não conseguem. Por meio de sua meta de ser mais inteligente que os concorrentes na avaliação e na fixação de preços para o risco, a Progressive esforça-se continuamente para encontrar maneiras de atender bons motoristas a um preço menor e oferecer opções de baixo custo a clientes menos abastados e encorajar motoristas ruins a irem atrás de outras seguradoras.

COMO FORMULAR UMA VISÃO DIGITAL TRANSFORMATIVA?

Não existe uma "melhor" maneira de se expressar uma visão para a transformação digital. É preciso trabalhar uma visão que se baseie nos pontos fortes da empresa, envolva seus funcionários e possa evoluir ao longo do tempo. É necessário identificar os benefícios desejados, ter uma ideia de como será o desfecho e como envolver clientes, funcionários e investidores. Eis alguns passos a serem seguidos:

Identificar Ativos Estratégicos

Ao trabalhar a visão digital de sua empresa, é preciso identificar alguns ativos estratégicos que irão ajudá-la a vencer. Se a nova visão não puder se fundamentar nos pontos fortes de sua companhia, então não há nenhum sentido em tentar implementá-la. Outra empresa – que seja mais rápida, mais ágil e menos assolada por questões de legado – vai se dar melhor e ganhará o jogo.

Mas, como identificar os ativos estratégicos de sua empresa? Comece examinando que tipos de ativos ela tem. Bens tangíveis como lojas ou fábricas podem ser ou não valiosos no novo mundo digital globalmente interconectado. Ativos baseados nas competências como expertise no projeto de produtos, atividades eficientes e flexíveis e excelente pessoal de atendimento ao público podem ser bastante úteis, desde que os processos aos quais eles dão suporte permaneçam importantes. Ativos intangíveis como a marca, reputação e cultura da companhia são mais difíceis de serem avaliados; eles podem ser muito benéficos para se alcançar um estado futuro, mas também podem inibir a transformação. Ativos em forma de dados podem gerar uma vantagem analítica em relação aos concorrentes ou tornar-se produtos passíveis de serem vendidos a terceiros.

Uma vez identificados possíveis ativos estratégicos, será preciso avaliar quais deles continuarão a ser estratégicos no novo mundo. Nos anos 1990, pesquisadores na área de administração desenvolveram uma ferramenta simples, porém poderosa, para fazer esta avaliação[24]. Os ativos estratégicos são VRIN: valiosos, raros, inimitáveis e não substituíveis. Ativos valiosos caracterizam-se como aqueles que podem ser usados para explorar oportunidades ou neutralizar ameaças. Os ativos têm de ser raros e não disponíveis para a maioria dos concorrentes. Eles devem ser inimitáveis (ou, sendo mais preciso, imperfeitamente imitáveis) já que, de outro modo, os concorrentes poderão copiá-los e vencer no seu próprio campo. Finalmente, os ativos estratégicos devem ser não substituíveis (ou insubstituíveis), caso contrário, alguém poderá encontrar uma maneira diferente de fazer aquilo que sua empresa já faz, porém, melhor e a um preço mais baixo.

Durante a bolha.com, muitas empresas de internet descobriram que o número de visualizações feitas por clientes não era tão raro assim a ponto de poder bancar as receitas de propaganda; os consumidores que pagavam eram valiosos, porém também eram bem mais difíceis de serem conquistados. Empresas do ramo jornalístico acreditavam que seus classificados eram ativos estratégicos, vindo depois a descobrir que companhias como Craiglist e eBay poderiam imitar o que os jornais faziam, porém de uma forma melhor e a um preço menor. Os executivos da videolocadora Blockbuster poderiam estar certos quando acreditavam que a cadeia de lojas da empresa era um ativo inimitável. Infelizmente, a Netflix derrotou a Blockbuster quando a *start-up* descobriu uma maneira simples de substituir aquilo que as lojas da Blockbuster faziam.

Quando Jean-Pierre Remy elaborou uma nova visão digital para a PagesJaunes, ele não começou da estaca zero. Ao contrário, ele e sua diretoria examinaram sistematicamente os principais ativos da empresa. Alguns deles, tais como as capacidades de impressão e distribuição, teriam pouco valor no mundo digital. Outros, como capital e informações sobre os clientes, poderiam ser usados quase sem mudança alguma, porém eram facilmente copiados pelos concorrentes. Entretanto, dois ativos (a marca PagesJaunes e as relações entre os vendedores e seus clientes) poderiam ser estratégicos. Estes ativos eram valiosos, raros e difíceis de serem copiados. E, com algumas alterações, eles poderiam ser seus próprios substitutos. Foi por esse motivo que Remy optou por construir uma nova visão em torno desses ativos. A Page Jaunes continuaria a ser uma marca de confiança no mercado local e seus vendedores ajudariam os clientes a trilharem o seu próprio caminho para o futuro digital.

Criando Ambições Transformativas

Não basta ter uma visão. A visão precisa ser transformativa. Visões incrementais limitarão os benefícios que se pode obter da transformação digital. Mesmo que seja bem-sucedida, o máximo que a empresa irá conseguir serão benefícios incrementais. Se o mundo digital está levando a mudanças radicais em todos os setores de atividade, você pode ajudar a sua empresa definindo qual será o aspecto deste futuro digital radicalmente diferente.

A situação assemelha-se ao processo de metamorfose de lagartas em borboletas. Concorrentes com uma visão de transformarem-se em borboletas digitais podem alçar voos mais altos. Por outro lado, uma visão incremental apenas transformará a empresa em uma lagarta que se desloca mais rapidamente. Companhias que usam *analytics* para melhorarem o direcionamento do objetivo em suas campanhas tradicionais ou via e-mail estão produzindo lagartas mais rápidas. O processo de envolvimento com o cliente baseado na localização geográfica e em tempo real, empregado no Caesars, transforma a lagarta em uma borboleta.

As aspirações digitais de uma empresa podem ser divididas em três categorias: substituição, extensão e transformação[25].

Substituição é o emprego de novas tecnologias como alternativas ou uma reposição substancial da mesma função que a empresa já realiza. Por exemplo, se uma companhia usa celulares simplesmente para fazer o que as pessoas já fazem a partir de seus PCs ou se a versão de *analytics* é simplesmente uma forma melhor de se elaborar relatórios básicos, então ela se encontra em um modo de substituição. A substituição, algumas vezes, gera custo incremental ou melhoria na flexibilidade, mas ela não corrige efetivamente processos ineficientes. Ela também pode ser uma forma de testar novas tecnologias antes de se fazer algo mais amplo. Porém, algo mais amplo precisa ser feito.

A *extensão* melhora significativamente o desempenho ou a funcionalidade de um produto ou processo, sem modificá-lo radicalmente. Muitos fabricantes e revendedores agora permitem que funcionários de campo acessem informações através de dispositivos móveis, reduzindo a necessidade de eles terem de comparecer ao escritório no início e no final de suas jornadas. Em outro exemplo, uma indústria farmacêutica criou uma comunidade de médicos nas mídias sociais de modo que ela pudesse ter ciência de problemas e oportunidades ao permitir que os profissionais falassem entre si. Embora órgãos reguladores coloquem severas restrições e exigências de auditoria em relação a qualquer comunicação corporativa com os médicos, há muito menos restrições no monitoramento daquilo que estes conversam entre eles mesmos. Extensões como essa aperfeiçoam processos existentes ou estendem as capacidades atuais da empresa, mas ainda se concentram em realizar as mesmas atividades de antes.

A *transformação* é a redefinição fundamental de um processo ou produto através da tecnologia. Quando os executivos da Asian Paints usaram dispositivos integrados e *analytics* para criar fábricas totalmente automatizadas, eles mudaram a natureza de seus processos de fabricação, gerando níveis mais elevados de eficiência, qualidade e sustentabilidade do que eram encontrados nas fábricas operadas manualmente. As minas "digitais" da Codelco, os *apps* para *check-in* do Caesars e o FuelBand da Nike são similarmente transformativos. Cada transformação digital reinventou a natureza de uma oferta, possibilitando às empresas e seus clientes fazerem coisas radicalmente melhores do que podiam realizar anteriormente.

Infelizmente, não obstante os exemplos anteriores, constatamos um número pequeno de empresas executando ações transformativas com tecnologias digitais. A Figura 5.1 quantifica as iniciativas mais transformadoras para cada empresa por nós entrevistada durante o primeiro ano de nosso estudo, em 2011[26]. Embora muitas companhias estivessem investindo em novas tecnologias, poucas estavam fazendo além da substituição ou extensão. Apenas 18% delas – menos que uma a cada cinco – achavam-se investindo em *analytics* para promover mudanças marcantes na experiência vivida pelos clientes. Enquanto isso, menos que uma em cada seis companhias estava transformando seus produtos ou práticas com o emprego de outras tecnologias.

FIGURA 5.1

O quão transformativa é a visão digital de sua empresa?

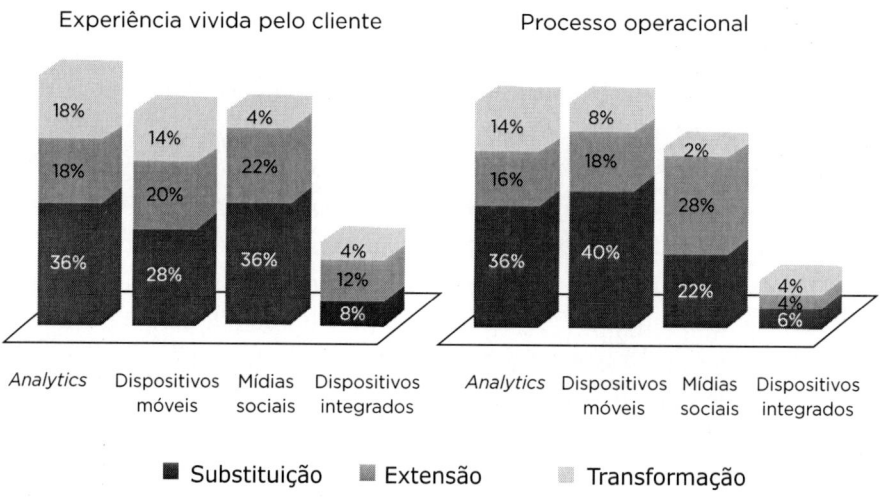

Nota: Os gráficos mostram como as empresas por nós entrevistadas no primeiro ano de nosso estudo estavam usando cada tecnologia na experiência vivida pelo cliente ou nas iniciativas relacionadas aos processos operacionais. Para cada empresa, apenas o uso mais transformativo é contado.

Fonte: Adaptado de George Westerman, Claire Calmejane, Didier Bonnet, Patrick Ferraris e Andrew McAfee, "Digital transformation: A roadmap for billion dollar organizations", *White Paper,* Capgemini Consulting e MIT Center for Digital Business, nov./2011.

Considere a visão digital de sua empresa. Ela aspira continuar fazendo mais daquilo que sempre fez? Ou ela vê uma oportunidade de remodelar radicalmente o negócio – libertar-se dos grilhões das tecnologias e práticas antigas? A visão concentra-se em apenas parte da companhia ou se imagina uma mudança que vença as barreiras dos setores organizacionais? Executivos com uma visão incremental conseguem obter o que almejam: melhoria incremental. Aqueles que se dão conta do poder transformativo da forma digital conseguem muito mais.

Definindo Claramente Intento e Resultado

Uma constante entre as empresas que entrevistamos é que as pessoas estão cada vez mais ocupadas. Os funcionários têm de trabalhar sempre mais, somente para alcançar seus objetivos atuais. Poucos deles possuem tempo para elaborar uma visão do futuro mais ampla e tranquilamente definida. Talvez essa visão nunca se concretize. Ou, quem sabe, seja bem diferente quando se concretizar. Nesse meio tempo, há tarefas mais importantes com as quais se deve lidar imediatamente.

Caso queira que as pessoas se coadunem com uma visão, é preciso torná-la real para elas. O que é "bom" uma vez que a visão tenha sido concretizada? Como as pessoas saberão que a atingiram? Por qual razão elas teriam de se importar com isso?

Visões digitais excelentes levam em conta tanto o *intento* quanto o *resultado*. Intento é um quadro do que precisa ser mudado. Resultado é um benefício mensurável para a empresa, seus clientes ou seus funcionários. Juntos, intento e resultado ajudam os funcionários a visualizar o futuro da organização, bem como a motivá-los na obtenção do objetivo.

O CEO da PagesJaunes declarou claramente o seu intento de ir além das tradicionais listas em papel e, ao mesmo tempo, manter a importante função da companhia de conectar pequenas e médias empresas a clientes locais. Ele deu exemplos de novos serviços digitais que sua companhia poderia fornecer. Em seguida, associou intento a um resultado concreto: a empresa obteria 75% de suas receitas a partir de serviços digitais em um prazo de cinco anos[27]. Esta combinação de intento e resultado forneceu a todos da organização um claro conjunto de diretrizes para imaginar novas formas de trabalhar. Isso também garantiu que a visão transformativa se focasse não em tecnologia, mas sim em encontrar novas formas de aumentar o desempenho e a satisfação do cliente através de serviços digitais.

De modo semelhante, o conglomerado hispânico de mídia, Prisa, esboçou um quadro claro de como uma empresa de mídia transformada digitalmente iria operar através de sua ampla gama de veículos de comunicação como jornais, TV via satélite e publicações educacionais. Um vídeo de uma estrela do futebol gravado na África poderia estar imediatamente disponível nos veículos de comunicação da Prisa na Espanha, Brasil e outras partes do mundo. Ou a empresa talvez coordenasse mídias sociais e marketing digital em campanhas globais através de meios de comunicação. O CEO da corporação, Juan Luis Cebrian, estabeleceu uma meta clara: 20% das receitas da companhia viriam de plataformas digitais em um prazo de cinco anos[28].

Desenvolvendo a Visão ao Longo do Tempo

Se uma empresa for capaz de criar uma visão convincente e ajudar seus funcionários a acreditar nela, então a organização como um todo poderá preencher os detalhes. Tenha como meta criar uma visão digital suficientemente específica para dar aos funcionários uma direção clara e, ao mesmo tempo, possibilitar a eles flexibilidade para inovar e agregar a essa visão.

No início dos anos 2000, a Asian Paints partiu da expectativa de deixar de ser uma empresa regionalizada e passar a ser uma empresa integrada[29]. Esta visão combinava eficiência operacional com novas formas de atender os clientes[30]. Ela fornecia um claro mandato para a mudança e, ao mesmo tempo, permitia que as pessoas espalhadas por toda a organização refinassem os detalhes ao longo do tempo.

Desde então, os executivos da Asian Paints conduziram três ondas sucessivas de mudança digital – cada uma delas se sedimentando sobre as anteriores. A primeira focava a industrialização, a segunda a criação de uma organização voltada para o cliente e a terceira a automação. A companhia está indo em direção à quarta onda, que irá integrar dados estruturados e não estruturados – como mídias sociais interna e externa – para aumentar ainda mais o envolvimento com o cliente e a colaboração interna dos funcionários[31]. A visão original da empresa continua a ser uma inspiração fundamental por trás das melhorias nas operações e na experiência vivida pelo cliente, muito embora a companhia a tenha estendido através de sucessivas ondas de capacitação.

Enquanto isso, as tecnologias digitais são um alvo móvel. Elas mudam continuamente à medida que algumas ferramentas desaparecem, outras são aperfeiçoadas e outras novas são inventadas. E é impossível fazer previsões específicas, em longo prazo, de como as empresas e os indivíduos usarão a tecnologia. A visão digital de sua organização evoluirá à medida que avanços técnicos e suas diferentes capacidades criem novas oportunidades.

A visão da Caesars de usar a *analytics* para oferecer serviço personalizado a seus clientes iniciou-se com o fornecimento de melhores informações em tempo real para os funcionários e evoluiu para a personalização através do site web da companhia. Depois disso, a visão evoluiu novamente para incluir um *check-in* em tempo real via celular. Na Progressive Insurance, a capacidade de tomar decisões mais inteligentes fundamentadas em dados disponíveis sobre os clientes sofreu uma evolução para novas maneiras de se reunir dados sobre o real comportamento ao volante de possíveis clientes. Esta mudança na visão levou a processos de tomada de decisão e produtos radicalmente novos.

POR ONDE COMEÇAR?

Uma visão digital inspiradora é a pedra angular de uma transformação digital bem-sucedida. Embora muitos executivos estejam despertando para o impacto potencial da tecnologia digital, poucos criaram uma visão convincente do futuro digital. Os "Mestres Digitais" possuem uma visão transformativa. Outras empresas precisam criar uma.

À medida que se trabalha uma visão digital, é preciso focar no negócio e não na tecnologia. A tecnologia pode eliminar obstáculos e estender as capacidades de uma organização, mas não é o fim em si mesma. Concentre-se em como aprimorar a experiência vivida pelo cliente, otimizar as atividades ou transformar os modelos de negócios da empresa.

Almeje ser transformador, e não incremental. Crie uma visão digital suficientemente específica para dar aos funcionários uma direção clara e, ao mesmo tempo, a flexibilidade de inovar em cima disso. Pense grande e depois peça aos funcionários para ajudarem a empresa a transformar o sonho em realidade. Não se trata de uma tarefa fácil. Elaborar uma visão para a transformação digital é uma jornada. É preciso plantar a semente no alto escalão e depois envolver as pessoas de todos os níveis hierárquicos para dar vida à visão e fazê-la crescer. No Capítulo 6 mostraremos como envolver os funcionários para transformar a visão em realidade.

LISTA DE VERIFICAÇÃO PARA CONDUZIR A TRANSFORMAÇÃO DIGITAL: VISÃO DIGITAL

✓ Familiarize-se com novas práticas digitais que podem ser uma oportunidade ou uma ameaça para a sua empresa ou para o setor em que ela atua.

✓ Identifique gargalos ou "dores de cabeça" – de sua empresa e clientes também – resultantes da limitação das tecnologias antigas e considere como isso poderia ser resolvido em termos digitais.

✓ Considere quais ativos estratégicos da sua empresa continuarão a ser valiosos na era digital.

✓ Elabore uma visão digital transformativa e convincente.

✓ Assegure-se que a visão especifique tanto o intento quanto o resultado.

✓ Crie uma visão digital suficientemente específica para dar aos funcionários uma direção clara e, ao mesmo tempo, a flexibilidade para inovar e agregar a esta visão.

✓ Esteja sempre atento a estender a visão de sua empresa usando as capacidades criadas.

CAPÍTULO 6

ENVOLVENDO TODA A ORGANIZAÇÃO

Se a minha mente for capaz de conceber algo e o meu coração for capaz de acreditar nisso, sei que sou capaz de alcançá-lo.

— JESSE JACKSON

Pergunte a qualquer executivo que tenha dirigido uma organização ao longo de uma grande transformação e certamente ele lhe dirá que o nível da visão estratégica de uma empresa será equivalente àquele das pessoas que estão por trás dela. Isso continua a ser verdade para a transformação digital. Conforme mostramos no exemplo da PagesJaunes, no capítulo anterior, criar uma visão digital convincente é apenas o início da jornada.

Diferentemente de uma mudança incremental, que pode ser atingida por umas poucas pessoas trabalhando por conta própria, a transformação somente pode ser alcançada através do envolvimento de muitos colaboradores. Trata-se de um comprometimento aceito primeiramente pelos líderes, depois por alguns defensores da causa e, finalmente, pela massa crítica necessária para fazer a mudança radical acontecer. Mas, o que significa estar comprometido? Segundo nossa definição, quando os funcionários estão entusiasmados para transformar a visão em realidade, eles estão comprometidos.

A transformação de uma empresa envolve efetuar mudanças importantes, por vezes disruptivas, na forma como as organizações realizam as coisas.

Os processos organizacionais fundamentais são redesenhados, tecnologias antigas são substituídas por novas, são desenvolvidas diferentes habilidades bem como são introduzidas inovadoras formas de trabalho. Conquistar os corações e mentes das pessoas, através desse processo, não é uma tarefa fácil. Conforme dito por Sir Richard Branson: "Não importa a empresa, funcionários leais criam clientes leais que, por sua vez, criam acionistas contentes. O processo soa simples, porém, não o é; ele derrubou algumas das maiores organizações do século XX."[1] O envolvimento dos funcionários é importante. E eles são o que mais importa para se ter sucesso na transformação.

Felizmente, envolver trabalhadores em uma mudança organizacional não é território inexplorado. Há muitas pesquisas que explicam como usar o poder do engajamento para ser vitorioso na transformação de uma organização[2]. Alguns desses trabalhos colocam como fundamental as esperanças e receios das pessoas, bem como outros sentimentos, dentro da estratégia de engajamento[3]. Outros focam na reciclagem dos indivíduos e equipes como sendo um passo fundamental na transformação ou então na forma de se conseguir o alinhamento psicológico e o desenvolvimento da capacidade para aprendizado coletivo[4]. Porém, todos os estudos apontam para uma coisa: o envolvimento é, em primeiro lugar, uma tarefa de liderança.

A tecnologia digital traz consigo outra dimensão: um envolvimento dos funcionários em tempo real e em escala mundial. Blogues, Twitter e vídeos estão ajudando os dirigentes a permanecerem conectados com suas organizações de maneira que nem e-mails massificados e nem assembleias municipais conseguem. Executivos blogueiros podem compartilhar, com frequência, uma perspectiva cândida sobre em que estado encontra-se a transformação, e os vídeos ajudam a dar um toque pessoal nas comunicações dos líderes. Além disso, as plataformas sociais empresariais criaram uma nova espécie de comunicação organizacional aberta e bidirecional, em que dirigentes e funcionários podem discutir, compartilhar e colaborar em tempo real[5]. Através da tecnologia digital os líderes ganham novos poderes para envolver os seus funcionários no sentido de fazerem a mudança acontecer.

CELEBRAÇÕES ASSUMEM A FORMA DIGITAL NA PERNOD RICARD

A Pernod Ricard é líder mundial em vinhos e bebidas alcoólicas de alta graduação, com vendas superiores aos 10 bilhões de dólares no período

2012-2013[6]. Ela emprega cerca de 19.000 pessoas em negócios globalmente descentralizados dentro de seis empresas de renomada marca e oitenta unidades de mercado. A companhia é casa de prestigiosas marcas mundiais como a vodca Absolut, os uísques Chivas Regal e Jameson, a champanhe Perrier-Jouet e o licor de anis Ricard Pastis.

Criada a partir da fusão da Pernod e da Ricard, em 1975, a empresa tem ampliado o seu leque de marcas com três aquisições transformativas – Seagram, Allied Domecq e Absolut Vodka. Já ocupando a posição de líder no segmento de alto padrão, a companhia tem a ambição de tornar-se líder mundial em vinhos e outras bebidas alcoólicas. Assim explica Pierre Pringuet, CEO da Pernod Ricard: "Acumulamos hoje 38 anos de crescimento. Liderança é a nossa meta. Queremos ser a empresa que lidera o crescimento do setor. Mas, também queremos ser aquela que muda as regras."[7]

Para a maioria das grandes corporações, a combinação da complexidade global, do modelo operacional altamente descentralizado e do rápido crescimento através da aquisição de várias grandes empresas, geralmente, não conduz à criação de um envolvimento globalmente coeso dos funcionários. Mesmo assim, a cultura da empresa e o envolvimento dos funcionários na Pernod Ricard não se resumem apenas ao grito de guerra da empresa. Em 2013, uma pesquisa feita com seus trabalhadores e realizada por uma agência independente, revelou que 94% dos colaboradores da Pernod Ricard sentem orgulho de lá trabalhar e 87% recomendariam a empresa – 10 pontos percentuais acima da média do setor[8].

Mas, as pesquisas com funcionários são indicadores defasados. Esse envolvimento e sentimento de "fazer parte" não acontece por acaso. O que realmente levou a tais resultados? Nos últimos anos, a Pernod Ricard investiu pesadamente nos processos de pessoal e no envolvimento da força de trabalho em torno de sua estratégia e visão digital. Alexandre Ricard, ex-CEO, explica: "Nossa visão é usar a forma digital como algo para mudar o jogo a favor da Pernod Ricard. Ela nos dará acesso direto aos consumidores, maior influência e irá criar uma nova dinâmica nas relações com nossos parceiros comerciais. Ela também irá permitir à empresa dar maior poder de decisão aos funcionários de modo a poderem ter um papel ativo nessa jornada de crescimento. E, uma abordagem baseada em dados, sustentará os três pilares desta visão."[9]

Para terem esse objetivo em comum, os executivos da empresa usaram todas as plataformas disponíveis – *intranet*, seminários de gestão e o canal interno de TV da própria companhia (PRTV). A transformação digital fazia parte do desafio e era a solução.

Interligando a Pernod Ricard para Enfrentar o Tsunami Digital

Na qualidade de grupo multinacional com marcas consolidadas entre os consumidores e vários modelos de negócios, a Pernod Ricard estava enfrentando o impacto da tecnologia digital de todos os lados. Os clientes estavam falando dos produtos da empresa nas mídias sociais e esperavam conversas mais diretas e envolventes com as marcas. Varejistas, atacadistas e bares estavam eles também passando por suas próprias transformações digitais e enfrentando nova concorrência. Finalmente, os funcionários, particularmente aqueles mais jovens, estavam cada vez mais usando suas próprias ferramentas digitais no ambiente de trabalho e esperavam que a empresa fosse mais digital nas suas formas de operar.

Reconhecendo que as tecnologias digitais eram transformativas para o setor e para a companhia, a cultura empreendedora da Pernod Ricard reagiu. Várias unidades iniciaram suas próprias jornadas de transformação com uma ampla gama de iniciativas voltadas para o consumidor, como anúncios digitais, mídias sociais e comércio eletrônico. As unidades contrataram novos talentos na área digital e experientes no que tange os conceitos de negócios eletrônicos.

Em termos do grupo, entretanto, a primeira iniciativa importante no sentido do digital concentrava-se internamente: como conseguir que a companhia se comunicasse abertamente em grande escala? Decidiu-se implementar uma rede social da empresa interligando toda a organização. Em uma organização em que a cultura é descentralizada como a Pernod Ricard, conectar a todos era um pré-requisito para compartilhar e criar escala em iniciativas bem-sucedidas através de marcas e mercados. Além disso, as unidades mais avançadas em termos digitais eram capazes de dar apoio às menos avançadas, criando uma verdadeira "tração digital". Os objetivos da plataforma tornaram-se, firmemente fundamentados no empreendedorismo, inovação e em fazer a organização operar de diferentes maneiras. Com isso, a transformação digital da companhia começou a acelerar. Explica Alexandre Ricard: "A liderança se constrói na base do exemplo. Ela também se constrói na capacidade da organização se adaptar ao mundo do amanhã. A forma digital revolucionou profundamente (...) a maneira de agirmos, vivermos e trabalharmos."[10]

À luz do histórico lema da empresa, "Faça um amigo todos os dias", a companhia introduziu sua rede social com o slogan "Compartilhe uma nova ideia todos os dias". A plataforma envolve 19.000 funcionários em um diálogo contínuo. A ferramenta possibilita o compartilhamento de dados em tempo real, comunicação visual, colaboração através de dispositivos móveis e mensagens instantâneas em escala global. Da decisão inicial à fase de testes, a rede levou menos de seis meses para ser implementada. Mas, a ferramenta não era a coisa mais importante. O que importava era comprometer os funcionários a atuarem como uma equipe global.

As chaves para o sucesso eram: visão, liderança e orientação da empresa. O CEO Pierre Pringuet explica: "Em um grupo altamente descentralizado é essencial promover o compartilhamento das melhores práticas, por exemplo, na implementação de marketing ou em iniciativas de vendas. Precisávamos criar novas interações onde anteriormente elas não existiam. Esse *networking* de inteligência coletiva teve um papel decisivo na aceleração da transformação digital em cada nível de nossa organização."[11]

A Pernod Ricard percebeu que sem uma forte mobilização "de cima para baixo" e de "baixo para cima", a transformação não aconteceria tão rapidamente. A empresa começou envolvendo os executivos nos níveis local e global. Após um período de treinamento, mais de 150 executivos, entre os quais alguns do alto escalão, tornaram-se ativamente envolvidos com a plataforma. O projeto era revisto regularmente no comitê executivo. Mas, também era preciso um comprometimento "de baixo para cima". Para ter sucesso e aumentar o envolvimento dos funcionários, a rede da empresa precisava estar ancorada nas reais necessidades da companhia – ajudando as pessoas no seu dia a dia e causando um impacto no desempenho da corporação. Alexandre Ricard enfatiza: "Não se passa à forma digital apenas porque está na moda. Adota-se esta postura digital pelo fato de ela ter um real impacto no desempenho da empresa."[12]

Para aumentar o foco, desde o princípio foram definidos vários casos em que a forma digital poderia ser empregada – como, por exemplo, inovação, marketing de marcas e aprimoramento dos processos de negócios. A rede também teve um efeito positivo na comunicação interna e no emprego de novas práticas de RH. Conferências via web (ou "pausas para um cafezinho") aumentaram os diálogos participativos com os funcionários visando refinar e aprimorar a introdução de novos projetos de RH ou maneiras de trabalhar.

Os colaboradores também encontraram usos novos e inesperados para a plataforma colaborativa. Ao examinar uma loja Duty Free enquanto aguardava o embarque para um voo, um grupo de funcionários da Pernod Ricard percebeu algo estranho em relação à embalagem em um display da Absolut Vodka. Eles postaram uma foto do display nas redes sociais, marcaram o grupo de atendimento às normas e legislação da empresa e perguntaram se aquela era uma embalagem padrão para aquela região. Em um intervalo de poucas horas, o grupo foi capaz de confirmar que aquele display era uma falsificação. E, em um prazo de poucos dias a falsificação foi removida e foram tomadas medidas corretivas.

Mas, para que haja uma adesão maciça por parte dos funcionários, a Pernod Ricard foi além. Foram empregados governança, comunicação e treinamento em toda a empresa, e houve o desenvolvimento de um currículo digital com a "Pernod University" visando elevar o QI digital da companhia. A Pernod Ricard alavancou seus funcionários da "geração do milênio" e logo identificou "defensores" para a fase de disseminação, visando "evangelizar" outros usuários. Foram criados novas funções (como gerente de comunidades) e diferentes processos (como moderação de conteúdos). A adesão foi monitorada através de uma "cartela de pontuação" com claros KPIs (*Key Performance Indicators*, ou seja, indicadores-chave de desempenho) que mediam tanto o alcance (a parcela de usuários que logavam regularmente) quanto o comprometimento (a atividade e a contribuição deles para a plataforma).

Em 2014, a rede social da empresa havia conectado 84% de todos os seus funcionários ao redor do mundo. Um quarto desta população contribuía ativamente com cerca de 13.000 conexões diárias – bem acima de outras marcas do setor.

Explica Alexandre Ricard: "As comunidades que são criadas na rede não estão amarradas por limitações geográficas, funcionais ou hierárquicas. Celeridade e discussão são pontos centrais nas relações entre nossos funcionários e tornaram-se essenciais na relação com nossos consumidores."[13]

Acelerando a Transformação Digital Através da Cocriação

Para a Pernod Ricard a implementação de uma rede social para o grupo empresarial criou valor real por si só ao conectar funcionários e comunidades espalhadas ao redor do mundo. Mas, ela era apenas um passo fundamental para implementar a visão digital da companhia.

"Com a primeira fase de nossa transformação digital", diz Pringuet, "conectamos a organização e transformamos nossa maneira de nos comunicar, trabalhar e inovar. A segunda fase, um guia para a aceleração digital, irá nos ajudar a expandir e acelerar este processo. Ele possibilitará que andemos mais rápido e mais longe, e nos tornemos mais fortes em nossa busca pela liderança de mercado. E o seu sucesso depende muito de trazer as pessoas para o nosso lado nessa jornada."[14]

Para lidar com os desafios do mundo digital enfrentados por suas marcas no mercado – conteúdo, comercialização, mídias sociais, ideias dos consumidores e digitalização de processos internos – a empresa precisava de novas capacidades digitais, novas maneiras de trabalhar e outros novos comportamentos. Para atingir essas mudanças desejadas e fomentar a adesão, seus dirigentes decidiram envolver os funcionários na cocriação de um guia para a aceleração digital.

A companhia mobilizou uma ampla rede de pessoas, denominada "defensores do digital", que estava impulsionando a mudança digital nas marcas e unidades de mercado. Os "defensores do digital" arregimentaram suas equipes locais e usaram como trunfo sua experiência do mercado regional e o conhecimento que tinham de seus clientes. A Pernod Ricard, através desse processo, conseguiu priorizar as iniciativas que teriam o maior impacto global em suas marcas e no desempenho de seus negócios.

Hoje em dia, a companhia está implementando seu guia a todo vapor. Práticas desenvolvidas nos quatro cantos do mundo estão sendo documentadas e disponibilizadas para apresentação em larga escala para outras localidades. Unidades de marcas individuais estão desenvolvendo e executando iniciativas estratégicas em nome de toda a empresa. Os postos de comando também estão desempenhando seu papel, identificando sinergias e disponibilizando as capacidades exigidas pelas unidades de negócios locais. Tudo isso é comprometimento em ação.

Nada disso poderia ter acontecido sem liderança. A visão digital está sendo conduzida e apoiada pelos níveis mais altos da organização. Não obstante, transformar as práticas do dia a dia em toda a organização continua a ser um desafio. Os altos executivos capacitados para o mundo digital bem como os "defensores da causa" em vários níveis hierárquicos precisam continuar a atuar como agentes da mudança digital para conclamar e engajar seus 19.000 colegas nessa empolgante jornada. Assim explica Pringuet: "Iniciamos um 'movimento digital' que afeta todos os aspectos de nossa empresa e requer que todos os nossos colaboradores estejam engajados no programa. A transformação digital continuará a ser um de nossos desafios-chave nos anos vindouros. Somente iremos vencer juntos."[15]

ATENÇÃO TODOS: MÃOS À OBRA!

Como mostra a história da Pernod Ricard e conforme descrito no Capítulo 5, antes de envolver os funcionários com o intuito de tornar realidade uma visão, é preciso ter, primeiramente, uma visão convincente – uma que estimule os funcionários a fazerem mais que simplesmente aparecer de manhã para o trabalho. Os líderes precisam desempenhar o seu papel de liderança – estabelecer expectativas claras sobre aquilo que necessita mudar. Mas, não para por aí. Os "defensores da causa digital" dentro de uma organização podem ter uma grande influência em mostrar aos outros funcionários o significado da transformação digital para a empresa. Ao estabelecer expectativas claras e envolver "defensores da causa digital" nas iniciativas da companhia para transmitirem uma visão transformativa é possível se atingir uma massa crítica de partidários capazes de impulsionar a organização para um nível de desempenho maior.

Porém, na qualidade de líder, como envolver na prática a organização para que os funcionários sejam uma parte ativa na jornada maior de transformação digital? Nossa pesquisa identificou três instrumentos gerenciais críticos para envolver a organização.

Primeiramente, *conecte a organização* – usando tecnologia digital para interligá-la de modo que todos tenham voz ativa e possam colaborar. Em segundo lugar, *encoraje*, de forma ativa, *conversas abertas* para facilitar o diálogo estratégico e criar oportunidades para todos desempenharem seu papel no progresso da visão. Em terceiro lugar, em vez de conceber uma solução e tentar obter a adesão em seguida, aplique o conceito de *crowdsourcing a seus próprios funcionários* para que estes sejam coautores da solução. Quando bem feito, a combinação desses expedientes pode acelerar a transformação digital.

Conectando a Massa

Os "Mestres Digitais" compreendem como novos canais digitais são capazes de impulsionar o envolvimento global de funcionários bem como de conversas transparentes para solucionar problemas da empresa. A comunicação vai além de disparar e-mails em grande quantidade. *Wikis*, ferramentas de *microblogging* e redes sociais de empresas, também conhecidas como ferramentas Enterprise 2.0, receberam grande atenção nos últimos tempos como instrumentos colaborativos fundamentais para conectar as organizações[16]. As plataformas sociais internas abrem a possibilidade de conversas sobre estratégia para todos dentro de uma organização. Elas fomentam a solução de problemas interdepartamentais em uma escala global e, através dessas ferramentas, as discussões dentro das companhias tornam-se visíveis a todos da organização, estimulando maior transparência e responsabilidade por aquilo que precisa ser feito. Elas também dão aos dirigentes a oportunidade de reconhecer publicamente as contribuições e recompensar a participação ativa de seus funcionários. É preciso encontrar maneiras de conectar a organização para tornar possível esse diálogo global. A Pernod Ricard optou por usar uma rede social da empresa como elemento aglutinante para um modelo de negócios altamente descentralizado. Outras companhias escolheram ferramentas diferentes como, por exemplo, suas *intranets* já existentes. Não importa a ferramenta usada. O que importa é o diálogo aberto e o comprometimento da organização em produzir a visão digital.

Consideremos o caso de uma grande empresa de tecnologia para aplicações médicas, com sede nos Estados Unidos. Enfrentando uma grande mudança estratégica, a corporação convocou cerca de trezentos de seus executivos e altos dirigentes para um workshop de três dias para desenvolver seu plano de ação. Ao longo dessas sessões, equipes de gravação registravam a discussão e a tomada de decisão. Elas também gravavam breves relatos com executivos no final de cada sessão para explicar como o encontro estava progredindo. Esses vídeos eram, então, transmitidos via *streaming* praticamente em tempo real para toda a companhia. De acordo com um dos participantes do seminário, essas transmissões produziam um grande efeito de abertura: "Você está transmitindo 'Eis em que estamos trabalhando, dia tal' para toda a sua organização. Portanto, quando [os executivos] saem do encontro, as pessoas sabem que eles estavam lá e em que estavam se concentrando. E, de repente, a organização tem uma expectativa de follow-up." Refletindo sobre a transparência criada pela nova cobertura digital do evento, o presidente disse: "No ano passado, saímos do encontro e dissemos à organização qual era a estratégia. Este ano, estamos saindo desse encontro e eles já estão sabendo qual é ela."[17]

Entabulando a Conversação mais Ampla

Para encorajar o diálogo franco e aumentar a adoção de novas formas de trabalho, os executivos têm de liderar através do próprio exemplo e conseguir uma coalizão de funcionários suficiente para iniciar a mudança. Os colaboradores que são encorajados a contribuir para a transformação digital terão um maior nível de participação e, por sua vez, se tornarão funcionários melhores.

Uma das melhores maneiras de liderar uma organização para abraçar novas tecnologias e novas maneiras de trabalhar é atuar como um modelo de conduta. Modelos de conduta estabelecem expectativas para o restante da organização e dão aos funcionários uma oportunidade de interagir diretamente com os dirigentes. Por exemplo, os altos executivos da Kraft gravam *podcasts* (apelidado *Kraft casts*) e os tornam disponíveis para os funcionários com iPhones e iPads. Essas mensagens ajudam a manter os colaboradores a par das mais recentes estratégias corporativas e iniciativas de marca[18].

A presença dos executivos nas plataformas digitais também ajuda a criar um efeito de atração para a adoção por parte dos usuários. Consideremos a The Coca-Cola Company. A icônica companhia encontra-se entre as vinte maiores marcas do planeta que criam um envolvimento com os clientes através das mídias sociais[19]. O site corporativo da empresa é hoje uma revista digital[20]. Os clientes podem criar combinações próprias e personalizadas de produtos da Coca-Cola através das máquinas inteligentes de vendas automáticas da empresa, chamadas Freestyle. Externamente, a corporação parece ser líder no uso de canais digitais para interação com os clientes.

Porém, a Coca-Cola enfrentou desafios ao tentar usar ferramentas digitais internamente para aumentar a colaboração entre seus funcionários. A companhia introduziu uma plataforma social empresarial em uma tentativa de transformar sua autodenominada cultura "da fórmula secreta", mas encontrou grandes dificuldades para sustentar o envolvimento dos usuários. Em uma entrevista de 2012, o diretor mundial de inovação, Anthony Newstead, observou: "Após um ímpeto inicial de atividade ela [atividade dos usuários] foi diminuindo lentamente." Newstead e sua equipe investigaram a causa e descobriram que postagens semanais dos líderes executivos seriam suficientes para atrair outros funcionários e sustentar uma comunidade ativa. "Com o envolvimento dos executivos, não é preciso ordenar atividade."[21]

Mas, nem todos os líderes sentem-se confortáveis de estar on-line e mostrar o caminho, além disso, certas vezes os embaixadores mais influentes para a transformação digital talvez não venham dos escalões mais altos da companhia. Funcionários na linha de frente podem ser os veículos mais eficazes na promoção da mudança em uma organização. Defensores influentes podem ajudar a recrutar outros para a causa. Muitos "Mestres Digitais" identificam, de forma proativa, verdadeiros partidários dentro da organização e os posicionam para compartilharem seu conhecimento e entusiasmo com colegas.

Em algumas empresas, esses "defensores do digital" assumem papeis organizacionais formais. A Nestlé, por exemplo, introduziu em 2012 sua DAT (*Digital Acceleration Team*, ou seja, equipe de aceleração digital). A equipe, com sede em Vevey, Suíça, atende a dois propósitos: como "centro de excelência" da Nestlé para know-how digital, bem como incubadora para seus "defensores digitais". Aqueles com melhor desempenho em quaisquer das diversas marcas da Nestlé ao redor do mundo são incorporados à equipe por um período de oito meses, em que eles trabalham juntos para entregar projetos digitais estabelecidos como, por exemplo, o desenvolvimento de estratégias para dispositivos móveis para mercados emergentes ou desenvolver planos de recrutamento para talentos na área digital. No final desse período, os membros da equipe retornam a seu país natal e a suas respectivas marcas para compartilharem conhecimento e habilidades. Ex-alunos do DAT agora formam uma rede global dentro da Nestlé e eles sabem para onde se dirigir para alavancar práticas globais em seus mercados locais[22].

Outras organizações adotam uma abordagem menos formal, porém, não tão efetiva. Para superar o gap digital entre diferentes gerações de funcionários, várias empresas estabeleceram programas de *reverse-mentoring*[NT-1]. A L'Oréal, por exemplo, lançou seu programa *reverse-mentoring* digital como parte de uma campanha para elevar o QI digital de seus funcionários e marcas. A empresa colocou lado a lado colaboradores experts do mundo digital e membros mais velhos de comitês gerenciais. Cada lado trazia um conjunto diferente de habilidades para a parceria. Os mais jovens entravam com seu conhecimento dos canais digitais e comportamento do comprador, ao passo que os executivos disponibilizavam suas visões de anos de experiência na empresa e setor de atuação. Juntas, as equipes trabalharam na identificação das principais tendências e para compreender o comportamento dos novos clientes[23]. Individualmente, cada lado enriquecia suas respectivas experiências com novas habilidades e novos insights.

Tirando Proveito da Massa

Envolver a organização como um todo para traçar o caminho para o futuro digital de uma companhia é saudável. O valor dos funcionários vai além de suas tarefas do dia a dia. Empresas com prática e experiência no mundo digital utilizam técnicas de *crowdsourcing*[NT-2] para criar soluções para a maior parte de seus problemas estratégicos. O *crowdsourcing* dá voz ativa aos funcionários para participarem de debates e apresentarem seus pontos de vista e ideias. Com o advento de uma população trabalhadora mais consciente em termos digitais, as companhias que não aprenderem como se relacionar com ela de uma forma colaborativa sairão perdendo.

A Pernod Ricard, conforme vimos anteriormente, levou a cabo a colaboração por parte dos funcionários na coautoria e na priorização de seu caminho para a transformação digital, com grande sucesso. Outras empresas aplicaram técnicas de *crowdsourcing* a seus funcionários para melhorarem aspectos da experiência vivida pelo cliente, tornarem as atividades mais eficientes ou criarem conjuntamente novas maneiras de trabalhar. Outras ainda usaram o *crowdsourcing* para instituir um fluxo contínuo de inovação. As possíveis aplicações são intermináveis, assim como são os benefícios quando o *crowdsourcing* é feito de maneira correta.

Aplicar técnicas de *crowdsourcing* a seus funcionários pode, algumas vezes, solucionar problemas operacionais bastante pragmáticos. A empresa francesa de telefonia, Orange, sofria com um obstáculo operacional com seus operadores: o roubo de cabos. O impacto sobre os negócios era significativo e custoso, envolvendo tempo de linha inativa, intervenções de equipes de campo e outros problemas. Através de sua plataforma interna de *crowdsourcing* aplicada aos próprios funcionários, chamada idClic, a Orange identificou um colaborador que havia desenvolvido um *app* que permitia uma solução muito mais rápida desse problema – chamar a polícia mais rapidamente, etapas de processo claras e gestão de intervenção. O resultado foi uma economia de um milhão de euros por ano para a Orange apenas com esta ideia[24].

Envolver os funcionários da empresa também pode ser frutífero para a inovação colaborativa. Tradicionalmente as organizações têm sido muito específicas em relação a quem participa da inovação e atribuindo responsabilidades de acordo com a capacidade ou função do funcionário. Em um mundo digital, esse tipo de segregação não é mais desejável.

A EMC, por exemplo, tira proveito do poder coletivo de seu quadro de funcionários espalhados por todo o mundo para impulsionar a inovação em seus produtos e negócios.

A companhia de 21 bilhões de dólares é líder em armazenamento, segurança, virtualização e *cloud computing* para empresas. Mas, estar na liderança da inovação digital em um mercado em constante ebulição da alta tecnologia é um imperativo estratégico.

Em 2007, a empresa começou a realizar concursos regionais de inovação e a popularidade destes rapidamente superou a capacidade da pequena equipe de inovação em lidar com milhares de ideias recebidas. A equipe precisava de um processo de maior escala para avaliar as sugestões. E também necessitava de uma forma de garantir que as boas ideias que ficaram com o segundo lugar não fossem desperdiçadas.

Um ano depois a empresa lançou uma plataforma on-line para ajudar a gerenciar o recebimento de sugestões e o processo de revisão[25]. Os participantes do concurso poderiam postar ideias que ficavam visíveis para toda a comunidade mundial. Os membros ao redor do mundo poderiam, então, tecer comentários sobre cada ideia, dar feedbacks e votar em suas favoritas. Já que a participação na comunidade não se limitava apenas àqueles que haviam proposto a sugestão, qualquer um na EMC tinha a oportunidade de contribuir.

Anualmente o comitê de concursos dá um prêmio People's Choice à ideia que obtém a maior votação popular. Especialistas da empresa escolhem as demais premiações, mas a opinião popular ajuda os juízes a verem as inovações potencialmente brilhantes a serem consideradas, além de auxiliar os inovadores a melhorarem suas propostas de ideias. Em 2010, cerca de 4.000 funcionários da EMC haviam apresentado algo, tecido comentários ou votado no concurso anual de inovação da empresa[26].

Hoje em dia a EMC organiza o processo de inovação global em cima de um calendário. Porém, tal processo de inovação exigiu mais que uma plataforma tecnológica. A participação dos executivos era crítica. O CTO (*Chief Tecnology Officer*, ou seja, diretor de tecnologia) da empresa criou uma pequena unidade interna para gerenciar os concursos, promover o compartilhamento entre as regiões e atuar como *coach* para os inovadores vencedores a fim de transformar suas ideias em realidade. Além disso, os responsáveis das principais unidades de negócios podem apoiar diretrizes para o concurso de inovação. Mas, para tanto, eles devem concordar em escolher o ganhador de uma lista de finalistas e fornecer capital inicial para as equipes vencedoras.

A participação de funcionários de todo o mundo também foi essencial. A EMC anuncia os ganhadores em uma conferência interna de inovação. Todos os anos, em uma data preestabelecida, colaboradores em unidades ao redor do globo reúnem-se para um dia de atividades que inclui discursos de executivos, vídeos e palestrantes convidados. Grupos na Irlanda, em Israel, nos Estados Unidos e em outras partes do mundo criaram suas próprias programações para o dia, embora participando remotamente de sessões globais. O sucesso do concurso de inovação promovido pela empresa deu origem a vários concursos locais ao redor do globo. Por exemplo, o pessoal da China realiza seus próprios programas de premiação e divulga para o resto da companhia as ideias vencedoras. Esse processo de inovação participativo agora se tornou parte da forma de trabalhar da EMC.

Os benefícios também são evidentes. Uma das ideias vencedoras era um produto voltado para o consumidor que possibilitava às pessoas criarem uma cópia virtual de seus desktops e que poderia ser transportada para qualquer outro PC. Outra fomentava uma arquitetura totalmente nova para o desenvolvimento de produtos baseados na nuvem e "internet das coisas".

Mas, os benefícios vão além das ideias vencedoras. Em uma recente conferência sobre inovação, vários patrocinadores afirmaram: "Estou financiando o vencedor, mas ficaria contente em patrocinar outros finalistas caso precisem de mim." E executivos citam um sentimento palpável de que o processo está criando maior inovação, colaboração e envolvimento dos funcionários entre as unidades de negócios da empresa. Os colaboradores sentem-se parte de uma organização global unificada[27].

Algumas empresas fazem mais que simplesmente aplicar técnicas de *crowdsourcing* a seus próprios funcionários. Elas envolvem parceiros externos e clientes em um processo de inovação aberto[28].

A Procter&Gamble, por exemplo, adotou uma filosofia de inovação aberta com forte participação dos executivos. O objetivo era gerar um fluxo constante de inovações externas e, ao mesmo tempo, desenvolver internamente os processos de controle de admissão para gerenciar ideias desde seu princípio até seu lançamento. O ex-CEO, Bob McDonald, explica: "As pessoas irão inovar por ganhos financeiros ou por vantagens competitivas, mas isso pode ser autolimitante. É preciso levar em conta também uma componente emocional – uma fonte de inspiração que motiva as pessoas."[29]

Para sustentar essa iniciativa, a P&G desenvolveu seu portal Connect + Develop há vários anos. O objetivo do portal era convidar todo mundo – clientes, fornecedores, concorrentes, cientistas, empreendedores e outros – a submeter ideias. A companhia não apenas torna público o que sabe e aquilo que ela é capaz de fazer, mas também destaca o que ela precisa. Além disso, a empresa não se restringe ao desenvolvimento de produto; ela está buscando novas ideias em tudo, marcas registradas, embalagens, modelos de comercialização, engenharia, serviços comerciais e design. Assim disse Bruce Brown, CTO da P&G: "O portal Connect + Develop ajudou a criar algumas das maiores inovações da P&G e ele é essencial para nos auxiliar a manter em andamento nossa renovada estratégia de crescimento."[30]

Em 2010, a P&G estendeu seu programa para este se tornar a plataforma preferida para colaboração inovadora e para triplicar a contribuição do Connect + Drive para o desenvolvimento da inovação da companhia. Ela expandiu o programa para estabelecer conexões adicionais com laboratórios do governo, universidades, pequenos e médios empreendedores, consórcios e empresas de capital de risco[31].

Aceitando as Águas por vezes Turbulentas do Envolvimento

Estamos, portanto, diante de um novo "Santo Graal" do envolvimento, graças à tecnologia digital? A familiaridade com essa tecnologia varia muito entre os funcionários. Mesmo aqueles mais bem preparados em termos digitais nem sempre adotam naturalmente novas ferramentas. Novas formas de trabalho podem se tornar uma ameaça para a maneira convencional de se fazer as coisas, tirando, por exemplo, responsabilidade da média gerência. Muitas vezes, as novas práticas digitais criam um ambiente de trabalho mais aberto, colaborativo e transparente. Mas, nem todo mundo se sentirá à vontade, particularmente aqueles que devem o próprio sucesso dentro da empresa à velha maneira de se fazer as coisas. Assim disse um executivo: "Temos uma organização muito estável e que tem muita experiência em fazer as coisas da forma como elas sempre foram feitas. Tentar motivar as pessoas a mudarem é um verdadeiro desafio."[32]

Muitas empresas enfrentam alguma variante desse desafio quando a própria conversa sobre transformação digital torna-se digital. Porém, vimos muitas organizações superarem esses desafios com sucesso.

Está se formando um gap entre trabalhadores familiarizados com as ferramentas digitais e aqueles que não estão. Está se abrindo um *divisor de águas digital*.

Profissionais da geração do milênio são ávidos usuários de tecnologia em suas vidas pessoais e não se entusiasmam com as ferramentas empresariais disponíveis para eles no trabalho. Um executivo fez o seguinte comentário: "Esse pessoal entrando na empresa, na faixa dos vinte anos e até mesmo aqueles na casa dos trinta, fazem tudo eletronicamente. Eles dizem: 'Tá bom, eu sei que a empresa tem mais de cem anos, mas nossos recursos de TI não precisam ter a mesma idade da empresa!'" Por outro lado, seus companheiros mais maduros ainda estão diante de uma íngreme curva de aprendizado para adotar formas digitais de trabalho. Esta lacuna está colocando os executivos diante do dilema de deixar de fora um dos dois grupos, dependendo dos canais de comunicação que escolherem. Isso precisa ser administrado ativamente. É necessário que os líderes empresariais trabalhem arduamente para usar as melhores ferramentas de comunicação que tiverem e encorajar ambos os grupos a mudarem seus hábitos. Por exemplo, os mais jovens podem ser incentivados a falarem ao telefone – ou mesmo, dirigir-se até a sala do colega – nos casos em que há grande chance de ocorrer um sério mal-entendido. Da mesma forma, pode se demonstrar aos funcionários mais velhos os benefícios de participar dos blogues da empresa ou de outras mídias sociais para tirá-los do modo tradicional de pensar e fazer as coisas as quais estão habituados.

As ferramentas digitais podem aumentar a transparência na organização. Geralmente, isso é uma coisa boa, mas também pode ampliar a *resistência à mudança*. Alguns gerentes podem entender maior transparência como uma afronta à sua autonomia ou uma ameaça ao seu papel dentro da empresa. Outros, por sua vez, passam a participar das conversas por conta própria. Alguns, porém, evitarão completamente o assunto e, finalmente, alguns irão desafiar abertamente o uso de plataformas digitais. Pelo fato de os gerentes, muitas vezes, estarem à frente da introdução de mudanças em uma organização, o nível de participação deles deve ser uma séria preocupação para os executivos.

Quando uma empresa global que estudamos implementou uma nova plataforma de relatórios como parte de sua transformação, muitos gerentes mostraram-se contrários. Antes da nova ferramenta os gerentes de venda produziam relatórios que se baseavam em seus próprios sistemas internos. Eles controlavam os números que eram informados e o nível de detalhamento fornecido. O novo sistema coletava dados de receita e lucratividade de forma centralizada e gerava documentos em um formato padrão. De acordo com um dos executivos: "Eles não estão acostumados a esse tipo de transparência; portanto, houve uma reação contrária inicial."

Os dirigentes da empresa deixaram claro que a nova plataforma estava reforçando a ideia de operar uma única companhia e que os gerentes de vendas detinham o poder de tomada de decisão para suas respectivas unidades. Os líderes também fizeram um esforço consciente para destacar os benefícios utilizando termos que importassem aos gerentes. Eles mostraram aos subordinados como as novas informações dos relatórios poderiam ajudá-los a vender mais, minimizar o nível de estoques e eliminar horas gastas com montagem de planilhas todos os meses. Olhando para o passado, os executivos creditam à nova plataforma de geração de relatórios a criação de uma significativa mudança cultural. "Não é mais aquela história de jogar a culpa no outro", disse um executivo. "Nascemos e morremos juntos. A única forma de sobrevivermos é se formos transparentes e abertos à comunicação uns com os outros."

CRIANDO ENVOLVIMENTO PARA TRANSFORMAR EM REALIDADE A VISÃO DIGITAL DA EMPRESA

Os "Mestres Digitais" criam uma visão convincente do futuro. Eles sabem onde querem chegar e qual será o aspecto do sucesso uma vez que lá chegarem. Mas, eles também compreendem que a transformação requer um esforço coordenado de toda a organização para converter essa visão em realidade. Novos processos, novos modelos de negócios e novas formas de trabalho irão afetar pessoas de toda a companhia. Muitos dirigentes traduzem suas palavras em fatos. Eles adotam novos canais digitais não apenas para dar um bom exemplo, mas porque essas ferramentas tornam estes executivos líderes mais efetivos no processo de mudança. Os funcionários também usam a tecnologia para se manter mais conectados uns com os outros. Eles dão contribuições ativas para a conversação sobre a transformação digital e colaboram com seus pares para solucionar os desafios.

Seja qual for o seu papel de liderança na transformação digital, envolver os funcionários da empresa deve ser algo prioritário dentro de sua agenda. Experimente novas formas de comunicação, colaboração e conexão com seus colegas e os envolva em uma conversa bidirecional. Lidere através do próprio exemplo para patrocinar novas formas digitais de trabalhar, e recrute outros verdadeiros partidários para se juntar a você. Envolva a massa crítica de funcionários necessária para elevar a sua organização a um novo patamar. E concentre-se nas conversações que são essenciais para solucionar problemas da empresa e não nas ferramentas em si.

Alguns continuarão céticos em relação às novas tecnologias e seu papel na organização. Mas, engajar a companhia não é opcional. Caso queira ser bem-sucedido na transformação digital de sua empresa, isto é fundamental. Quando usadas efetivamente, as tecnologias digitais podem ajudá-lo a conseguir a participação de funcionários em larga escala.

LISTA DE VERIFICAÇÃO PARA CONDUZIR A TRANSFORMAÇÃO DIGITAL: ENVOLVENDO TODA A ORGANIZAÇÃO

✓ Lidere o esforço de envolvimento para estimular os funcionários a transformarem a visão digital de sua empresa em realidade.

✓ Use a tecnologia digital para conseguir a participação de funcionários em larga escala.

✓ Conecte a organização para dar voz ativa aos funcionários.

✓ Abra as conversações para atribuir a todos um papel dentro da transformação digital.

✓ Aplique técnicas de crowdsourcing a seus próprios funcionários para que estes sejam coautores das soluções e assim acelerem o processo de comprometimento e adesão.

✓ Lide com o gap tecnológico, elevando o QI digital da empresa.

✓ Lide com a resistência sendo transparente e franco em relação às metas.

CAPÍTULO 7

CONDUZINDO A TRANSFORMAÇÃO

Meus defeitos, meus fracassos, não residem nas
paixões que tenho, mas sim na minha falta de
controle sobre elas.

— JACK KEROUAC

Mesmo tendo uma visão convincente e sólida, é extremamente difícil canalizar os esforços de uma organização na mesma direção. Empresas grandes e complexas são cheias de entropia, constantemente se movimentando na direção do mais fácil. Uma vez comprometidos com uma visão convincente, os gerentes espalhados pela organização podem seguir seus próprios caminhos para transformar a visão em realidade. Outros líderes, não estando de acordo com a visão, podem tentar ignorá-la. Algumas unidades poderão caminhar muito devagar, ao passo que outras podem introduzir riscos por se movimentarem precipitadamente, antes mesmo de terem pensado bem a respeito dos perigos pertinentes a questões regulatórias, de segurança e organizacionais. Outras unidades, ainda, podem desperdiçar recursos em esforços duplicados, descoordenados ou incompatíveis.

É aí que entra a governança digital. A governança digital ajuda a orientar as atividades digitais da empresa na direção correta. Ela transforma a energia diversa dos funcionários espalhados pela organização em um motor propulsor coerente que leva a transformação digital adiante.

GOVERNANÇA DIGITAL NA P&G

A Procter & Gamble (P&G) é líder mundial em bens de consumo. Com sede em Cincinnati, Ohio, ela possui fábricas em cerca de 70 países e mais de 120.000 funcionários. Em 2013, a empresa atingiu vendas de mais de 84 bilhões de dólares. Seu ex-CEO, Bob McDonald, reconhecia o potencial transformativo das tecnologias digitais em setores tradicionais. Ele estabeleceu um claro objetivo: "Queremos que a Procter & Gamble seja a empresa mais capacitada do mundo em termos digitais."[1] Atingir tal objetivo exigia foco na forma digital de toda a organização, o que McDonald descreveu da seguinte forma: "[Queremos] passar para a forma digital todo o trabalho da companhia, desde a criação de moléculas até chegarmos a nossas fábricas alimentadas diretamente com dados dos pontos de venda dos nossos parceiros no varejo."[2] Subsequentemente a P&G deu início a um programa de transformação digital multicamadas para fazer com que isso se concretizasse.

A visão de McDonald era suficiente para colocar a transformação em marcha, porém, era necessário mais para que a mudança fosse bem-sucedida. A P&G precisava de firme governança digital para transformar a visão em realidade nas várias marcas da empresa e nas regiões onde atuava. Estabelecidos os mecanismos corretos de governança, a companhia poderia alocar recursos de forma inteligente no programa digital, promover o compartilhamento entre as diversas unidades de negócios, disponibilizar habilidades e ferramentas centralizadas para ajudar tais unidades a inovarem e começarem a construir uma cultura digital em toda a organização.

Fundamentos da Governança Digital

Felizmente, na construção da governança digital, a P&G não precisou começar da estaca zero. Embora a ideia de governança centralizada possa ir contra a cultura de grandes empresas diversificadas, a organização já tinha úteis elementos à disposição. Particularmente, a GBS (*Global Business Solutions*), unidade de serviços da companhia, e que poderia ser usada por todas as demais unidades, é um dos quatro pilares da estrutura corporativa da P&G. Originalmente uma evolução da unidade de TI da corporação, hoje em dia a GBS presta mais de 170 tipos de serviços e soluções, a partir de seis *hubs*, para mais de trezentas marcas da P&G espalhadas pelo mundo. Em seus 13 anos de operação, ela reduziu em 33% o custo de serviços compartilhados e diminuiu pela metade o tempo para colocação de novos produtos no mercado[3]. A unidade é dirigida por Filippo Passerini, presidente da GBS, e que também acumula a função de CIO da P&G.

Estabelecendo a Liderança Digital

A dupla função de Passerini dá a ele uma perspectiva única sobre a tecnologia e seu impacto no negócio: "Para nós, a tecnologia jamais é o ponto de partida. Tecnologia é a ferramenta habilitadora. O verdadeiro propulsor para a transformação empresarial é uma mudança nos processos de trabalho, nos processos de negócios ou na cultura da empresa – na forma como os funcionários trabalham e operam, e não na tecnologia em si mesma. Preferimos ser um agnóstico em termos de tecnologia."[4] Ele demonstrou ser um líder da GBS não apenas na melhoria do desempenho da unidade e no aumento de seu escopo de responsabilidades, mas também por elevar o seu papel estratégico dentro da organização. De acordo com Passerini: "O mantra em nossa organização é que acordamos todos os dias com a ideia de que, hoje, trabalharemos para nos tornar diferentes – e não ser uma simples *commodity*. Caso nos transformemos em uma *commodity*, então tudo se resumirá a custos."[5] Para tanto, explica ele: "Acreditamos que é preciso começar tendo em mente a finalidade do que é o valor do negócio, para depois regressar e trabalhar todas as etapas que levarão, de forma inequivocada, a esta criação de valor para a empresa."[6]

Quando McDonald anunciou sua nova visão digital, Passerini era a escolha natural como líder. De acordo com McDonald, "TI é a função habilitadora fundamental no cumprimento de nossa estratégia digital."[7] Como diretor de TI e da GBS, Passerini poderia mobilizar as capacidades e relacionamentos da GBS para atender ao desafio digital. Ele se tornou, de fato, o CDO (*Chief Digital Officer*) da companhia. Conforme explica McDonald: "Ele é presidente de grupo de uma empresa, não apenas um líder funcional, um membro-chave da liderança da P&G e responsável pelo cumprimento de toda essa importante estratégia [de transformação digital]."[8]

Construindo uma Unidade de Serviços Digitais

A GBS é responsável por liderar o esforço de transportar a empresa para o mundo digital, fornecendo governança, tecnologia, processos e ferramentas para transformar a visão digital em realidade. O objetivo é ajudar a P&G

a se tornar mais simples, horizontal em termos de estrutura hierárquica, rápida e ágil[9].

Passar para a forma digital, segundo Passerini, significava construir um ambiente baseado em atividades em tempo real. A governança digital era organizada em torno de três princípios-chave: a *padronização* de sistemas, processos e informações; a *automação* para eliminar interações que não agregassem valor; e, finalmente, a *aceleração* da tomada de decisão através de informações em tempo real[10]. A P&G iniciou a jornada identificando os processos centrais que a empresa estava conduzindo – cerca de uma centena deles. Em conjunto com as unidades de negócios, o papel da equipe digital era reconhecer melhorias transformacionais e encontrar combinações de processos e tecnologias para fazer com que estas acontecessem[11].

No modelo de governança digital da P&G, a equipe centralizada fornece serviços de ponta a ponta para atender as necessidades das unidades operacionais e das diversas marcas. A GBS concentrava seus serviços digitais em quatro áreas principais: criação de vínculos com o cliente, inovação da cadeia de valor, inteligência empresarial e desenvolvimento organizacional[12]. "Nós lidávamos com tudo isso como se fosse o lançamento de uma nova marca ou de um novo produto", diz Passerini. Ele se utilizou da famosa cultura de marcas da P&G para estruturar as funções das pessoas na unidade central – denominando as funções individuais como "gerentes de serviços". O título do cargo trazia consigo claras responsabilidades: estabelecer preços internos, monitorar a qualidade e desenvolver inovações. Para criar "defensores digitais", Passerini colocou pessoas também do departamento de TI em diversas unidades de negócios e tornou-as responsáveis pela obtenção dos resultados: desde poupar dinheiro a acelerar a colocação dos produtos no mercado[13].

Conduzindo a Inovação Tecnológica

A P&G criou uma abordagem multicamadas para se manter atualizada em relação ao mercado que está em constante e rápida evolução da tecnologia digital. Novas tecnologias digitais podem alimentar a inovação e melhorar o desempenho de uma empresa, mas apenas se aplicadas nos lugares certos e com o nível de investimento adequado. Em intervalos, de poucos anos, a P&G examina as megatendências mundiais. Essas megatendências são, então, filtradas para identificar aquelas que impactam os negócios da empresa.

Para aquelas tendências que terão um impacto, a organização primeiro define estratégias claras para tratá-las. Somente depois a empresa escolhe tecnologias para viabilizar essas estratégias[14]. Essa abordagem é bem próxima da cultura de gestão de Passerini. De acordo com ele, "Vejo-me como um homem de negócios que por acaso tem um interesse – e um entendimento – por tecnologia."[15]

Considere, por exemplo, como a empresa resolveu uma tendência sobre acelerar os ciclos de inovação em diversos setores. Através da realidade virtual, a P&G não foi apenas capaz de criar protótipos de produtos mas também de mostrar qual seria o seu aspecto na prateleira de uma loja, aumentando a qualidade do feedback do consumidor. Os varejistas inclusive ofereciam suporte inicial para esse tipo de modelagem digital. A equipe de desenvolvimento não fornecia somente tecnologia de realidade virtual, e sim quaisquer tipos de serviços, de ponta a ponta, necessários para a realização do experimento. Ela até criou uma biblioteca contendo imagens dos produtos, tanto da P&G quanto da concorrência. Assim diz Passerini: "Isto está criando muito valor para a empresa, pois obtemos feedback de muito mais qualidade e podemos lançar produtos no mercado mais rapidamente."[16]

Construindo uma Cultura de Governança Digital

Além de elaborar estruturas organizacionais e de liderança para a governança digital, os líderes da GBS perceberam que também era preciso desenvolver a cultura de trabalho em toda a P&G. A transparência de dados era um aspecto fundamental da concorrência na era digital. O ambiente físico *high-tech* da P&G, apelidado "globo dos negócios", permitia aos seus líderes tirar proveito de volumes enormes de dados para tomarem decisões em tempo real. O espaço exibe constantemente dados sobre como está sendo o desempenho da P&G ao redor do mundo. Entretanto, como o próprio Passerini admite, as informações não são perfeitas. Diz ele: "Propositalmente, colocamos os carros à frente dos bois, pois é uma maneira de forçarmos a mudança."[17] Um aspecto-chave da concorrência na era digital é a capacidade dos líderes de sentirem-se relativamente à vontade com um certo nível de ambiguidade quando se trata de iniciativas digitais.

Essa abordagem tem sido uma das marcas registradas de como a P&G conduz as suas iniciativas digitais. Por exemplo, Passerini correu risco ao introduzir *cockpits* digitais – uma série de gráficos de fácil leitura contendo as informações mais relevantes para cada funcionário da P&G. A ideia era que existiria uma versão acordada dos fatos, de modo que as pessoas parariam de debater sobre o que está acontecendo e se focariam em resolver os problemas. As versões iniciais falharam e tiveram de ser arquitetadas novamente durante um período de 18 meses. Entretanto, em janeiro de 2012, a P&G tinha 58.000 de tais *cockpits* em funcionamento, com mais de 80.000 planejados até o final de 2013[18]. Tal atitude, de correr riscos, era encorajada como um meio ativo de impulsionar a mudança. Explica Passerini: "Corremos muito risco. Quando surge uma nova ideia, em vez de ficarmos discutindo-a filosoficamente, fazemos um projeto-piloto de graça com uma de nossas unidades operacionais."[19]

Hoje em dia, a P&G é conhecida como líder no uso de tecnologias digitais para transformar seus negócios. McDonald apoiava a sua visão, de tornar a P&G a empresa melhor preparada do mundo para a forma digital, ao liberar recursos para que isso acontecesse. Mas, com energia e financiamento em torno da visão, a empresa também precisava de disciplina e capacidade para transformá-la em realidade. Ao estabelecer a governança digital, Passerini e a equipe da GBS, sempre que possível, adaptavam práticas bem-sucedidas e criavam novas capacidades onde era preciso. Através de seus processos de governança e seus recursos, a GBS é hoje parte integrante da transformação digital da P&G, desde o desenvolvimento de produto e fabricação até sua comercialização.

POR QUE A GOVERNANÇA DIGITAL É NECESSÁRIA?

A palavra *governança* deriva do verbo grego *kybernan*, que significa "conduzir".[20] A maior parte das empresas possui firme governança em relação a recursos humanos e financeiros. Mas, as organizações variam na extensão em que governam outros aspectos de seus negócios como: governança de marcas para garantir seu uso consistente e apropriado, governança de TI para aplicar efetivamente os recursos tecnológicos e governança de fornecedores para garantir que a compra seja eficiente e de acordo com a legislação vigente.

Novas demandas por capacidades digitais e novos riscos oriundos das atividades digitais tornaram a governança digital essencial para todas as empresas. Por exemplo, as mídias sociais reduziram o controle de uma empresa sobre sua marca global. Um comentário negativo postado no Facebook, Twitter ou YouTube pode receber atenção imediata do mundo inteiro. Quando as companhias encontram inovadoras maneiras de trabalhar com os clientes através de canais sociais e móveis, elas também estão dando grande atenção a suas reputações on-line. Mas, além das mídias sociais, a tecnologia digital torna as atividades da empresa centradas no cliente mais aparentes para todos, todas as vezes que acontecerem. É por isso que a CEO da Burberry, Angela Ahrendts, indicou um "czar da marca" para criar sinergia no uso da icônica marca da companhia ao redor do mundo[21].

As novas tecnologias também podem ter consequências indesejáveis em termos de confidencialidade e legislação. Telefones ou *tablets* perdidos permitem a hackers invadirem uma rede. Pode ser que funcionários postem on-line segredos da companhia ou disponibilizem informações sobre fusões ou dados financeiros da empresa de formas inapropriadas. Informações pessoais sobre cartões de crédito ou saúde de pacientes podem acabar parando na rede. Os clientes talvez interpretem postagens pessoais de funcionários como conselhos da empresa sobre investimentos ou saúde. Qualquer uma dessas brechas pode deixar as organizações sujeitas a danos à reputação e a milhões de dólares em multas ou sanções administrativas. Conforme nos disse um executivo: "A última coisa que queremos fazer é on-line colocar em risco a reputação que construímos ao longo de 150 anos por causa de uma falha de segurança."

Os "Mestres Digitais" Governam Melhor

Nosso estudo mostra que os "Mestres Digitais" conduzem melhor as atividades digitais do que fazem as outras empresas. Nossa pesquisa de opinião, realizada em 2012, mediu a capacidade de governança com um composto de questões relacionadas a funções claras, alinhamento estratégico das iniciativas, coordenação de investimentos entre as unidades, uso de KPIs e a presença de um guia para transformação de alto nível. De acordo com essa análise, os "Mestres Digitais" governam 51% melhor que aqueles que não o são[22]. Os mestres são bem melhores na tomada de decisão sobre quais iniciativas buscar e na condução dessas iniciativas para o sucesso.

Nossa análise qualitativa e quantitativa mostra que a governança digital é um dos meios que os altos executivos podem aplicar na condução da transformação digital. A governança age como um conjunto de "trilhos condutores" para manter todo mundo caminhando na direção correta. Ela oferece tanto incentivos quanto punições para fomentar a inovação e impedir investimentos inapropriados. Além de ajudar a administrar os riscos da transformação e a impulsionar as mudanças de modo eficaz.

Governança Digital como Oportunidade

Os "Mestres Digitais" entendem que a governança não apenas previne problemas, mas também habilita novas capacidades digitais. Os *apps* para dispositivos móveis, redes de colaboração, produtos conectados e mídias sociais criam inéditas oportunidades no marketing, na fabricação e no atendimento ao cliente. Os ciclos de negócios são cada vez mais rápidos devido a demandas tanto de clientes quanto de funcionários[23]. A governança pode ajudar a implementar novas soluções mais rapidamente e, ao mesmo tempo, administrar os desafios de segurança, cumprimento da legislação e integração de sistemas antigos. Ela ajuda as empresas a ganharem uma visão mais integrada dos clientes e atividades, colaborarem de forma mais eficaz e fazerem com que as políticas funcionem melhor.

Por exemplo, à medida que os consumidores exigem uma experiência mais integrada e a *analytics* exige dados mais incorporados, muitas empresas sofrem para unificar suas fontes de dados díspares. "A integração de dados é o maior desafio na criação de serviços digitais", explica um executivo, representando as declarações de muitos outros. Os "Mestres Digitais" usam a governança para moldar uma plataforma unificada para suas iniciativas digitais, as novas experiências proporcionadas aos clientes, as fábricas automatizadas e as *analytics* avançada.

Além disso, à medida que as empresas tornam-se mais globais, elas estão descobrindo a necessidade de haver uma *colaboração mais efetiva* entre localizações geográficas, unidades de negócios e produtos especiais. Quando os funcionários encontram seus próprios caminhos para colaborar, fora das abordagens sancionadas oficialmente pela empresa, podem resultar em possíveis desafios em termos de segurança, regulamentação e integração. Muitas organizações têm usado a governança para estabelecer plataformas oficiais de colaboração para videoconferência, mensagens instantâneas e compartilhamento de conhecimento. As empresas também utilizam a governança para criar e fazer cumprir políticas, afirmando que tipos de colaboração são (e não são) apropriadas e criando ferramentas de monitoramento para detectar violações de condutas.

Fazendo a Governança Digital Funcionar

Ao elaborar a governança para as atividades digitais de sua empresa, é preciso focar em como atingir duas metas-chave:

- *coordenação*: priorizar, sincronizar e alinhar iniciativas na companhia como um todo;
- *compartilhamento*: usar capacidades e recursos comuns (inclusive pessoas, tecnologia e dados) na empresa como um todo.

Em muitas organizações de grande porte, a coordenação e o compartilhamento tendem a ser atos não naturais. Para um gerente de uma região ou unidade de negócios, coordenação pode significar reuniões intermináveis e restrições indesejáveis. Criar, a partir de recursos compartilhados, pode torná-lo dependente da boa vontade e da capacidade de concretização de pessoas sobre as quais não tem controle. Não é de se estranhar que surjam anticorpos organizacionais para se defender contra novas atividades de governança no nível corporativo, sempre que possível.

Contudo, os maiores benefícios da transformação digital provêm exatamente do envolvimento em atos de coordenação e compartilhamento não naturais, através dos setores organizacionais. De acordo com um alto executivo em um grupo bancário internacional, "A forma digital causa impactos nas empresas de todo o mundo, rompendo silos tradicionais. É preciso maior coordenação ao tomarmos decisões e na condução de ações, comparativamente com a maneira que fazemos negócios usualmente. Os problemas não são locais, mas globais e, portanto, as opções que escolhemos envolvem a empresa como um todo, em todos os países e unidades de negócios."

Pensando nisso, é que os executivos da Nike criaram uma sólida unidade digital para trabalhar com as principais unidades de negócios da empresa. E que a Nestlé criou uma equipe de aceleração digital. E é por isso que devem existir alguns mecanismos para garantir os mesmos benefícios para a sua empresa. A governança retifica problemas que surgem devido à maneira como a empresa é estruturada. Ela encoraja os funcionários a seguirem certos princípios que não fariam caso fossem agir por conta própria.

MECANISMOS-CHAVE PARA A GOVERNANÇA DIGITAL

Ao construir a governança digital de uma empresa, é preciso pensar em como usar os seus três principais mecanismos: comitês, papéis de liderança e unidades digitais compartilhadas. Cada um desses mecanismos tem seus prós e contras em termos de obtenção de compartilhamento e coordenação. E cada um deles pode ser mais ou menos apropriado para a cultura de uma dada companhia. Uma de suas tarefas como executivo é escolher os mecanismos que fornecem os níveis corretos de coordenação e compartilhamento de recursos específicos e, ao mesmo tempo, administrar quaisquer conflitos culturais que as novas ferramentas possam criar.

Comitês de Governança

Se a sua empresa estiver prestando atenção ao ritmo acelerado de mudanças de tecnologias, provavelmente você já deve ter estabelecido comitês-executivos para conduzir algumas atividades digitais. Os comitês são uma maneira relativamente fácil de iniciar a coordenação. Infelizmente, raramente eles fornecem governança suficiente – especialmente nas empresas em que nem todas as unidades estão de acordo com a visão digital.

Os *comitês diretores* são os mais comuns. Esses grupos, formados por alguns dos principais executivos da empresa, tomam decisões como: a ratificação de políticas, a priorização de interesses conflitantes e a eliminação de projetos que agregam pouco valor. Através do seu poder de estabelecer políticas e alocar recursos, os comitês diretores podem ajudar a empresa a atuar de maneira unificada. A Volvo, por exemplo, tem um comitê enérgico que conduziu o lançamento de seu conceito de "carros conectados". Ele ajudou a alinhar as atividades entre as unidades de engenharia e fabricação e estabeleceu políticas para atender preocupações dos revendedores sobre o fato de a corporação estar começando a falar diretamente com os clientes[24].

Os comitês diretores também podem justificar investimentos que as unidades de negócios talvez não quisessem assumir por conta própria. Um exemplo seria o investimento de uma empresa industrial em uma plataforma global para clientes: "Este investimento baseou-se basicamente naquilo que eu chamaria de 'estudo de viabilidade artístico', e não de um 'estudo de viabilidade científico' e era isso que precisava ser feito", explica um alto executivo. "Fizemos isso suficientemente grande para ser bem-sucedido, mas suficientemente pequeno para não ser estúpido."

Algumas empresas também criam *comitês de inovação* para administrar tecnologia emergente. Os comitês não fazem o trabalho de inovação; eles exercem uma função de supervisão e de estabelecimento de políticas. Também identificam desafios que podem ser solucionados através da inovação, financiam experimentos e projetos-piloto e consideram como adotar mudanças úteis.

O Northwestern Mutual estabeleceu um comitê de inovação para se manter a par e atender demandas em constante mudança dos representantes financeiros independentes que trabalham para a empresa. Como os representantes começaram a usar *tablets* e mídias sociais, o comitê investigou como utilizar esta tecnologia de uma forma que fosse eficiente, segura e alinhada com as exigências legais. O objetivo do comitê não era o de impedir uma ação indesejada, mas sim de ajudar a empresa a inovar de forma segura através de novos processos e tecnologias. De acordo com um executivo: "Não podemos ser lentos ao pensarmos sobre essas tecnologias já que nossa equipe de campo as adota rapidamente. Temos preocupações referentes à legislação com as quais devemos lidar, bem como desafios nas áreas de treinamento e educação. Precisamos de pessoas com diferentes perspectivas conversando entre si sobre tais tecnologias emergentes."[25]

Os comitês de inovação ajudam a escolher os padrões de tecnologia e a estabelecer políticas antes de investir em capacidades que serão compartilhadas pelos diversos setores da organização. Assim explica um executivo: "Estamos reunindo todos aqueles capazes de dizer: 'Uau, podemos fazer isto. Isto não é problema.' Estes são nossos arquitetos de TI. E depois, teremos todos os demais dizendo: 'Bem, se fizermos isso, como proteger nossa confidencialidade? Como preservar dados? Como treinar o pessoal? O que será preciso fazer para tornar isso útil antes de aprovar oficialmente o seu emprego em campo?' Portanto, isso leva para a mesa de discussão todos os níveis corretos de perspectivas."[26]

Funções da Liderança Digital

Os comitês podem tomar decisões, mas não podem orientar a mudança. Entre as novas funções de liderança temos os CDOs (*Chief Digital Officers*), que conduzem a transformação digital para toda a empresa ou unidades de negócios, bem como outras funções de ligação abaixo dessa.

CDOs

Em março de 2012 a Starbucks nomeou Adam Brotman como seu primeiro CDO, subordinado diretamente ao CEO. De acordo com Brotman, a forma digital "tem sido uma parte essencial de como construímos nossa marca e nos ligamos a nossos clientes (...) Houve uma mudança de tal magnitude [em nossas interações com os consumidores] que precisamos nos recompor e nos reorganizar e torná-la uma prioridade."[27]

O papel do CDO é transformar uma cacofonia digital em uma sinfonia. Ele cria uma visão digital unificadora, estimula a empresa a cerca das possibilidades digitais, coordena as atividades virtuais, ajuda a repensar produtos e processos para a era digital e, por vezes, fornece ferramentas ou recursos críticos. Um líder desses pode fazer tudo isso sozinho ou com a ajuda de comitês ou unidades digitais.

Alguns CDOs têm apenas a responsabilidade de estabelecer uma visão e coordenar as atividades digitais. Estas tarefas são relativamente fáceis de serem trabalhadas, na maioria das empresas, já que elas representam uma ameaça pequena para gestores autônomos. Em geral, encontramos pessoal júnior nesse tipo de função de CDO. Eles dão sugestões e criam energia, mas usualmente dependem de outros para conduzir uma verdadeira mudança.

Entretanto, muitos CDOs também têm como encargo criar sinergia e liderar a transformação. Estas tarefas podem ser bem mais difíceis em empresas com um histórico de descentralização e autonomia. Quando o cargo de CDO é criado, surgem anticorpos organizacionais para atacá-lo. Chefes de unidades locais podem rejeitar o que eles veem como "uma interferência desnecessária" de uma função que eles consideram ilegítima. É por isso que a função de CDO requer um líder respeitado. E exige a comunicação firme por parte da cúpula da empresa de que a função e sua respectiva autoridade são efetivas.

Na Starbucks, Brotman é responsável pelas comunicações via web, pelos dispositivos móveis (inclusive mídias sociais), pelos cartões Starbucks, pelos programas de fidelidade, pelo Wi-Fi disponibilizado dentro das lojas, pela Starbucks Digital Network, e pelas equipes de entretenimento e "digitais" dentro dos pontos de venda. Ele ganhou respeito no desempenho de cargos anteriores, dentro da própria empresa, e tem o CEO como seu principal apoiador.

A Volvo contratou um alto executivo muito experiente para assumir a responsabilidade pelo conceito de "carros conectados". Com o apoio de um comitê diretor enérgico, ele orienta a coordenação e o compartilhamento através dos setores como design de produtos, fabricação, marketing e atendimento pós-venda.

Sua empresa pode ou não querer nomear um novo alto executivo para administrar a transformação digital. Mas, as responsabilidades do CDO serão necessárias. Pode-se nomear um CDO temporário para colocar "ordem na casa" ou, então, desenvolver outras maneiras de se ter o trabalho realizado. Independentemente da abordagem escolhida, em longo prazo, é preciso criar níveis apropriados de sinergia concernente a tecnologias digitais, integração de marcas, coordenação de investimentos, desenvolvimento de habilidades, administração de fornecedores e inovação.

Ligações Digitais

Funções oficiais de ligação, como os "defensores digitais" que mencionamos no capítulo anterior, podem direcionar a transformação digital no nível local. Membros da equipe de aceleração digital da Nestlé desempenham um papel informal de governança ao tomarem parte de diálogos em suas unidades e compartilharem práticas entre as unidades[28]. Porém, grandes empresas geralmente requerem um papel de ligação mais firme – alguem que atue como um mini-CDO para cada unidade de negócios.

Quando o CEO da Prisa decidiu estabelecer governança digital, ele contratou um CDO para o grupo. Esse CDO criou a unidade digital compartilhada, conduziu o desenvolvimento e o lançamento de um sistema global para gerenciamento de conteúdo e direcionou a maioria das questões relacionadas ao campo digital. Na cultura corporativa altamente descentralizada da Prisa, o CDO de grupo tinha autoridade limitada para encaminhar o processo de mudança em cada um dos veículos de comunicação ao redor do mundo. Por outro lado, o CEO ordenou que cada veículo nomeasse o seu próprio CDO. Esses CDOs locais, que tipicamente eram gerentes de longa data das unidades, tinham o mandato para conduzir a transformação digital em suas divisões e, ao mesmo tempo, fazer a coordenação com o CDO de grupos e entre as divisões[29].

Unidades Digitais Compartilhadas

Os comitês podem decidir e os líderes podem orientar a mudança. Mas, a implementação de transformações requer um conjunto centralizado de expertise e recursos. Unidades digitais, como aquelas criadas pela P&G, Nike e Prisa, são uma forma muito efetiva de conduzir e impulsionar a transformação digital. As unidades digitais variam de tamanho e função, mas todas têm um objetivo em comum: criar sinergia para toda a empresa. Algumas apenas ajudam as unidades de negócios a conduzirem as iniciativas digitais, mas todas têm recursos como habilidades, infraestrutura e capital que podem ser compartilhados dentro da empresa.

As unidades digitais podem fazer o que os comitês e os líderes não podem realizar por conta própria. Elas criam infraestrutura em comum, como bancos de dados de clientes unificados, uma plataforma *wireless* corporativa, equipes de *analytics* avançada e laboratórios de inovação. Um alto executivo de uma seguradora de alcance mundial explica: "Não teria o menor sentido diferentes entidades do grupo desenvolverem tudo que for relacionado com o digital por conta própria. Isto custa tempo e dinheiro, e exige coordenação. E ao fazerem isso por conta própria, eles não se beneficiariam da experiência acumulada por toda a empresa."

Construir infraestrutura digital e desenvolver habilidades de forma centralizada cria um incentivo para as unidades locais ficarem de acordo com o novo padrão. A decisão vai desde "Quanto custaria para nós fazermos isso por nossa conta?" a "Como tirar o máximo proveito da plataforma centralizada?" ou então "Como alavancar o máximo possível essas capacidades?" Na Prisa, por exemplo, a unidade digital era essencial na criação de um sistema global para gerenciamento de conteúdo. Os líderes de cada veículo de comunicação não tinham incentivos para investir no sistema, mas o esforço no nível corporativo criou um sistema do qual todos os veículos podiam tirar proveito. Através do novo sistema, os jornalistas de cada meio de comunicação puderam armazenar, buscar e compartilhar mídias como texto, entrevistas em áudio e videoclipes com outros veículos da Prisa espalhados ao redor do mundo.

Algumas unidades virtuais fornecem expertise digital para o restante da companhia. Ao entrevistarmos 150 executivos sobre a transformação digital, a barreira mais importante que eles identificaram foi a falta de especialização. Entre as empresas por nós estudadas, 77% citou desafios de capacitação em áreas como mobilidade (dispositivos móveis), *analytics* e mídias sociais[30]. As organizações estão recrutando ativamente experts nestas áreas, com graus variáveis de sucesso. Abrigar tais habilidades na unidade digital possibilita que a empresa contrate os especialistas certos e os utilize para todos os setores. Muitas unidades também aumentam a sua capacitação através de treinamento e compartilhamento de conhecimento, conforme discutiremos no Capítulo 12.

As unidades digitais podem exercer poder e conseguem influenciar mais que os comitês de pouco peso ou as funções de liderança conseguem fazer. Mas, não pense em investir pouco tempo e dinheiro. As unidades digitais requerem aplicações significativas em recursos, além da atenção da gerência. Por exemplo, a unidade digital da Nike desempenha um papel nas atividades digitais por toda a empresa. Ela coopera no marketing e em outras iniciativas, fornecendo habilidades fundamentais. Tal unidade contém um conjunto de grupos de inovação para esclarecer a visão de futuro, identificar novas oportunidades tecnológicas e construir novas capacidades. Ela também serve como abrigo para produtos digitais. E fazer tudo isso em uma empresa tão empreendedora e rápida quanto a Nike exigiu pulso firme da cúpula da empresa, contratação de líderes experientes para realizar diferentes funções e vários milhões de dólares por ano. Mas, o seu impacto tem feito o investimento valer a pena.

ENCONTRANDO OS MELHORES MECANISMOS DE GOVERNANÇA PARA A SUA ORGANIZAÇÃO

Para elaborar governança para a sua organização, comece pelos tipos de comportamento que deseja encorajar. O que é preciso para coordenar? Qual nível de compartilhamento se deseja encorajar? Considere o quão bem sua organização irá fazer essas coisas por conta própria ou como poderia fomentar quaisquer "atos não naturais" necessários.

Organizações altamente descentralizadas podem precisar de firme governança centralizada para garantir compartilhamento e coordenação, mas talvez fossem capazes de usar governança menos estrita para supervisionar a inovação local. Organizações extremamente burocráticas ou centralizadas podem achar a coordenação e o compartilhamento mais naturais, mas talvez precisem de alguma ajuda extra para inovar ou transformar seus processos.

Cada mecanismo de governança possui suas vantagens e desvantagens (Tabela 7.1). Adicionalmente, alguns deles podem se adequar naturalmente à cultura de sua organização, ao passo que outros exigirão firme esforço "de cima para baixo" para serem implementados.

TABELA 7.1

Os mecanismos de governança digital possuem vantagens e desvantagens

	Papel na coordenação e compartilhamento	Benefícios e desafios típicos
Unidades digitais compartilhadas	O *compartilhamento* é o principal objetivo, através do acúmulo de recursos especializados e do fornecimento de infraestrutura. Os padrões e políticas criados pela unidade fornecem certa *coordenação* e *compartilhamento*. Entretanto, uma *coordenação* mais firme das iniciativas digitais requer mecanismos adicionais.	*Benefícios*: novas habilidades digitais, serviços digitais compartilhados e economia de escala. *Desafios*: estrutura e posicionamento na organização, dificuldades de coordenação com líderes de unidades locais e definição de catálogo de serviços.
Comitê de governança	A *coordenação* é o principal objetivo. Entretanto, algumas decisões e políticas podem exigir o *compartilhamento* de recursos e capacidades específicas.	*Benefícios*: políticas e padrões digitais, otimização de recursos e adoção de novas tendências digitais. *Desafios*: em geral, são necessários mecanismos adicionais para conduzir a transformação ou para fazer cumprir padrões e políticas.
Papéis da liderança digital	Estes papéis impulsionam o compartilhamento ao encorajar o uso de recursos digitais fundamentais. Eles também auxiliam na *coordenação* de diferentes iniciativas e unidades organizacionais.	*Benefícios*: visão digital compartilhada, mudança na cultura e maior conformidade com as políticas. *Desafios*: responsabilidade e autoridade, relação entre unidades corporativas e locais e coordenação entre níveis.

Fonte: Adaptado de Maël Tannou e George Westerman, "Governance: A central component of successful digital transformation", Capgemini Consulting e MIT Center for Digital Business, ago./2012.

Unidades digitais compartilhadas podem criar grande sinergia em torno de infraestrutura, ferramentas, padrões e capacidades. Quando as unidades digitais funcionam, elas aceleram a inovação, impulsionam a eficiência, podem agregar recursos financeiros, ferramentas digitais e pessoas com habilidades específicas para o desenvolvimento de serviços digitais para todas as unidades da empresa. Determinado nível de coordenação advém naturalmente à medida que as unidades desenvolvem padrões de tecnologia e implementam políticas que orientem o uso de seus serviços. Contudo, há desafios a serem enfrentados para definir a estrutura e o posicionamento corretos na organização. Mesmo que estruturados corretamente, a unidade pode adotar um foco voltado para dentro, perdendo contato com as necessidades das diferentes unidades de negócios. Além disso, poderão existir dificuldades de financiamento e coordenação, especialmente se os executivos, em alguma parte da organização, enxergarem a unidade como uma ameaça à sua autonomia.

Os *comitês de governança* buscam coordenação: tomar decisões referentes a investimentos, priorizar recursos e estabelecer políticas e padrões. O objetivo é sincronizar as atividades de toda a empresa sem adicionar muita burocracia. Quando funcionam, estes comitês conseguem manter todo mundo caminhando na mesma direção. Entretanto, eles tendem a ser limitados nas tomadas de decisão, não as fazendo. Por falta de pessoal, eles têm uma capacidade menor para administrar as atividades de perto ou para criar novas atividades. Em geral, são necessários mecanismos adicionais para conduzir a transformação ou para fazer cumprir padrões e políticas.

Os *papéis da liderança digital* podem impulsionar o compartilhamento ajudando as unidades locais a descobrirem quando (e como) adotar soluções no nível da empresa ou usar recursos centralizados. Esses papéis também coordenam as diferentes iniciativas e unidades organizacionais. Quando funcionam, eles podem garantir que a visão digital seja compartilhada por toda a empresa. Eles conseguem fomentar mudanças na cultura, aperfeiçoar o cumprimento das políticas e facilitar a transição para novas formas de trabalho. Entretanto, estes papéis também representam desafios. Se os altos executivos não os levarem a sério, poderão preenchê-los com pessoas que não possuem a experiência ou influência para serem bem-sucedidas. Outro desafio é inerente no papel em si. As ligações precisam equilibrar os interesses tanto da empresa quanto das unidades de negócios. Isso pode ser muito difícil de se fazer de forma consistente e imparcial, especialmente se você estiver fisicamente alocado em uma área ou na outra.

TOME MEDIDAS AGORA PARA CONSTRUIR A GOVERNANÇA DIGITAL

A governança digital não deve ser deixada ao acaso. Uma governança ineficaz cria desperdício e oportunidades perdidas, tornando a transformação digital mais arriscada e custosa que o necessário. Ela requer elaboração consciente e comprometimento da maioria dos altos executivos da empresa. O modelo de governança correto fornece os níveis apropriados de coordenação e o compartilhamento de iniciativas digitais, alinhadas com a estrutura, a cultura e as prioridades estratégicas da companhia. Nenhum modelo é ótimo para todas as empresas, mas a falta dele jamais será boa.

O seu modelo de governança digital irá usar combinações dos três mecanismos para diferentes atividades e para diferentes níveis da organização. Os executivos da Nike optaram por construir a governança em torno de uma nova unidade digital, juntamente com um comitê diretor e novas funções. A Asian Paints usou um comitê diretor, mas considerou a unidade de TI como sua unidade digital, com o CIO desempenhando a função de CDO. A Nestlé montou uma equipe de aceleração digital e papéis de "defensores digitais", mas não um comitê diretor. O Northwestern Mutual criou comitês, mas não uma unidade digital ou novas funções.

Seja qual for a opção adotada, lembre-se de uma coisa: os modelos de governança não devem ser estáticos. Será preciso ajustar os arranjos de governança à medida que as capacidades digitais da empresa forem aumentando, bem como a situação competitiva for mudando. É possível entender quando é chegado o momento de revisar seus modelos de governança prestando atenção nos comportamentos que ela supostamente irá melhorar e ajustando-a para encorajar novos comportamentos. Pode ser necessário criar um maior controle centralizado sobre as atividades digitais ou então desenvolver capacidades adicionais em sua unidade digital. Ou, conforme a coordenação e o compartilhamento passarem a fazer parte da cultura, talvez seja possível transferir grande parte desta governança para as unidades de negócios.

LISTA DE VERIFICAÇÃO PARA CONDUZIR A TRANSFORMAÇÃO DIGITAL: GOVERNANÇA DIGITAL

✓ Busque internamente (por exemplo, em TI, no departamentos financeiro, no RH e no orçamento de capital) práticas de governança eficazes.

✓ Considere quais decisões no âmbito digital devem ser conduzidas nos níveis mais altos da companhia e quais podem ser delegadas a níveis mais baixos.

✓ Designe uma pessoa para orientar a transformação digital, seja esta um CDO ou outro líder.

✓ Identifique os mecanismos de governança como comitês e ligações para auxiliar na governança.

✓ Examine se é preciso uma unidade digital compartilhada, inclusive os recursos que ela terá e as funções que irá desempenhar.

✓ Ajuste os modelos de governança à medida que as necessidades de governança de sua empresa forem mudando.

CAPÍTULO 8

DESENVOLVENDO CAPACIDADES DE LIDERANÇA TECNOLÓGICAS

Somos mais fortes quando ouvimos e mais inteligentes quando dividimos.

— RANIA AL-ABDULLAH

Se, antes de ler este livro, lhe pedíssemos para pensar a respeito sobre o que faz a liderança funcionar, é provável que você pensasse (entre outras coisas) em visão, governança e envolvimento. Estas três ferramentas são essenciais para guiar qualquer tipo de transformação importante[1]. Porém, outro elemento fundamental das capacidades de liderança digital não é necessariamente algo que você possa imaginar como liderança. Trata-se do estreito relacionamento que os "Mestres Digital" encorajam entre os líderes das áreas de TI e comercial e a maneira como as empresas usam esta relação para orientar a mudança em suas plataformas internas e em suas habilidades relacionadas ao âmbito digital. Elas são o que chamamos de capacidades de liderança tecnológicas e são essenciais para impulsionar a transformação que se baseia em tecnologia digital.

LIDERANÇA TECNOLÓGICA NO LLOYDS BANKING GROUP

O Lloyds Banking Group (LBG), com sede em Londres, é um dos maiores bancos do mundo, com mais de 1 trilhão de dólares em ativos. Em 2006, os executivos do LBG começaram a compreender que a plataforma on-line existente para pessoas, embora funcionasse bem, não poderia ser expandida para atender as novas necessidades que a empresa teria no futuro. Pouco depois, uma fusão com o Halifax Bank of Scotland tornou a situação premente, já que esta junção significava um acréscimo de milhões de clientes ao já esgotado sistema.

A equipe executiva pediu a um líder da área comercial, Ashley Machin e a um alto executivo da área de TI, Zak Mian, para repensarem a abordagem da empresa para serviços bancários digitais distintos a pessoas físicas. A dupla se conhecia "apenas de vista", mas logo se formou uma sólida relação de trabalho. Começando em pequena escala, eles elaboraram um plano para substituir a plataforma antiga por uma nova e mais expansível – um verdadeiro investimento para a futura estratégia digital da companhia. Essa primeira etapa foi o início de uma parceria que começou a transformar praticamente todas as relações digitais entre o banco e os clientes, e foi crescendo depois.

Machin descreve como se iniciou a transformação:

> *Os mais altos dirigentes do banco fizeram algo bastante corajoso que tradicionalmente não se faria. Analisamos o que queríamos alcançar e a infraestrutura que tínhamos naquele momento. E nossa recomendação foi: "Sabe de uma coisa? Primeiro iremos investir alguns anos apenas construindo e completando uma nova infraestrutura." E os únicos benefícios para os clientes no final desta nova infraestrutura serão uma interface redesenhada com o usuário e, por conseguinte, a experiência do consumidor. E teremos uma plataforma de ponta que permitirá a nós responder mais rapidamente aos clientes.*
>
> *Preparamos um discurso de persuasão e o banco apoiou um programa que dizia: "Vamos construir uma base que durará décadas." Trata-se de um enorme investimento inicial sem um verdadeiro retorno. O único resultado era o de colocar o banco em condições de produzir, em grande quantidade, processos e ofertas para o cliente de uma maneira que a concorrência não podia fazer[2].*

Além de repensar a plataforma, os dois dirigentes também repensaram a forma como as áreas de TI e comercial trabalhavam juntas. Compreendendo que a equipe precisava funcionar mais rápido que os processos tradicionais de desenvolvimento de TI conseguiam, eles criaram uma nova unidade que reuniu talentos de ambas as áreas. Em vez de o comercial apresentar as necessidades e a TI fornecer tecnologia, profissionais dos dois setores da empresa trabalharam unidos para inovar os processos da companhia. A equipe assumiu a responsabilidade não apenas pelo fornecimento de tecnologia, mas também por garantir as mudanças que fossem necessárias nos processos de negócios para gerar os benefícios esperados. Machin e Mian contrataram pessoal de dentro e fora da companhia, formaram uma equipe com consultores de desenvolvimento de sistemas na Índia e no Reino Unido, e colocaram a "mão na massa".

Uma vez pronta a plataforma básica, a equipe começou a assumir novos desafios como, por exemplo, processamento de cartões de crédito. Assim disse Mian: "Estendemos a plataforma para pessoas físicas e também para empresas até o ponto em que era chegado o momento de dar nova energia à agenda de transformação, em vez da agenda de reformulação de plataformas." A demanda deslanchou e os responsáveis de várias unidades (como cartões de crédito, hipotecas e produtos comerciais) pediram ajuda para transformar digitalmente seus setores.

Olhando para trás, diz Machin: "Umas das perguntas frequentes que me faziam era 'Como você fez para conseguir um relacionamento tão integrado e simbiótico entre as áreas de TI e comercial?' E de forma bem simples, acredito que a resposta seja, é preciso ter uma paixão em comum pelos resultados desejados e possuir uma relação de confiança de que ambas as partes estão determinadas a fazer a coisa certa para os clientes e, ser ligeiramente agnóstico, digamos assim, sobre como chegar lá."

A sólida parceria TI-Comercial e a habilidade de proporcionar aos clientes experiências digitais excelentes, retorno sobre o investimento e tecnologia flexível valeu a pena tanto para a equipe quanto para a empresa. Em 2013, o CEO António Horta-Osório reconheceu que o grupo tinha uma oportunidade para reforçar e acelerar os planos da empresa e desenvolver propostas digitais para todas as divisões do grupo com contato direto com o cliente. Em setembro daquele ano, Horta-Osório criou o cargo de "chefia do departamento digital" para um grupo, no nível de comitê executivo, subordinado diretamente a ele, construindo uma nova divisão digital sob comando de Miguel-Ángel Rodríguez-Sola, diretor de desenvolvimento digital, de marketing e de captação de clientes. Esta unidade digital, agora com a força de mais de mil colaboradores, mudou-se para um local exclusivo. Comentando sobre planos futuros, Mian acrescentou: "O que me deixa confiante é que embora saibamos que precisamos continuar a adaptar e aprender, uma única agenda e a integração das equipes de TI e comercial agora faz parte de nosso DNA."

TRÊS ELEMENTOS DE CAPACIDADE DE LIDERANÇA TECNOLÓGICA

Como demonstra o caso do Lloyds, a liderança tecnológica não diz respeito apenas a líderes de TI, embora eles façam parte dela. Não se trata somente de habilidades técnicas, ainda que estas sejam essenciais. Trata-se de mesclar as habilidades e as perspectivas dos líderes das áreas comercial e de TI, de modo a poderem conduzir a transformação juntos.

Quando o relacionamento TI-Comercial é estreito, o pessoal de TI pode sugerir novas oportunidades e os funcionários da área comercial escutar. O pessoal da área comercial tem um instinto para os problemas que decisões técnicas inadequadas podem gerar, de modo que eles tomam melhores decisões, sem a necessidade do CIO lhes dar uma aula sobre padrões e procedimentos. Os grupos comercial e de TI são capazes de se movimentarem mais rapidamente juntos do que se o fizessem isoladamente, podendo realizar experimentos, lançar novas capacidades e transformar plataformas defasadas melhor que empresas externas conseguem fazer.

Portanto, ao falarmos de liderança tecnológica não iremos focar apenas na relação dos líderes. Examinaremos também o que eles fazem com essa relação – desenvolver capacidades digitais e transformar a plataforma tecnológica que sustenta todos os processos digitais, englobando o envolvimento com o cliente, atividades e modelos de negócios.

A IMPORTÂNCIA DE UM RELACIONAMENTO ESTREITO ENTRE AS ÁREAS DE TI E COMERCIAL

Muitos executivos nos disseram que, dado o desempenho medíocre de suas unidades de TI, eles iriam encontrar outra forma de conduzir suas transformações digitais. Os líderes da área comercial avançariam, *apesar* de suas unidades de TI e não com eles(/elas). Isso não acontece com os "Mestres Digitais" que possuem um relacionamento TI-Comercial muito mais estreito que os que não são mestres. Em nossa pesquisa, a medida precisa que usamos foi um conceito bem conhecido da literatura de pesquisa em TI: *entendimento comum*[3]. O conceito é um composto de quatro itens de pesquisa de opinião que avalia o grau em que executivos das áreas de TI e comercial têm uma visão em comum do papel da Tecnologia da Informação na organização, inclusive seu potencial de aumentar a produtividade e servir como uma arma para vantagem competitiva, bem como uma visão comum das prioridades. Os "Mestres Digitais" apresentaram um nível de entendimento comum médio estatisticamente mais elevado (32%) que os que não são mestres[4].

Entendimento comum é o ponto de partida para mudanças maiores na relação TI-Comercial e na natureza da TI por si só. Nas empresas que são "Mestres Digitais", os executivos das áreas comercial e de TI depositam confiança e têm um profundo respeito uns pelos outros. Eles também são bem claros em seus papéis, já que trabalham juntos para fazer com que a transformação digital aconteça. Isso se traduz naquilo que eles podem fazer. Os "Mestres Digitais" informaram ter um sentimento de controle sobre o próprio destino 21% maior que os não mestres, uma diferença que também é estatisticamente significativa[5]. Ao trabalharem juntos, esses líderes podem fazer o que precisam, conseguindo realizar mais coisas. As capacidades digitais das empresas mestres são maiores e o estado de suas plataformas digitais é melhor que o encontrado nas companhias que não são mestres.

Quando o relacionamento é estreito, a parceria TI-Comercial funde conhecimentos sobre o cliente e o produto, conhecimento técnico, capacidades para realizar mudanças na organização e capacidades de TI em uma contínua colaboração. Infelizmente, em muitas empresas, a relação se parece mais com um casamento conturbado do que com uma parceria que funciona de forma harmoniosa[6]. As conversas são cheias de conflito e o nível de colaboração é mínimo. O relacionamento insatisfatório atua como uma desvantagem que pode retardar a ação e aumentar o risco da mudança.

As Causas de uma Relação TI-Comercial Insatisfatória

Um união insatisfatória entre os líderes das áreas comercial e de TI pode ter várias causas. Algumas vezes é a personalidade do líder de TI. Uma queixa comum entre os altos executivos é que seu CIO da área de tecnologia parece falar uma língua diferente da linguagem comercial. Outra é que ele parece não entender o que realmente é importante. Por exemplo, o CIO de uma indústria química que nós entrevistamos, descreveu como ele se comunica regularmente com os executivos da área comercial sobre as possibilidades inovadoras das tecnologias digitais. Embora nenhum de seus colegas da área comercial (que foram entrevistados por nós separadamente) tenha dado demonstração de achar as discussões plausíveis.

Algumas vezes, o problema surge da capacidade de fornecimento da área de TI. De acordo com Bud Mathaisel, que atuou como CIO em várias empresas de grande porte, "Tudo começa pela competência em fornecer serviços de modo confiável, econômico e de altíssima qualidade. Isso é absolutamente essencial até mesmo para ser convidado para uma conversa importante sobre como desenvolver esta competência para fazer algo bem interessante com ela."[7] Infelizmente, algumas unidades de TI, atualmente, não têm tal competência. Um executivo da área comercial por nós entrevistado disse: "O departamento de TI é uma bagunça. Seus custos são inaceitáveis. Ele propõe coisas em nove ou dez meses, quando empresas externas contratadas poderiam fazê-lo em um prazo de três a nove semanas. Começamos a transferir nossas atividades de TI para outros países e agora nosso pessoal interno está tentando mudar de comportamento." Um legado de comunicação ineficaz, processos decisórios complicados e compromissos violados não é uma base sobre a qual se pode construir um relacionamento estreito entre as áreas de TI e comercial.

Porém, nem sempre a culpa é apenas dos líderes de TI. Em muitos casos, os executivos da área comercial têm parte da responsabilidade. Conforme mostraremos mais tarde, ainda neste capítulo, uma área de TI de alto desempenho requer uma boa plataforma digital e boas plataformas exigem disciplina. Se a sua abordagem de trabalho com a área de TI for caracterizada pela impaciência, expectativas não razoáveis ou pela insistência em fazer as coisas da sua maneira, então você precisará pensar em como mudar o seu lado da relação.

Independentemente da causa, se o relacionamento TI-Comercial for insatisfatório, é essencial resolver o problema. Um executivo de um banco afirmou: "A área de TI tem se aproximado da comercial durante os últimos cinco anos. É muito importante ter sucesso, pois muitas das transformações importantes em nossa empresa são possíveis graças à tecnologia." Através de relações estreitas, os executivos da área de TI podem ajudar aqueles da área comercial a atingirem os seus objetivos, desde que os executivos da área comercial deem atenção às sugestões sobre inovações do pessoal de TI.

Os líderes de ambas as áreas estão dispostos a serem flexíveis na criação de novos mecanismos de governança ou unidades digitais de uso comum. Na Codelco, Asian Paints e P&G o CIO até lidera a transformação digital para a empresa.

Melhorando a Relação TI-Comercial

Portanto, como dar início a uma melhoria na relação entre as áreas de TI e comercial? Angela Ahrendts, CEO da Burberry, disse ao seu CIO que ele precisava ajudar a "dirigir o ônibus" junto com a equipe executiva[8]. Entretanto, a liderança deve mudar e os mandatos "de cima para baixo" são apenas o início da mudança. Poucos CIOs podem transformar o negócio por conta própria e nem todos os executivos comerciais subirão no ônibus com o CIO, mesmo que este o exija.

Solucionar o relacionamento TI-Comercial pode levar tempo, pois vai acontecendo à medida que as pessoas forem aprendendo como confiar umas nas outras e a redefinirem a maneira como elas trabalham juntas. Como acontece com qualquer relação difícil, o melhor ponto de partida é as pessoas resolverem a forma de comunicação entre elas. Os investimentos em TI são realmente altos ou são razoáveis, dado o que a área tem de fazer? A unidade de TI é de fato burocrática ou todos esses procedimentos atendem realmente um propósito útil? Você é um bom parceiro do departamento de TI ou um difícil? Como a TI pode facilitar aquilo que você precisa e, ao mesmo tempo, garantir que as coisas sejam feitas corretamente? Quais investimentos ajudam a TI a aprimorar seus processos internos, tecnologia, eficiência nos custos, qualidade ou agilidade[9]?

Pesquisas do MIT sobre as reviravoltas da TI identificaram uma série de medidas que pode mudar a TI de um centro de custos pouco respeitado para um parceiro comercial altamente funcional[10]. O mecanismo-chave para a mudança é a transparência em torno do desempenho, funções e valor. A primeira medida é ajudar os funcionários de TI a repensarem (e falarem a respeito) sobre o que eles fazem. O segundo passo é deixar bem claro o quão bem (ou mal) a área de TI gera valor em troca do investimento feito – os serviços justos na qualidade certa e pelo preço correto, e em que pontos ainda existem problemas. Depois, um terceiro passo diz respeito a mudar a forma como os líderes das áreas de TI e comercial tomam decisões relativas a investimentos e avaliam os retornos gerados pelos projetos. Através da transparência relativa às funções, desempenho e investimentos ambas as partes podem tomar decisões sem sobressaltos e trabalharem juntas na identificação e na criação de inovações.

Criando TI de Dupla Velocidade

Mudar a relação TI-Comercial vale a pena, mas fazer isso leva tempo. Talvez a empresa não tenha a possibilidade de aguardar antes de começar uma transformação digital. Em vez de aperfeiçoar a unidade de TI, algumas organizações tentam desenvolver capacidades digitais em outra unidade, como marketing, por exemplo. Elas procuram trabalhar evitando o departamento de TI, em vez de funcionarem com ele.

Embora o desenvolvimento de capacidades digitais seja útil, tentar evitar a TI pode ser uma jornada cheia de desafios, especialmente se as pessoas não entenderem as razões para os processos sistemáticos, por vezes pesados, da TI. Esse tipo de "ataque pelos flancos" pode causar desperdício de dinheiro, tornando mais complexa a plataforma e, pior ainda, faz a empresa correr riscos em termos de segurança e legislação.

Uma abordagem melhor seria criar uma estrutura de TI de dupla velocidade, em que parte da unidade continue a apoiar as necessidades tradicionais do setor, enquanto outra parte assume o desafio de operar em "velocidade digital" com a área comercial. As atividades digitais – particularmente aquelas envolvendo a participação de clientes – caminham mais rapidamente que muitas atividades tradicionais de TI. Elas veem os processos de projeto de forma diferente. Enquanto projetos de TI tradicionalmente têm dependido de planejamentos claros e bem estruturados, em geral, as atividades digitais envolvem estratégias de tentativa e erro, testando recursos em experimentos reais e rapidamente acrescentando-os ou eliminando-os conforme o que foi constatado.

Em uma abordagem de velocidade dual, a unidade digital pode desenvolver processos e métodos em ritmo acelerado mais próximo daquilo que realmente acontece no mundo digital, sem perder de vista as razões para a existência dos antigos processos de TI. Os líderes da Tecnologia da Informação podem estabelecer relações informais dentro do departamento para ter acesso a sistemas antigos ou fazer com que outras mudanças aconteçam. Os líderes da área comercial podem usar suas redes para obter informações e recursos. Os executivos tanto da área comercial quanto de TI podem, até mesmo, trabalhar juntos segundo o método de liderança *two-in-a-box*[NT-1] que a LBG e outras empresas adotaram.

Construir unidades digitais de velocidade dual requer escolher os líderes certos de ambos os lados da relação. Os executivos da área comercial precisam se sentir à vontade com a tecnologia e serem desafiados por seus pares de TI. Já os líderes de TI necessitam de uma forma de pensamento que vá além da tecnologia para englobar os processos e fatores que impulsionam o desempenho comercial. As lideranças de ambas as partes precisam ser hábeis comunicadores, capazes de mudarem facilmente o tipo de conversa, seja voltada para o pessoal comercial seja para o pessoal de TI.

A TI de dupla velocidade também requer perspectiva em relação ao valor da velocidade. Nem todas as atividades digitais precisam de processos velozes e em contínua mudança, exigidos pelos processos digitais onde há a criação de vínculos com os clientes. Na realidade, os elementos de tecnologia subjacente que alimentavam a nova plataforma da LBG, a excelência operacional da Asian Paints e as melhorias na cadeia de suprimentos digital da Nike exigiram raciocínios sistemáticos cuidadosos que davam sustentação às práticas de TI tradicionais. Realizar esse tipo de grande implementação, segundo um método de aprendizagem empírica, pode ser catastrófico. Ele pode aumentar o retrabalho, o desperdício de dinheiro e introduzir riscos relativos à segurança. Mas, uma vez que a plataforma esteja implantada, desenvolver novas capacidades digitais pode ser rápido, ágil e inovador. O segredo é compreender o que se precisa em cada tipo de projeto e o nível de flexibilidade e agilidade do mesmo. Os grandes líderes de TI sabem como fazer isso. Se associados aos líderes certos, da área comercial, eles poderão progredir de forma rápida e segura.

A TI de velocidade dual também cria processos novos dentro da tecnologia. Poucas organizações podem pacientemente aguardar ciclos mensais de liberação de software para todas as suas aplicações. Por exemplo, a empresa de hospedagem de imagens digitais Flickr almeja ter até dez instalações diárias, ao passo que outras requerem um número ainda maior[11]. Esse método de instalações contínuas requer disciplina rígida e colaboração entre o pessoal de desenvolvimento, testes e operações. Um bug de software, uma etapa que foi pulada na fase de testes ou um problema de configuração na instalação podem derrubar um site ou afetar milhares de clientes.

Um método de desenvolvimento de software relativamente novo chamado DevOps pretende tornar possível esse tipo de velocidade disciplinada.

Ele rompe silos entre os grupos de desenvolvimento, operacional e de garantia da qualidade, possibilitando que eles colaborem entre si de forma mais próxima e ágil. Quando realizado apropriadamente, o DevOps aumenta a velocidade e a confiabilidade do desenvolvimento e da implantação ao padronizar os ambientes de criação. Ele usa métodos e padrões robustos, inclusive a sincronização das ferramentas usadas por cada grupo[12].

O DevOps depende muito de ferramentas automatizadas para a realização das tarefas de testes, controle de configuração e implantação – atividades estas que são, ao mesmo tempo, lentas e sujeitas a erros quando efetuadas manualmente. Empresas que utilizam o DevOps precisam fomentar uma cultura em que diferentes grupos de TI possam trabalhar juntos e os funcionários aceitem as regras e métodos que tornam o processo eficaz[13]. A disciplina, as ferramentas e os processos robustos do DevOps podem ajudar o departamento de TI a liberar softwares mais rapidamente e com menos erros, bem como monitorar o desempenho e solucionar problemas de processos de modo mais eficaz que anteriormente[14].

Independentemente de o CIO da empresa assumir a responsabilidade de melhorar o relacionamento entre as áreas comercial e de TI ou que você decida ajudar a transformar isso em realidade, construir um estreito laço ente os executivos das áreas comercial e de TI é uma parte essencial para conduzir a transformação digital. Fortes vínculos entre estes setores transformam a maneira como a TI trabalha e a forma como a área comercial lida com ela. Através de confiança e compreensão mútuas, os especialistas de ambas as áreas poderão colaborar uns com os outros de forma mais próxima (como ocorreu na LBG) para inovar sua empresa em um "ritmo digital". Sem este tipo de relacionamento, sua companhia poderá se ver em apuros e presa a discussões intermináveis de exigências, projetos mal sucedidos e sistemas medíocres, enquanto os seus concorrentes aceleram, vivendo intensamente no mundo digital, e o deixam para trás.

DESENVOLVENDO HABILIDADES DIGITAIS

Criar experiências fascinantes ao cliente ou capacidades operacionais de um líder de mercado é mais que um desafio tecnológico. Trata-se também de um desafio de mudança organizacional que exige novas habilidades e novas maneiras de trabalhar. Contudo, 77% das empresas por nós entrevistadas em nosso primeiro ano de pesquisa citavam a falta de talentos digitais como um grande obstáculo para o sucesso de sua transformação digital[15]. Junto a este problema, a maior parte das companhias está em busca de bons profissionais – analistas de mídias sociais, profissionais de marketing para dispositivos móveis, arquitetos de computação em nuvem ou cientistas que lidem com dados, apenas para citar alguns.

Como os "Mestres Digitais" Desenvolvem Habilidades

Portanto, o que os "Mestres Digitais" estão fazendo de diferente no que tange às habilidades? Primeiramente, eles investem. Dos "Mestres Digitais" pesquisados, 82% estavam desenvolvendo as habilidades necessárias para sustentar suas iniciativas de transformação digital. Apenas 40% dos não mestres estavam fazendo isto.

Em segundo lugar, os "Mestres Digitais" estão acelerando e criando uma lacuna entre eles e os não mestres. Nossa pesquisa mostra que os mestres possuíam habilidades digitais melhores que os não mestres, refletidos em 31% a mais em termos de habilidades no campo das mídias sociais, 38% a mais no setor de mobilidade (dispositivos móveis) e 19% a mais em termos de *analytics*[16].

Contudo, os "Mestres Digitais" não nascem com mais habilidades. A Burberry não conseguiu a excelência no marketing digital da noite para o dia. A CEO Ahrendts contratou uma nova e dinâmica equipe de marketing, cujos membros espelhavam os comportamentos do cliente da geração do milênio[17]. Nem o Caesars se sobressai no aspecto de proporcionar uma experiência fascinante a seus clientes única e exclusivamente pelo fato de seu CEO, Gary Loveman, ter um título de PhD em economia obtido no MIT. Os executivos do Caesars incorporaram ativamente habilidades quantitativas na área de marketing. Nessas empresas, assim como em outras dentro da categoria "Mestres Digitais", os altos executivos deram duro para construírem as habilidades digitais que precisavam.

A diferença nas habilidades não se limita à tecnologia. Os "Mestres Digitais" apresentaram maestrias 36% superiores em termos de liderança digital que os não mestres[18]. A transformação digital requer mudanças nos processos e na forma de pensar – modificações que alcancem os setores internos de uma organização. A clara linha que distingue as capacidades técnicas das capacidades de liderança está se tornando obscura rapidamente.

Hoje em dia, o impacto das tecnologias digitais é sentido não apenas nos departamentos técnicos e de TI, mas também por toda a organização. A necessidade de transformação digital para sustentar a colaboração interdepartamental cria uma enorme demanda por capacidades digitais híbridas – o pessoal técnico precisa ter maiores conhecimentos da área comercial e os funcionários da área comercial precisam ter maiores conhecimentos técnicos. Assim explica um executivo do setor varejista: "Pela primeira vez estamos tentando trabalhar abrangendo toda a companhia. Isto implica passar a um novo nível de complexidade na organização e exige que as pessoas administrem e relacionem-se de forma diferente, isso, penso eu, é a habilidade mais importante que precisa ser desenvolvida."

A necessidade de novas habilidades também pode ser resultante da precisão de preencher uma lacuna na comunicação entre as competências digitais e comerciais. Um executivo disse o seguinte: "Preciso de um expert em análise quantitativa que, ao mesmo tempo, seja carismático – alguém que seja influente e possa fazer uso de seu peso em uma reunião do alto escalão, mas, que também, seja capaz de arregaçar as mandas e examinar tabelas de dados e construir modelos, fazendo isto com gosto."

Essas funções de "diminuir distâncias" logo poderão se tornar uma responsabilidade de todos os gerentes. "Acredito", diz Markus Nordlin, CIO da Zurich Insurance, "que os líderes bem-sucedidos de amanhã, em qualquer negócio ou setor de atividade, serão profissionais verdadeiramente híbridos que tiveram maior contato com TI, mas que tenham mudado para a área operacional e vice-versa"[19].

Uma Corrida Armamentista, em Duas Frentes, pelas Capacidades Digitais

Todos os pretendentes a "Mestres Digitais" estão em busca das mesmas habilidades técnicas. A falta de habilidades técnicas no mercado atual é sem precedentes. Apenas na Europa, previsões indicam cerca de um milhão de vagas em funções relacionadas a TI até 2015[20]. E, em termos mundiais, dos 4,4 milhões de empregos relacionados com *big data* a serem criados até 2015, apenas um terço será preenchido[21].

Porém, pela mesma razão, os profissionais da área comercial precisarão, cada vez mais, se sentir à vontade com ferramentas e tecnologias digitais para desempenharem suas funções primárias. Até 2015, a empresa de pesquisas IDC espera que 90% de todas as funções exigirão conhecimentos de TI[22]. Algumas atividades da área comercial já estão acrescentando habilidades tecnológicas ao seu perfil. A Gartner diz que 70% das empresas por nós pesquisadas possui um diretor de marketing tecnologista para dar apoio ao processo de "digitalização" da função[23].

Essa corrida por capacitação não vai desacelerar tão cedo. Ter as habilidades digitais certas é uma fonte importante de vantagem competitiva e um fator habilitador da transformação digital. As empresas que as desenvolverem mais rapidamente irão em frente.

Para ganhar a corrida pelas habilidades digitais, é preciso tirar proveito das várias abordagens existentes: contratação, parcerias, incubadoras e coisas do gênero. Nada fácil, conforme explica um executivo: "Nossos recrutadores não sabem onde procurar estas pessoas e pessoas com as qualificações certas não procuram oportunidades em empresas do nosso tipo." Organizações de RH precisarão se atualizar rapidamente. Pesquisa recente da Capgemini Consulting constatou que apenas 30% das funções de RH estavam envolvidas ativamente no desenvolvimento de habilidades digitais[24]. Isso precisa mudar. Muitos "Mestres Digitais" têm um plano cuidadosamente elaborado para combater e vencer a corrida pelo talento. No Capítulo 12 mostraremos como fazer isso.

A PLATAFORMA DIGITAL COMO DESAFIO DE LIDERANÇA

Nossa pesquisa confirma um vasto corpo de trabalhos no campo da gestão de TI: a base de tecnologia mais fundamental para a transformação digital é uma plataforma digital sólida, bem estruturada, bem integrada e complexa apenas no nível absolutamente necessário[25]. Observamos isso caso após caso. A Burberry corrigiu seu *backbone* de TI antes de poder transformar o envolvimento com o cliente. A Asian Paints criou uma plataforma unificada antes de modificar suas atividades. A LBG aplicou reengenharia à sua plataforma antes de expandir seus serviços digitais. O crescimento e a inovação da Seven-Eleven Japan depende, em grande parte, da visibilidade em tempo real que a sua plataforma operacional unificada fornece. Plataformas digitais bem estruturadas são a base para novos modelos de negócios digitais como Nike+, Airbnb e Hailo.

Se isso é verdade, então por que tantas grandes empresas possuem plataformas tecnológicas mal desenhadas? As companhias, em geral, operam em setores, cada qual com seus próprios sistemas, definições de dados e processos de negócios. Os sistemas são confusos, algumas vezes duplicados e muitas vezes reunidos de maneiras complexas (e certas ocasiões desconhecidas). Gerar uma visão comum de clientes ou produtos pode ser bastante difícil.

Cada solicitação por uma tecnologia não padronizada, cada demanda para fazer as coisas a sua própria maneira, cada opção por contornar e evitar processos de governança corporativos (de modo que você ande mais rápido) e cada reunião de integração que seus funcionários deixam de comparecer irão criar maior complexidade. Algumas vezes esta complexidade é necessária, porém, em geral não é. De acordo com o diretor de coberturas por invalidez de uma importante seguradora: "Ao longo dos últimos cinquenta anos, nossas aplicações e sistemas de TI têm se proliferado. Não damos aposentadoria aos nossos sistemas mais antigos. Apenas adicionamos os novos de forma sobreposta sobre eles, o que cria níveis enormes de despesas e complexidade."[26]

Os tecnólogos têm um termo para este tipo de arranjo de sistemas: um *"espaguete de sistemas antigos"*. As empresas presas a "espaguetes de sistemas antigos" acham difícil interpretar seus dados e mais difícil ainda fazer com que mudanças aconteçam[27]. Pesquisas revelam que complexidade desnecessária nas plataformas é o fator número 1 de risco de TI nas empresas; ela torna mais difícil a modificação de processos, mais complicada a realização de testes, fica mais sujeitas a falhas e mais trabalhoso de serem colocadas no ar novamente após falharem[28]. O "espaguete" acontece apenas por que os líderes deixam isso acontecer. E eliminá-lo exige firme liderança.

O Poder de uma Plataforma Digital Sólida

Uma plataforma digital bem projetada é uma das razões para empresas baseadas na web serem capazes de lançar mão de *analytics* e efetuar personalizações muito mais prontamente que empresas tradicionais[29]. A Amazon, sabendo o que seus clientes compraram ao longo de vários anos, pode dar ótimas recomendações daquilo que eles deveriam comprar em seguida. Facebook e Google, ao saberem o que seus usuários leram no passado, podem direcionar propagandas a eles de forma muito mais efetiva que empresas menos informadas.

Mas, essa capacidade não se limita a empresas que já nasceram digitais. As habilidades de personalização e uso de tecnologia móvel no Caesars baseiam-se em seu banco de dados unificado Total Rewards, que registra todas as interações que a empresa tem com cada cliente. Na Codelco, a visão digital unificada de suas minas permite que a mineradoa sincronize atividades de forma integrada e, ao mesmo tempo, identifique formas de inovar os seus processos.

Para entender a qualidade das plataformas das empresas pesquisadas, perguntamos aos entrevistados até que ponto eles tinham uma visão integrada dos diferentes aspectos de suas organizações. A média obtida pelos "Mestres Digitais" foi 17% maior que os não mestres para visões integradas sobre o nível de desempenho operacional e condições da cadeia de suprimentos[30]. Em outros aspectos que não as operações, a diferença foi ainda maior. A média dos "Mestres Digitais" foi 25% superior à dos não mestres para visões integradas dos dados de clientes e 26% maior para visões integradas do desempenho de seus produtos ou serviços.

Quando não se tem uma visão comum sobre os clientes, é extremamente difícil colocar em prática técnicas avançadas de estabelecimento de vínculos com eles, tais como serviços personalizados ou comercialização baseada em geolocalização. O desafio cresce à medida que se dedica a atividades multicanais. Conforme disse um executivo de marketing: "É muito difícil obter um bom entendimento do cliente quando os dados sobre ele estão dispersos em vários sistemas."

Para muitas empresas tradicionais, o primeiro passo na preparação para a transformação digital é investir – algumas vezes pesadamente – na integração de dados e processos da companhia como um todo. A este respeito, aquelas que já implementaram sistemas ERP e CRM estão um passo adiante das demais. A transformação da Burberry exigiu muito mais que capacitar digitalmente as lojas ou começar a fazer marketing através das mídias sociais. A companhia precisava investir milhões em um sistema ERP capaz de ajudá-la a se tornar digital de ponta a ponta. Através de sistemas e processos unificados, a Burberry poderia otimizar suas operações, compreender os padrões de vendas e começar a fornecer, de maneira integrada, serviços para todos os canais.

Plataformas bem estruturadas também podem ajudar no desafio da globalização: centralização *versus* descentralização. No Caesars, por exemplo, o site de cada hotel ao redor do mundo é atendido por uma única plataforma global. O gerente de cada unidade pode personalizar o conteúdo do site e as campanhas de marketing voltados para sua localidade, embora tenha a matriz como sustentáculo tecnológico para todas as páginas. O sistema de gerenciamento de conteúdo da empresa de mídia global Prisa possibilita que a gravação de uma partida do Barcelona possa ser facilmente usada, no mesmo dia, por uma estação de TV em Madri, por um jornal na França ou por uma emissora de rádio na Argentina.

O Poder de Escala das Plataformas Digitais

Plataformas digitais bem estruturadas apresentam outras vantagens além da eficiência e agilidade. Conforme discutido no Capítulo 3, elas podem ajudar os líderes a eliminar qualquer variação indesejada das atividades-chave. Porém, boas plataformas também auxiliam a empresa a conseguir volume de escala mais rapidamente que o necessário para aumentar sua mão de obra. E elas, inclusive, colaboram para lançar rapidamente inovações por toda uma empresa de grande porte e geograficamente distribuída.

A drogaria americana, CVS, é um exemplo de como uma plataforma bem estruturada pode aumentar não apenas o volume, mas também a extensão da incorporação de novas práticas. O padrão de atendimento ao cliente é uma medida crítica no setor de drogarias. Portanto, quando a CVS passou a ter um declínio nos níveis de satisfação do cliente em 2002, essa queda chamou a atenção da diretoria. Uma análise mais profunda revelou um problema fundamental: 17% das receitas ficavam atrasadas devido a problemas com o plano de saúde dos clientes. Normalmente os balconistas verificavam esta questão depois que o consumidor havia deixado a loja, de modo que eventuais problemas não poderiam ser resolvidos antes que o comprador retornasse ao estabelecimento para pegar o remédio. Jogar essa etapa de verificação mais para o início do processo poderia resolver o problema.

A CVS incorporou essa mudança ao seu sistema de pedidos, garantindo, portanto, 100% de observância. Simplesmente não era mais possível aceitar uma receita antes de se proceder a verificação do status do plano de saúde do cliente. Através de sua plataforma a CVS foi capaz de replicar o novo procedimento em todas as suas mais de 4.000 farmácias em um prazo de um ano. O desempenho do processo de aviamento de receitas apresentou uma melhora vertiginosa, impulsionando a satisfação do cliente no mesmo sentido. Durante aquele ano, o nível geral de satisfação do consumidor passou de 86% para 91% – uma diferença extraordinária dentro do setor altamente competitivo de farmácias[31].

Grandes Plataformas Digitais Não se Concretizam Sem Liderança

Grandes plataformas fornecem informações claras àqueles que tomam decisões. Elas servem como base para avançadas capacidades analíticas e novos serviços digitais. Elas são, ao mesmo tempo, eficientes e ágeis. E constantemente fornecem novas opções de transformação digital.

Mas, plataformas excelentes não acontecem simplesmente do nada. Em empresas complexas, elas tendem a crescer em várias direções ao mesmo tempo, gerando cópias, personalizações e ramificações de forma parecida com o que acontece com tantas ervas daninhas em um jardim. Assim como nos bons jardins, as boas plataformas estão constantemente atentas à "remoção de ervas daninhas e ao extermínio de pragas", moldando tais jardins de bonitas formas. Não se consegue ter uma visão única dos clientes ou uma visão integrada das operações sem uma firme liderança vinda "de cima para baixo".

Os líderes de TI podem ajudar a moldar a plataforma. Eles são capazes de traduzir a visão digital em uma visão das plataformas tecnológicas que as transformarão em realidade. Podem definir ferramentas de gestão, como revisões de arquitetura, para "remover as ervas daninhas" e fazer a plataforma avançar na direção correta. Eles são capazes de ajustar métodos para financiar tecnologias que atendam o tipo indicado de crescimento. Por exemplo, a unidade de TI da Intel aumenta a prioridade de projetos que se alinham com a direção da arquitetura de sistemas da empresa[32]. A unidade de negócios solicita que seja dada prioridade de financiamento aos projetos que se baseiam nos padrões da companhia em detrimento daqueles nos quais isso não acontece.

Mas, os líderes de TI podem ter autonomia limitada para forçar uma mudança nas práticas da empresa. O CIO típico tem pouco poder para, por conta própria, mudar as ações de um poderoso diretor de unidade de negócios. É aí que os altos executivos da companhia precisam entrar em ação. O CEO da PagesJaunes, Jean-Pierre Remy fez isto ao parar de financiar atualizações de sistemas que davam suporte a listas em papel. O "czar" da área digital da P&G, Filippo Passerini, usa uma abordagem mais positiva. Ele promete aos responsáveis pelas unidades de negócios que a sua unidade de serviços global é capaz de reduzir de 10% a 30% o custo de compras, RH e outros processos, porém, apenas se eles se comprometerem a usar os processos padronizados por ele[33].

Os problemas com plataformas não se limitam às grandes de um setor não tecnológico. Mesmo a Amazon – uma empresa que já nasceu digital – enfrentou desafios relativos às suas plataformas. Ao longo de 2002, durante um período de rápido crescimento e inovação, a poderosa plataforma da empresa começou a sofrer com a proliferação de projetos não padronizados e "espaguetes" . Foi preciso a intervenção e liderança de seu CEO, Jeff Bezos, para resolver o problema. Bezos deu ordem expressa para que todo novo desenvolvimento de projeto deveria seguir um conjunto de regras muito claras. A ordem terminava com a seguinte admoestação: "Qualquer um que não cumprir esta ordem será despedido." Em seguida Bezos deu autonomia a um alto executivo para garantir que a ordem estivesse sendo obedecida[34]. Ao longo dos anos seguintes, a cultura de padronização da empresa evoluiu e, consequentemente, sua plataforma também. Hoje, mais de dez anos depois, a plataforma digital bem estruturada da Amazom continua a alimentar o volume sempre crescente das vendas on-line da empresa. Ela também tornou possíveis novos modelos de negócios, como livros Kindle e vídeos via *streaming*. A empresa também começou a comercializar para outras companhias serviços de infraestrutura na nuvem, transformando sua plataforma interna em um produto próprio.

O mesmo pode acontecer com a plataforma da sua empresa. Os planos de saúde já estão usando suas plataformas de pedidos médicos para criarem produtos com base em *analytics* sobre tendências na prescrição de receitas e medicamentos. Uma empresa de logística na China é capaz de vender previsões de demanda regional usando as tendências que ela descobriu com o histórico de uso de sua plataforma de vendas[35]. E quando a Boeing transformar em realidade o seu lema "companhia aérea do futuro", ela terá uma rica plataforma, ultrapassando os limites de muitas empresas e que poderá "garimpar" em busca de novos produtos e serviços baseados em informações (veja o Capítulo 5). Mas, todos estes desdobramentos exigem liderança

– para desenvolver a plataforma e habilidades certas e para mantê-las apropriadamente alinhadas, bem como tirar proveito das oportunidades por elas criadas.

LIDERANÇA TECNÓLOGICA E A EMPRESA, EVOLUINDO JUNTAS

Independentemente de como seja construída a plataforma de uma empresa, nossa pesquisa destaca um ponto importante. O verdadeiro valor da transformação digital não advém do investimento inicial, mas, sim, de repensar continuamente como ampliar as capacidades da empresa para aumentar receitas, cortar custos ou obter outros benefícios. Os investimentos iniciais tornam-se o alicerce sobre o qual uma empresa pode fazer investimentos estratégicos adicionais. Quando a Asian Paints centralizou pela primeira vez seus processos de retirar pedidos e implementou um sistema ERP, seus executivos não tinham ideia das várias mudanças bem-sucedidas nos modelos de negócios que poderiam ser feitas no futuro. Eles apenas sabiam que dados unificados e processos padronizados poderiam ajudar a empresa a atingir um novo patamar de desempenho[36]. Em seguida, com os dados unificados e um call center bem estruturado, eles foram capazes de imaginar coisas novas. Vendedores equipados com dispositivos móveis e munidos de informações atualizadas de pedidos e vendas poderiam se concentrar na ampliação e solidificação da relação com cada revendedor. O pessoal de call center poderia fazer ligações para atender os revendedores ou deixá-los cientes de quando um caminhão para entrega estaria próximo de suas lojas. Ao fazer entregas diretamente para os clientes em vez das lojas – uma capacidade que nenhum outro concorrente tinha – a empresa aproximou-se de seus consumidores finais. Depois disso, os executivos começaram a exportar os seus processos para países estrangeiros, em vez de trabalhar exclusivamente na Índia.

A plataforma digital da empresa munia os executivos da Asian Paints de opções que eles nunca tiveram anteriormente. Mas, os líderes precisavam estar prontos para agarrar a oportunidade. A companhia começou colocando lado a lado os líderes com conhecimentos de TI e aqueles com conhecimentos da área comercial que compreendiam o poder da TI para transformar o negócio. Estes executivos trabalharam muito próximos para realizar cada uma das mudanças na plataforma, deixando então que as alterações efetuadas gerassem novas oportunidades. E eles investiram pesado no desenvolvimento de habilidades – desde a capacitação do pessoal de vendas em recursos digitais até o desenvolvimento interno de talentos em *analytics* – que poderiam ajudar a empresa a avançar em cada nova etapa da jornada de transformação.

O mesmo padrão ocorreu na LBG, Codelco, Burberry, Caesars e outras organizações. Quando as capacidades de liderança tecnológica de uma organização são fracas, todo o resto é um esforço arriscado. Por outro lado, quando elas forem fortes, pode-se realizar grandes coisas. No momento em que se dá atenção contínua à ligação entre TI-Comercial é possível estender, habilidades e plataforma digital constantemente para criar novas e valiosas oportunidades de transformação digital.

LISTA DE VERIFICAÇÃO PARA CONDUZIR A TRANSFORMAÇÃO DIGITAL: CAPACIDADES DE LIDERANÇA TECNOLÓGICAS

✓ Avalie em que estado se encontra o relacionamento entre as áreas de TI e comercial: considere a confiança, o entendimento comum e a parceria com perfeita integração.

✓ Avalie a capacidade de a unidade de TI atender os requisitos em termos de habilidades e velocidade da economia digital.

✓ Considere abordagens de TI com velocidade dual como uma unidade dentro da outra ou então uma unidade digital separada que combine funções de TI, comerciais e outras atividades.

✓ Concentre os seus investimentos iniciais na obtenção de uma plataforma digital organizada e bem estruturada; ela é a base para todo o resto.

✓ Inicie pelo desenvolvimento das habilidades digitais certas.

✓ Estabeleça desafios contínuos para você mesmo, no sentido de encontrar novas coisas que poderiam ser melhoradas na relação entre as áreas de TI e comercial, habilidades digitais e plataforma digital.

O QUE VEM A SEGUIR?

Até aqui lhe mostramos qual o significado de ser um "Mestre Digital" e por que isto é importante. Explicamos passo a passo o processo de construção de cada dimensão da maestria digital: as capacidades digitais, nos Capítulos 2 a 4, e as capacidades de liderança, nos Capítulos de 5 a 8.

Agora é chegado o momento de colocar essas ideias em prática, a favor de sua empresa. Nos Capítulos de 9 a 12 forneceremos um caderno de estratégias para ajudá-lo a iniciar sua própria jornada de transformação digital.

PARTE III

DE VOLTA A SUA EMPRESA: O CADERNO DE ESTRATÉGIAS DE UM LÍDER PARA CONDUZIR A TRANSFORMAÇÃO DIGITAL

Você não precisa ter a visão e as qualidades de liderança de um Steve Jobs ou Jeff Bezos para conduzir a transformação digital de sua empresa. Na condição de executivo de sucesso, você já possui as qualidades básicas para tornar sua companhia um insurgente em seu próprio mercado. Conforme mostramos nas Partes I e II, é preciso ter uma nova forma de pensar para estabelecer o curso e ter liderança com comprometimento para orientar a transformação. Na Parte III, filtramos as práticas dos "Mestres Digitais" para apresentar uma bússola da transformação para ajudá-lo a se conduzir no curso dessa complexa jornada (Figura III.1):

- *Estruturando o desafio digital*: crie uma conscientização sobre as oportunidades e ameaças digitais. Saiba qual é o seu ponto de partida e avalie o grau de maturidade digital de sua empresa. Elabore uma visão e garanta que a alta cúpula esteja alinhada com ela.
- *Focando o investimento*: traduza sua visão em um guia acionável. Construa estruturas de governança capazes de romper setores organizacionais. Providencie o financiamento para a transformação desejada.

- *Mobilizando a organização*: dê indícios inequívocos em relação às suas ambições e à necessidade de mudança agora. Crie impulso e envolva a força de trabalho. Estabeleça novos padrões de comportamento e comece a envolver a organização em uma cultura organizacional mais inovadora.
- *Sustentando a transição*: desenvolva as habilidades fundamentais necessárias. Alinhe as estruturas de recompensa para superar barreiras organizacionais tradicionais. Monitore e meça o progresso da transformação e repita quando necessário.

FIGURA III.1

A bússola da transformação digital

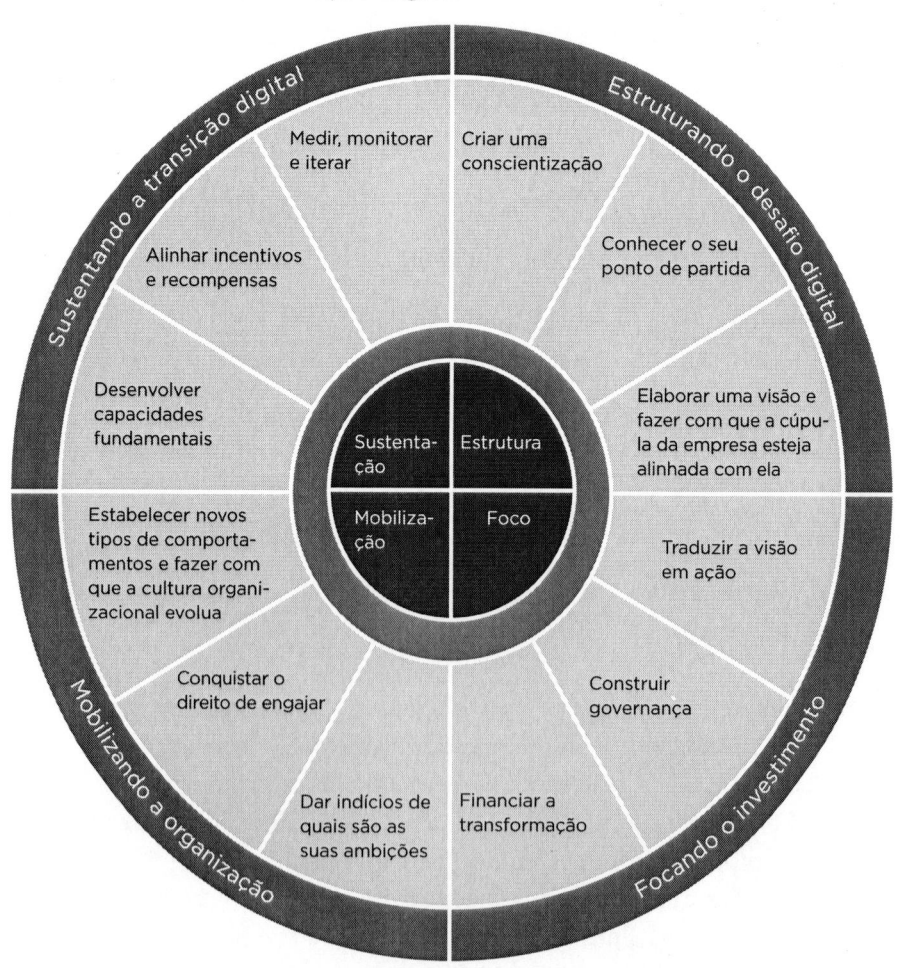

A transformação digital é tudo, menos um processo linear. Pode ser que você já tenha dado início a uma série de iniciativas rumo ao digital. É preciso desenvolver habilidades em diferentes áreas e redirecionar esforços de tempos em tempos. Use a bússola da transformação digital para orientar--se. Os próximos capítulos irão conduzi-lo pelas medidas que os "Mestres Digitais" tomaram para maximizar o sucesso de suas transformações digitais.

CAPÍTULO 9

ESTRUTURANDO O DESAFIO DIGITAL

Conforme mostrado no Capítulo 1, a transformação digital já atingiu cada um dos setores por nós estudados. Mesmo assim, cerca de 40% daqueles que responderam nossa pesquisa de opinião citaram "falta de urgência" como um dos principais obstáculos para a transformação digital[1]. Por que isso acontece? Uma das principais razões para as organizações perderem essa oportunidade é a inércia gerencial – deixar de perceber a necessidade de mudança. Eles reagem às ameaças, em vez de moldarem o futuro.

Em setores como o editorial, as tecnologias digitais já criaram tamanha disrupção que o contexto para a transformação é claro; trata-se de uma "plataforma em chamas". Em outros setores, como o manufatureiro, a argumentação a favor não é tão evidente. Um gerente explicou o motivo para tal ceticismo: "Há muito 'oba-oba'. Não posso forçar a barra por causa de todo esse alvoroço e propaganda exagerada por parte dos fornecedores. Perco minha credibilidade, caso eu tente pressionar demais. Portanto, adotamos uma abordagem mais lenta para termos certeza de não dar oportunidade àqueles que sempre se opõem às mudanças."[2]

Combater a inércia requer consciência sobre o desafio, saber por onde começar e decidir em que patar se quer chegar. Você conhece o setor no qual a sua empresa atua. Como líder experiente, você precisa criar o impulso apropriado em torno da transformação digital. Faça isso atacando três áreas, logo no início do processo:

- *Criar uma conscientização*: os altos executivos de sua organização compreendem as possíveis ameaças e oportunidades advindas das tecnologias digitais e a necessidade de transformação?

- *Definir um ponto de partida*: qual o nível de maturidade das competências digitais de sua empresa e quais ativos estratégicos atuais irão ajudá-la a se destacar? Os modelos de negócios em vigor já foram questionados em termos de transformação digital?
- *Criar uma visão comum*: a liderança de alto escalão já está alinhada com a visão de futuro digital da companhia?

FIGURA 9.1

A bússola da transformação digital: estruturando o desafio digital

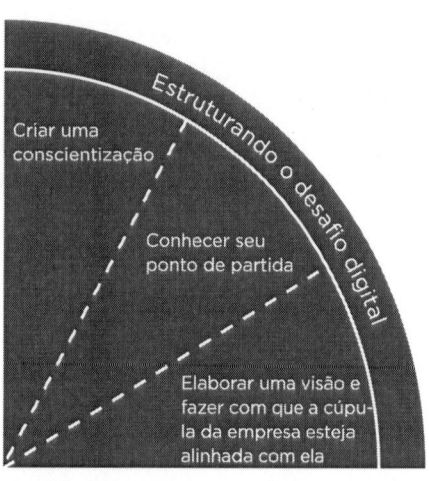

Sustentando a transição digital

Criar uma conscientização

Conhecer seu ponto de partida

Elaborar uma visão e fazer com que a cúpula da empresa esteja alinhada com ela

Estruturando o desafio digital

Mobilizando a organização

Focando o investimento

SUA EMPRESA ESTÁ CIENTE DO DESAFIO DIGITAL?

A primeira etapa na estruturação do desafio é garantir que o alto escalão da empresa entenda o potencial impacto nos negócios provocado pelas tecnologias digitais. Apenas 37% de nossos entrevistados veem a transformação digital como uma parte integrante de suas atuais agendas executivas. De forma contrastante, 61% dos mesmos entrevistados acreditam que a transformação digital se tornará crítica para suas empresas em um prazo de dois anos[3].

Coloque Já a Transformação Digital como Prioridade em sua Agenda

Envolva os altos executivos no debate sobre as implicações das tecnologias digitais para os negócios atuais e futuros. Pergunte: "Como tais tecnologias potencialmente poderão afetar bruscamente nosso posicionamento competitivo?" e, igualmente, "Como elas poderão ajudar a melhorar nosso desempenho e encantar nossos clientes?"

Por ocupar o mais alto cargo da empresa, o CEO é responsável por garantir que essa fase de estruturação seja bem-sucedida. Com mais frequência que se imagina, os discursos motivacionais e a evangelização interna não são suficientes. É preciso que outros líderes de sua organização visualizem a mudança profunda iminente e compreendam as oportunidades de negócios que a tecnologia atualmente já é capaz de possibilitar. Para bons ensinamentos, procure exemplos práticos de empresas e setores que foram beneficiados ou afetados negativamente pela mudança digital.

Compreenda o Grau e o Ritmo do Impacto Digital

A combinação do grau e do ritmo do impacto digital, juntamente com as próprias capacidades da empresa ira ditar o perfil de risco dela. Encontrar o tempo justo para a transformação digital em sua organização é uma forma de arte gerencial. Aspectos-chave da cultura de sua companhia também terão um importante papel. O processo de tomada de decisão é centralizado ou descentralizado? O quanto a organização está propensa a colaborar e a compartilhar? É preciso desenhar programas de transformação digital que protejam negócios e ativos existentes, enquanto se faz a transição para um novo negócio digital ou aperfeiçoa-se digitalmente parte dele.

Porém, seja cauteloso. Conforme observa Andy Grove: "Apenas os paranóicos sobrevivem."[4] Normalmente inovações digitais disruptivas vêm de fora do setor. Algumas vezes, certos eventos podem ditar o ritmo da mudança necessária. Análises competitivas e setoriais tornaram-se menos úteis do que eram no passado. Conforme descrito no Capítulo 4, o mercado de táxis londrino não sofreu uma disrupção pelo fato de empresas que o dominavam deixarem de ir para o mundo on-line ou por ter desenvolvido *apps* para dispositivos móveis para chamar táxis. Ele sofreu uma disrupção quando a Hailo viu a oportunidade de cobrir as ineficiências desse mercado bilateral, primeiro ganhando os motoristas e depois proporcionando uma experiência fascinante aos clientes. O modelo de negócios da Hailo, em que todos saem ganhando, permitiu à empresa conseguir a adesão de mais de 60% dos 23.000 taxistas licenciados em Londres em menos de dois anos[5].

Torne Experencial o Processo de Conscientização

Criar uma conscientização entre os altos executivos da empresa é um de-safio de liderança. Os funcionários podem ser implacáveis. Um de nossos entrevistados queixava-se da seguinte forma: "A gerência é composta por pessoas com mais de 55 anos. Eles não conhecem nada de tecnologia e seus benefícios e não estão dispostos a aprender."[6]

Conduza essa fase de conscientização usando pesquisas bem funda-mentadas, baseadas em fatos, mas também garanta que seja um exercício altamente experiencial para a sua equipe. Por exemplo, ao apresentar o lado positivo da transformação digital, bem como o seu lado negativo, você cria uma visão equilibrada dos riscos e oportunidades. Já vimos empresas reali-zando um *hackathon*[NT-1] digital, colocando lado a lado experientes executivos e funcionários conhecedores de tecnologia para tentar compreender e mol-dar os possíveis impactos. Outros formatos e ferramentas também podem funcionar: análise de inovação disruptiva, "jogos de guerra" empresariais, planejamento de cenários, expedições de descoberta digital e testemunhos de líderes externos. Todos podem ajudá-lo a gerar o nível correto de cons-cientização na sua equipe executiva.

Consideremos o caso do CEO de uma indústria com atuação mundial. Embora ele tivesse se convencido do fato de que as tecnologias digitais e canais on-line teriam um profundo impacto nos negócios da companhia e em seu posicionamento competitivo, os membros do conselho de administração eram menos entusiásticos. Depois de um período de lento progresso, ele convidou os integrantes do conselho a irem até a Califórnia para um intenso programa de imersão com duração de uma semana. Ele buscou a ajuda de ex-CEOs que deixaram escapar a oportunidade proporcionada pela transformação digital, ressaltando a importância pessoal daquilo que estava em jogo. Ele também apresentou os principais fornecedores de tecnologia digital, visionários do setor e empresas que haviam sido bem-sucedidos nessa transformação, sublinhando as oportunidades que as tecnologias digitais criam. Essa semana abriu os olhos dos líderes da cúpula. Fez com que a transformação digital se tornasse uma prioridade nas agendas daqueles executivos.

Forme uma Coalizão com Apoiadores da Ideia

Você precisa de todos do conselho? Provavelmente não. Mas, vimos vários "Mestres Digitais" formarem uma coalizão prévia com altos executivos que desempenham papeis fundamentais na impulsão da transformação digital dentro da organização. Joe Gross, do Allianz Group, diz: "Com o digital tendo significados diversos para departamentos diferentes, torna-se crítico estabelecer um consenso – um entendimento uniforme sobre o significado da transformação digital."[7] Criar uma conscientização ajuda a unir a equipe principal em torno de um propósito comum e começar a transformação digital com o pé direito.

A questão não é transformar os executivos experientes em tecnólogos. O objetivo é garantir que, coletivamente, eles entendam as possíveis ameaças e oportunidades advindas das tecnologias digitais e a necessidade de transformação.

A EMPRESA SABE QUAL É O PONTO DE PARTIDA?

É essencial formar uma sólida coalizão entre os altos executivos da empresa, mas isso não é o bastante. Organizações de grande porte sobrevivem a importantes transições não pela substituição radical do antigo pelo novo, mas tirando proveito de seus recursos e competências atuais no novo ambiente digital. É preciso conhecer o ponto de partida de sua empresa. Qual o nível de maturidade digital atual de sua organização? E quais ativos estratégicos no momento serão relevantes em um mundo digital?

Avalie o Grau de Maestria Digital de sua Empresa

Para avaliar o nível de maestria digital de sua empresa é preciso ter uma visão imparcial de suas iniciativas e habilidades digitais atuais. Considere detalhadamente tanto suas *capacidades digitais* quanto suas *capacidades de liderança*. Elas apontarão para um dos quatro níveis de maestria digital discutidos anteriormente: Principiante, Conservador, Fashionista ou "Mestre Digital". No Capítulo 1, sugerimos que você avaliasse o nível de maestria digital de sua companhia usando a sintética ferramenta de avaliação de maturidade, fornecida no Apêndice. Porém, agora que você já sabe o que os "Mestres Digitais" fazem de diferente, é chegado o momento de realizar aquela avaliação novamente. Usando os "Mestres Digitais" descritos ao longo deste livro como pontos de referência, invista um tempo para reavaliar a posição de sua empresa naquela matriz. Considere não apenas o que eles fazem com a tecnologia, mas também como conduzem a mudança. Destaque pontos fortes e fracos das capacidades digitais e de liderança deles. Agora você tem uma visão fundamentada do ponto de partida para transformação de sua empresa.

Trace a Jornada de Transformação de sua Empresa

Neste momento você pode começar a traçar o caminho e ritmo da transformação digital de sua empresa. Cada companhia é um caso diferente. Sua empresa poderia ter como ambição uma Burberry – ir diretamente de Principiante para "Mestre Digital" –, fazer isso significará desenvolver simultaneamente as capacidades digitais e de liderança para que sua estratégia seja um sucesso. Ou então, talvez, você queira uma abordagem mais conservadora – favorecendo a prudência em relação à inovação. Com esta abordagem você vai precisar construir uma base de sólidas capacidades de liderança antes de fazer experimentos muito audazes com novas tecnologias digitais. Ou ainda, a sua companhia prefira ser como os Fashionistas – já ter lançado um grande número de iniciativas digitais descoordenadas – e o seu foco torna-se criar uma visão coerente e um modelo de governança robusto para depois otimizar ou harmonizar iniciativas digitais entre as diversas unidades de negócios. Se você faz parte de uma grande organização de nível mundial, a maestria digital também pode variar conforme as divisões, linhas de negócios, funções ou localização geográfica. Compreender estas diferenças é importante à medida que você elabora uma trajetória que funcione para a sua organização.

Avalie os Ativos Estratégicos de sua Empresa

Em seguida, vimos vários "Mestres Digitais" realizarem uma avaliação prévia de seus ativos estratégicos para definir aqueles que serão relevantes em um mundo digital e aqueles que não serão. Conforme mostramos no Capítulo 5, executivos da PagesJaunes logo perceberam que vender as clássicas Páginas Amarelas através de sua forte equipe de vendas direta não seria uma vantagem competitiva no futuro. O modelo da companhia, de distribuição em papel, não tinha futuro algum. Entretanto, a força de sua equipe de vendas e os estreitos laços criados com as empresas locais ainda eram ativos estratégicos fundamentais. Retreinar os vendedores para comercializarem serviços digitais era um desafio, mas dava à corporação a presença necessária para ela entrar no mundo digital.

Foi preciso uma análise bem pensada para identificar quais ativos iriam ajudar para que a transformação digital fosse bem-sucedida. Você pode ver os ativos estratégicos segundo uma perspectiva de mundo transformado digitalmente e diferenciar aqueles que possuem valor. Mostramos no Capítulo 4 que reavaliar os ativos, por exemplo, no contexto da economia colaborativa, pode levar a se pensar em modelos de negócios inovadores. Existem várias definições sobre de que forma são constituídos os ativos estratégicos[8]. Além dos ativos financeiros, que podem ser extremamente úteis para você se defender contra novas empresas querendo entrar no seu mercado, temos observado que quatro grandes categorias de ativos podem servir de base para a transformação digital: bens tangíveis, competências, ativos intangíveis e dados.

Bens Tangíveis. Os ativos mais óbvios são os bens tangíveis como lojas, cadeias de distribuição, armazéns e depósitos, produtos etc. Alguns bens tangíveis podem ser redundantes no mundo digital, mas a combinação deles com bens digitais, de novas maneiras, muitas vezes pode se transformar em uma rica fonte de vantagem competitiva. Por exemplo, hoje em dia 62% dos clientes de bancos nos Estados Unidos preferem o *internet banking*[9]. Isso significa que todos os bancos comerciais acabariam tendo de fechar suas agências? É pouco provável. Cerca de 47% dos correntistas de bancos nos EUA acreditam que um banco não teria legitimidade caso não tivesse agências físicas[10]. Mas, o consenso do setor é que a tradicional rede de agências oferecendo serviços completos e atendendo clientes de todos os segmentos não é mais viável. Algumas agências serão altamente digitalizadas, atuando como extensões físicas do *internet banking* e também dos dispositivos móveis. As tecnologias digitais estão mudando o papel das agências físicas, porém, elas não provocarão a extinção das agências em um futuro próximo.

Competências. Este tipo de ativo também pode ser essencial para criar vantagem competitiva digital. As competências podem estar nas habilidades para o exercício de funções (por exemplo, TI e vendas) ou nas competências fundamentais (o know-how exclusivo da empresa sobre produtos, processos ou tecnologias). Por exemplo, as equipes de vendas e de atendimento direto ao público podem ser ativos cruciais na manutenção da fidelidade dos clientes. Elas acumularam importante conhecimento sobre os comportamentos e preferências dos seus consumidores. Da mesma forma, competências institucionais podem ser reforçadas e ampliadas apesar do uso de tecnologias digitais. A Nike possui talentos de primeira categoria no design e engenharia de produtos. A tecnologia digital ajuda os dois grupos a trabalharem mais próximos, acelerando o processo de desenvolvimento e possibilitando um processo de fabricação Flyknit[NT-2] radicalmente transformado.

Ativos Intangíveis. Por sua própria natureza, em geral, os ativos intangíveis são os mais difíceis de serem medidos. Como exemplo deste tipo de ativo, podemos citar equidade da marca, cultura empresarial, patentes, tecnologias proprietárias e o ecossistema de parceiros. A Starbucks, por exemplo, foi capaz de alavancar sua marca como um ativo e estendê-la para o mundo virtual.

Dados. Esta classe de ativos tem ganhado nova proeminência no mundo digital e garante significativa atenção por parte dos executivos. Os dados tornaram-se um dos ativos digitais mais valiosos para empresas que aprenderam como dominar a *analytics*. Porém, muitas vezes, eles são um ativo oculto. Diversas companhias ainda não são capazes de extrair valor das informações que possuem ou não são capazes de ter novas ideias através da combinação de seus dados com outras fontes. Entretanto, se sua organização for capaz de usar suas informações, ela criará uma nova moeda de valor imenso. O Barclays Bank, por exemplo, começou a monetizar informações sobre seus 13 milhões de clientes, vendendo hábitos de gasto e dados de tendências para outras companhias[11].

Comece a examinar seus ativos estratégicos sob uma nova perspectiva. Eles são capazes de oferecer vantagem competitiva no mundo digital? Seria possível reconfigurá-los ou combiná-los para criar algo inédito e de valor? A empresa tem, ou pode reunir, visões orientadas a dados que ninguém mais tem? Utilize um amplo processo de ideação para pensar fora dos limites daquilo que sua empresa e seus concorrentes fazem hoje. Mas, não comece com sessões de *brainstorming* definidas de forma ampla. Parta de necessidades não atendidas de seus clientes ou fontes de complexidade conhecidas em suas atividades. Pergunte a si mesmo: "Como poderíamos usar ou combinar ativos diferentemente para resolver essas questões? E como poderíamos utilizar a tecnologia para produzir de forma econômica?"

Os "Mestres Digitais" examinam seus ativos estratégicos para alinhar seus investimentos iniciais com suas habilidades fundamentais. A Burberry partiu da experiência única proporcionada a seus clientes; a Asian Paints de sua cultura de excelência nos processos; e o Caesars Entertainment de seus pontos fortes em *analytics* e dados de clientes. Não importa de onde você comece. O que importa é o mais cedo possível iniciar de uma área em que se possa tirar proveito de ativos estratégicos.

Questione o Modelo de Negócios Atual de sua Empresa

Vimos no Capítulo 4 que a inovação dos modelos de negócios pode ser de extrema valia na transformação digital. Enquanto mede o nível e o ritmo do impacto digital na sua empresa e reconsidera seus ativos estratégicos, é uma boa hora para também questionar seu modelo de negócios.

Obviamente, é preciso, em primeiro lugar, ter um bom entendimento do modelo de negócios atual de sua companhia. Comece pensando sobre como poderia ser gerado maior valor para os clientes. Em seguida, descubra como esse valor extra poderia ser operacionalmente gerado visando um lucro. Você pode, nesta altura, explorar as possibilidades oferecidas pela tecnologia digital em busca de opções criativas e eficientes para se chegar lá. Aprenda também como outros setores resolveram problemas similares ou tiraram proveito de oportunidades semelhantes.

São possíveis inúmeros caminhos. Você precisa dar prioridade a opções que gerem o maior valor para os clientes, que sejam difíceis de se copiar operacionalmente e capazes de fornecer um modelo econômico lucrativo. Será preciso também eliminar os riscos da mudança, fazendo-se experimentos controlados com o novo modelo. Em seguida, reúna dados para estudar e revisar suas hipóteses.

Como isso é feito? Várias abordagens práticas podem ajudá-lo a questionar o modelo de negócios existente, explorar novos ou defender-se contra um modelo potencialmente disruptivo. Vimos empresas realizar sessões de jogos empresariais como DYOB (*Destroy Your Own Business*) ou WWAD (*What Amazon Would Do?*). Também existem modelos práticos para ajudá-lo a estruturar o modo de refletir como, por exemplo, o BMC (*Business Model Canvas*)[NT-3] desenvolvido por Alexander Osterwalder e Yves Pigneur[12]. É uma boa prática investir tempo junto com sua diretoria em uma revisão detalhada do modelo de negócios usado em sua companhia, mesmo que o atual não esteja ameaçado.

O ALTO ESCALÃO ESTÁ ALINHADO COM A VISÃO DE FUTURO DIGITAL DA EMPRESA?

Você tem ciência do desafio que representa para a empresa a transformação digital. Você sabe de que ponto está partindo e a gama de possibilidades que se apresentam. Você e a sua equipe agora precisam decidir em que ponto querem chegar.

Elabore a Visão Transformativa

O Capítulo 5 descreveu como os "Mestres Digitais" elaboram suas visões. Você precisa fazer o mesmo. A visão de sua empresa tem de estar focada no aprimoramento da experiência vivida pelo cliente, na otimização das atividades ou na combinação de ambos para transformar o seu modelo de negócios. Não caia na armadilha do slogan de marketing sem ter nenhum embasamento na realidade da situação específica de sua empresa. A autenticidade é muito importante. Sua visão precisa reconhecer de onde está partindo, fazendo um balanço das competências e cultura de sua companhia. Ela precisa ser construída em torno dos ativos estratégicos – ou uma combinação de ativos estratégicos – que sejam relevantes em um futuro digital. E ela necessita ser transformativa, e não incremental.

Na medida em que elabora uma visão digital, concentre-se no seu negócio ou em seus clientes, não na tecnologia. Projete sua visão com um claro intento – um quadro do que precisa mudar – e resultados comerciais específicos, isto é, os benefícios resultantes para seus clientes, funcionários e o desempenho da empresa. Lembre-se, elaborar uma visão é uma jornada. Portanto, torne-a suficientemente específica para dar direção à organização, mas dê espaço para que a visão viva e cresça ao longo do tempo. Existem vários processos e métodos facilitadores para apoiar o desenho de uma boa visão digital[13].

Alinhe a Cúpula da Empresa

Ter uma excelente visão digital será parte do caminho, mas não o percurso completo. A visão precisa ser compartilhada. Muitas iniciativas digitais fracassam na captação de valor potencial pelo fato de a visão que as orienta não ser apoiada pela cúpula. Como Curt Garner, CIO da Starbucks, observa: "Toda nossa liderança está muito engajada e animada com a transformação digital e a tecnologia, e o que isso pode significar para a companhia. Ela é parte dos objetivos comuns que temos como equipe de liderança para continuar a liderar em termos de inovação e tecnologia com contato direto com o cliente."[14] Uma visão digital comum a todos é pré-requisito para uma transformação digital bem-sucedida e um componente-chave do DNA dos "Mestres Digitais".

Porém, dos executivos por nós pesquisados, apenas 57% disseram que suas equipes estavam alinhadas em torno da visão de um futuro digital[15]. Qual a razão para isso? Os altos executivos, em geral, confundem consenso com uma equipe executiva alinhada. Evite a armadilha de pressupor que informações significam entendimento e que a falta de debate é indício de alinhamento. A transformação digital funciona apenas quando a cúpula da empresa está ativamente envolvida e apropria-se da visão digital. Você precisará ser um modelo de comportamento neste aspecto; teste sua visão incorporando-a a todo discurso e comunicação que fizer. Peça feedback e utilize técnicas de *crowdsourcing* para angariar ideias e itere. Encoraje outros membros da cúpula da empresa a fazerem o mesmo, e compare o que foi observado.

Alinhar equipes de executivos não é nem novo nem específico, para a transformação digital. Entretanto, uma coisa é diferente no mundo virtual. A transformação digital normalmente requer talento coletivo e empenho de equipes multidisciplinares para inovar e orientar a mudança. Joe Gross do Allianz Group, explica: "A razão para termos envolvido o pessoal de marketing, de vendas e entidades locais, e não apenas o pessoal de TI ou operacional, em nossa transformação digital se deu porque precisávamos da participação ativa de todo mundo para impulsionar uma mudança deste porte."[16]

Muitas técnicas de gestão podem ser úteis para alinhar a cúpula da empresa. Exercícios promovidos pela companhia como o auxílio de um facilitador para a formação de equipes, um *coaching* coletivo e individual e avaliações 360° são apenas alguns exemplos. Incentivos também podem ser úteis. Vimos várias corporações atribuírem a cada alto executivo um KPI digital relevante para as metas transformacionais. Independentemente da técnica utilizada, é importante estabelecer um bom diálogo para conseguir alinhamento. Batalhar para que parte das reuniões de diretoria seja destinada a uma sólida discussão sobre a transformação digital é uma boa prática, já que está conduzindo *facilitated workshops*[NT-4] regulares realizados fora do escritório para orientar o progresso da transformação de sua empresa.

Como saber se uma equipe está efetivamente alinhada? Uma boa "prova dos nove" é quando todos os membros de sua diretoria percebem a urgência da transformação (ciência do desafio), sabem quais são os seus ativos estratégicos e nível de maestria digital (ponto de partida) e conseguem articular sobre o que reserva o futuro digital (visão comum) através de palavras e objetivos específicos. Quando todas as três condições são atendidas, é chegado o momento da execução.

Portanto, o que há de novo na transformação digital? A tecnologia acrescenta outra dimensão aos desafios empresariais tradicionais. É preciso se certificar de que a cúpula da empresa é capaz de expressar claramente as novas ameaças e oportunidades criadas pela tecnologia digital. Reavaliar seus ativos tradicionais, segundo uma perspectiva digital, cria novas possibilidades. Alguns ativos ainda serão úteis; outros não. Aqueles novos, como dados e insights, serão as fontes modernas de valor em um mundo digital. Embora, certas vezes, uma abordagem funcional dê certo em uma transformação tradicional, a transformação digital não respeita nenhuma fronteira organizacional. É preciso ter executivos alinhados que, como uma equipe, possuam autoridade para impulsionar a mudança rompendo setores organizacionais.

QUAL O NÍVEL DE ESTRUTURAÇÃO PARA O DESAFIO DIGITAL DE SUA ORGANIZAÇÃO?

A Tabela 9.1 (páginas 207 e 208) sintetiza como estruturar o desafio digital em três etapas fundamentais. Observe as questões centrais de cada etapa e

ESTRUTURANDO O DESAFIO DIGITAL **207**

faça uma avaliação honesta do progresso de sua empresa em uma escala de 1 a 7 (1 = discorda totalmente; 4 = indiferente; 7 = concorda plenamente). Para cada uma das três etapas, some as pontuações de cada pergunta.

Para cada etapa, indicamos uma pontuação a ser alcançada que coloca sua empresa entre os "Mestres Digitais". Também estabelecemos um limiar abaixo do qual se deve começar a tomar medidas imediatas para melhorar a situação da empresa. Se a pontuação de sua companhia encontrar-se no intervalo de "Mestres Digitais", ela está pronta para seguir adiante. Caso a pontuação esteja no nível intermediário, reflita sobre as razões para tal. Agora, se a pontuação figurar no intervalo mais baixo, é hora de fazer algo imediatamente. E ainda, se a pontuação estiver bem abaixo, recomendamos que você realize um exercício de reestruturação completa com a cúpula da empresa.

TABELA 9.1

Qual o nível de estruturação para o desafio digital de sua organização?

Responda cada pergunta usando uma escala de 1 a 7 (em que 1 = discorda totalmente; 4 = indiferente; 7 = concorda plenamente) e encontre a medida recomendada para a pontuação alcançada.

Sua empresa está ciente do desafio digital?	Pontuação
Nossos altos executivos estão alinhados em torno da importância estratégica da transformação digital.	
Nossos altos executivos concordam com o ritmo da transformação digital no setor em que atuamos.	
A transformação digital é parte integrante da agenda estratégica de nossos executivos.	
Pontuação total	

Pontuação **acima de 15**: sua empresa entende o desafio da transformação digital; **9-15**: isole qual parte não está completa e trabalhe com a sua equipe para remediar a situação; **inferior a 9**: é preciso considerar exercícios de conscientização específicos em equipe e/ou programas de descoberta digital.

Sua empresa conhece o próprio ponto de partida?	Pontuação
Sabemos quais ativos estratégicos serão mais importantes na transformação digital.	
Sabemos como nossas capacidades digitais se comparam com aquelas de nossos concorrentes.	
Temos uma visão clara de quais as primeiras etapas mais importantes em nossa transformação.	
Pontuação total	

Pontuação **acima de 16**: sua empresa sabe onde se encontra e qual é a trajetória de transformação dela; **7-16**: construa alinhamento com base em uma trajetória de transformação viável; **inferior a 7**: é preciso realizar uma avaliação de maturidade digital e uma varredura das melhores práticas.

A cúpula da empresa está alinhada com a visão de futuro digital da companhia?	Pontuação
Nossos altos executivos estão alinhados com a visão de um futuro digital para nossa companhia.	
Nossos altos executivos possuem uma visão de transformação digital que ultrapassa os limites das unidades organizacionais internas.	
Nossos altos executivos possuem uma visão de transformação digital que envolve mudanças radicais comparativamente à maneira através da qual tradicionalmente fizemos negócios.	
Pontuação total	

Pontuação **acima de 16**: você acredita que sua equipe está alinhada; **entre 7 e 16**: isole as causas para as suas preocupações e trabalhe com sua equipe para remediar a situação; **inferior a 7**: dispare uma iniciativa de alinhamento de altos executivos.

CAPÍTULO 10

FOCANDO O INVESTIMENTO

Tornar-se um Fashionista é fácil. Para todo lado que se olha, existem oportunidades para aplicar tempo, esforço e dinheiro para tornar o seu negócio mais digital. Há muita facilidade para investir em todos eles. O canto da sereia das tecnologias digitais é poderoso e pode desencaminhar muitas empresas. Contudo, os "Mestres Digitais" conhecem a sua própria direção e mantêm o seu curso. Eles focam nas iniciativas que irão promover suas visões e sobre as quais podem desenvolver habilidades e ativos existentes. Tais iniciativas contribuem para novas plataformas digitais e infraestrutura, e são as que os "Mestres Digitais" podem aguentar para investimento e obter um retorno sobre ele. Os mestres têm um foco aguçado para coisas que são importantes e a disciplina para desconsiderar aquelas que não são.

Foco no investimento: é aí que está o momento crucial na transformação digital. Será preciso comprometer um bom dinheiro para financiar as iniciativas; será preciso envolver as pessoas para que as coisas se concretizem; e também será preciso manter todo mundo caminhando na mesma direção. Nossa pesquisa mostra que muitas empresas têm grande dificuldade para transformar a visão em realidade. Para a categoria não mestres, 78% dos entrevistados disseram que seus altos executivos concordavam com a importância da transformação digital. Porém, apenas 40% afirmaram que seus líderes estavam alinhados sobre a maneira de executá-la[1]. Portanto, o que é preciso fazer?

Ao focar seus investimentos iniciais para a transformação digital, certifique-se de administrar cuidadosamente três áreas:

- *Traduzir a visão em ação:* a visão digital foi convertida em objetivos estratégicos? As prioridades de transformação digital da empresa foram traduzidas em um guia de atividades iniciais?

- *Construir governança:* foram desenvolvidos mecanismos de governança para conduzir a transformação digital na direção correta?
- *Financiar a transformação:* foi elaborado um portfólio equilibrado de investimentos digitais?

FIGURA 10.1

A bússola da transformação digital: focando o investimento

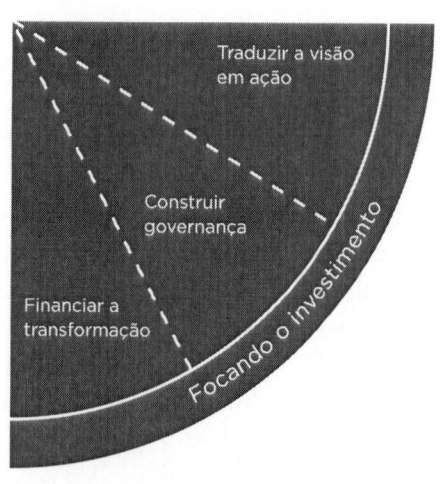

A VISÃO DIGITAL FOI CONVERTIDA EM OBJETIVOS ESTRATÉGICOS?

Traduzir a visão da empresa em um conjunto focado de objetivos e iniciativas é o ponto de partida fundamental para a implementação da transformação digital. Você e a sua equipe terão elaborado uma visão da empresa digitalmente transformada? Quais conceitos ela apoiará, como atuará e o que é preciso para se chegar lá (ou pelo menos chegar parcialmente)? Esta visão deve começar enfatizando alguns dos principais marcos em sua jornada digital: como aprimorar a experiência proporcionada ao cliente, aumentar o desempenho operacional da empresa e adaptar o seu modelo de negócios. Os investimentos inteligentes em capacidades digitais – *o que* da transformação digital – já foi descrito na Parte I deste livro. Mas, como transformar visão em ação?

Os "Mestres Digitais" primeiramente traduzem suas visões em objetivos estratégicos que dão uma indicação de como seria uma visão a ser alcançada. Em segundo lugar, eles constroem um guia das iniciativas – um guia que começa orientando a organização no rumo da visão.

Defina o Que é Bom

Traduza a visão digital da empresa em objetivos estratégicos "de cima para baixo" que indiquem como seria uma meta a ser alcançada. Articule apenas objetivos de alto nível. KPIs específicos virão mais tarde, uma vez que se tenha em mãos um programa detalhado. Por exemplo, "Até 2016, dois terços de nossos contatos de clientes virão de canais digitais" ou "As vendas digitais representarão 60% do total de nossas receitas em quatro anos" ou "Em dois anos, teremos processamento direto e objetivo de nossas demandas, sem intervenções manuais."

Certifique-se que os objetivos reflitam aquilo que se está tentando alcançar de uma forma equilibrada. Eles não devem ser apenas financeiros, também precisam ser expressos em termos de experiência vivida pelo cliente e atividades, bem como capacidades organizacionais que precisam ser desenvolvidas. O quadro de pontuação estratégica servirá como um gabarito para todas as iniciativas de transformação digital.

Existem várias ferramentas e métodos disponíveis para ajudá-lo a construir e gerenciar o quadro de pontuação, tais como uma metodologia de sistema de pontuação balanceada[2]. Muitas ferramentas de software para administração de empresas também podem ajudá-lo a automatizar o processo. Mas, o segredo é passar tempo suficiente junto com a cúpula para desenvolver e gerenciar um quadro de pontuação que realmente reflita o que será considerado "bom", uma vez que a visão da companhia tenha se tornado realidade. Obviamente, você precisará iterar e, algumas vezes, corrigir o curso. Mas, da mesma forma que acontece com uma bússola tradicional, o quadro de pontuação fornecerá a você um ponto de referência através do qual navegar pela sua transformação digital.

Construa um Guia para a sua Jornada Digital

Em um mundo perfeito, sua jornada digital iria produzir uma experiência inigualável para o cliente, usufruiria das operações mais eficientes do setor e produziria novos e inovadores modelos de negócios. Há uma miríade de oportunidades para a tecnologia digital melhorar o seu negócio e nenhuma companhia é capaz de aproveitá-las todas ao mesmo tempo. A realidade dos recursos limitados, bem como das capacidades de concentração e de mudança limitadas, irá forçar escolhas focadas. Esse é o objetivo do seu guia.

Encontre o Ponto de Entrada de sua Empresa

Muitas companhias acabaram por se dar conta que, antes de poderem criar uma mudança generalizada em suas organizações, elas precisam encontrar um ponto de entrada que irá começar a fazer a agulha da bússola mudar de direção. Como? Elas iniciaram criando um guia que tire proveito dos ativos e capacidades existentes, conforme discutido no Capítulo 9. A Burberry, por exemplo, gozava de uma marca de prestígio internacional e várias lojas de grife ao redor do mundo. A empresa começou revitalizando sua marca e a experiência vivida pelo cliente tanto em suas lojas físicas como on-line. Outras, como a Codelco, iniciaram com os processos operacionais fundamentais. A Caesars Entertainment combinou sua grande capacidade em *analytics* com uma cultura de atendimento ao cliente de modo a proporcionar ao hóspede uma experiência altamente personalizada. Não existe apenas uma única maneira certa para começar a transformação digital de uma empresa. O que importa é encontrar a capacidade existente (o seu ponto forte) que irá dar o impulso inicial à sua empresa.

Uma vez que o foco primeiro esteja claro, você pode começar a elaborar o seu guia para a transformação. Quais investimentos e atividades são necessários para preencher as lacunas e se atingir a visão da empresa? O que é previsível e o que não é? Qual o tempo e cronograma de cada iniciativa? Quais são as dependências entre eles? Quais recursos organizacionais como, por exemplo, habilidades em *analytics*, são necessários?

Envolva Especialistas na Elaboração Logo no Princípio

Elaborar seu guia exigirá informações de uma série de partes envolvidas. Em vez de limitar as discussões à cúpula da empresa, envolva os especialistas operacionais que trazem consigo uma perspectiva prática. Isso irá minimizar a tradicional lacuna existente entre a visão e a execução[3]. Você pode usar técnicas de *crowdsourcing* para esta elaboração, conforme mostramos no caso da Pernod Ricard, no Capítulo 6. Ou então poderá utilizar *facilitated workshops* como, por exemplo, "jornadas digitais", como uma forma efetiva de captar e filtrar prioridades e extrair informações que você precisará considerar. Vimos vários "Mestres Digitais" fazerem as duas coisas.

Não cometa erros; elaborar o seu guia consumirá tempo, esforço e várias interações. Mas, você descobrirá que se trata de um exercício inestimável. Ele força a concordância em relação às prioridades e ajuda a alinhar a cúpula da empresa e as pessoas encarregadas da execução do programa. O seu guia irá se tornar mais que um simples documento. Se bem executado, ele pode ser o pano de fundo da transformação em si. Pelo fato de ser um documento "vivo", ele evoluirá à medida que sua implementação progride.

Elabore um Guia para Resultados nos Negócios, não um Guia Tecnologico

A tecnologia por si só é uma armadilha comum. Não crie um guia na forma de uma série de projetos tecnológicos. A tecnologia é apenas parte da história na transformação digital e, em geral, a menos desafiadora. Por exemplo, descrevemos no Capítulo 6 como os principais obstáculos para as plataformas Enterprise 2.0 não são técnicos. Implantar as plataformas é relativamente simples e as soluções de hoje já atingiram a maturidade. O desafio reside na mudança de comportamento do usuário: encorajar a adoção e sustentar o envolvimento nas atividades para as quais a plataforma foi destinada.

Expresse seu guia de transformação em termos de resultados para o negócio. Por exemplo, "Estabelecer um entendimento 360° de nossos clientes." Incorpore em seu guia as diversas facetas da mudança organizacional que a transformação exigirá: experiência vivida pelo cliente, processos operacionais, maneiras de trabalhar dos funcionários, organização, cultura, comunicação – e a lista continua... É por isso que as contribuições de uma ampla gama de partes interessadas são tão críticas.

Pense em uma Série de Sprints, não em Maratonas

O mundo digital movimenta-se rapidamente. O ritmo acelerado da inovação tecnológica de hoje não se presta a planos quinquenais e métodos de desenvolvimento "em cascata", comuns na era do ERP. Os mercados mudam, novas tecnologias tornam-se banais e empresas disruptivas que entram no mercado começam a cortejar os clientes de sua companhia. O seu guia precisará ser suficientemente ágil para reconhecer essas mudanças, adaptar-se a elas e corrigir o curso.

Para desenvolver uma transformação ágil, tome emprestada uma abordagem que se tornou comum entre as principais empresas de software da atualiadade[4]. Mantenha as pessoas comprometidas com o objetivo final, mas determine o ritmo de suas iniciativas sob a forma de "tiros curtos" de esforço. Crie soluções protótipicas e experimente novas tecnologias ou métodos. Avalie os resultados e incorpore-os na evolução do seu guia. Adam Brotman, CDO da Starbucks, explicou o processo iterativo: "Não temos todas as respostas, mas começamos a pensar sobre outras coisas que poderíamos fazer (...) Acredito que isso funciona não para ir muito longe, muito rápido, mas sim para ter uma visão em mente e continuar edificando em cima dos sucessos obtidos ao longo do caminho."[5]

A abordagem tentativa e erro exigirá novas formas de trabalho de pleno direito, mas ela goza de algumas vantagens distintas. Testar rapidamente ideias no mercado antes de passar para uma grande escala, é uma abordagem que poupa tempo e dinheiro. Seus ciclos curtos também tornam o protótipo mais adaptável a mudanças externas. Finalmente, essa abordagem possibilita que a transformação possa ser sustentada através de sucessos pequenos e incrementais, em vez da abordagem big bang dos programas de longo prazo. Entretanto, conforme descrito no Capítulo 8, certos empreendimentos, como os de plataforma tecnológicas, são grandes o bastante para necessitarem de uma abordagem mais tradicional para compreender as exigências e as capacidades de sua geração de resultados.

Acrescente Cifrões à sua Jornada

Você precisa de estudos de viabilidade baseados em iniciativas que estabeleçam uma clara ligação desde as mudanças operacionais em seu guia até os benefícios comerciais tangíveis. Será necessário envolver funcionários que mantenham contato diário com os clientes para ajudar a validar como as mudanças operacionais contribuirão para os objetivos estratégicos.

Os fundamentos de um estudo de viabilidade para iniciativas digitais são os mesmos de qualquer estudo de viabilidade. Sua equipe precisa determinar os custos, benefícios e o tempo para se obter retorno do investimento. Mas, a transformação digital ainda é um terreno inexplorado. Na equação, o lado dos custos é mais fácil, porém, os benefícios podem ser difíceis de quantificar, mesmo quando, intuitivamente, eles pareçam evidentes.

Construir um estudo de viabilidade para iniciativas digitais é, ao mesmo tempo, ciência e arte. Com tantas incógnitas, você precisará adotar uma abordagem pragmática para os investimentos, em vista daquilo que você já sabe e até do que não sabe.

Comece pelo que sabe, onde tem a maior parte das informações necessárias para fundamentar uma sólida análise custo/benefício. Algumas lições podem ser aprendidas com nossos "Mestres Digitais".

Não construa seu estudo de viabilidade exclusivamente como uma série de investimentos em tecnologia. Assim será perdida uma grande parte dos custos. Estabeleça o custo das atividades de adoção – desenvolvimento de habilidades na área digital, mudança organizacional, comunicação e treinamento – bem como a implantação da tecnologia. Não se pode ter ideia de todos os benefícios – ou possivelmente de qualquer benefício – sem eles.

Estruture os benefícios em termos dos resultados comerciais que deseja atingir, que podem ser a concretização de metas ou a resolução de problemas, isto é, resultados que gerem mais valor para o cliente, maiores receitas ou uma situação de custos melhor. Em seguida, defina o impacto tangível sobre o negócio e trabalhe de trás pra frente nas alavancas e métricas que indicarão o que poderia ser considerado "bom". Por exemplo, se um de seus investimentos for supostamente para aumentar o envolvimento dos clientes no campo digital, o resultado desejado pode ser o crescimento da conversão em vendas, devido a este envolvimento. Em seguida, volte a trabalhar na métrica que levou a esse resultado, por exemplo, número de visitas, curtidas, solicitações, avaliações, novos pedidos do mesmo cliente e coisas do tipo.

Quando o impacto de uma iniciativa no negócio não está totalmente claro, examine empresas que já fizeram investimentos semelhantes. Os seus fornecedores de tecnologia também podem ser uma rica, embora talvez não tão parcial, fonte de estudos de viabilidade para alguns investimentos digitais.

Porém, seja lá o que você faça, alguns casos de investimento digital serão mais difíceis de se justificar, sejam eles investimentos em tecnologias emergentes ou práticas de ponta. Por exemplo, qual o valor de ludificar[NT-1] suas comunidades sociais de marcas? Para esses tipos de oportunidades de investimentos, experimente uma abordagem tentativa e erro, conforme discutido no Capítulo 8. Declare suas medidas de sucesso, execute pequenos pilotos, avalie os resultados e refine sua abordagem. Existem várias ferramentas e métodos úteis como experimentos baseados em hipóteses com grupos de controles ou teste A/B[6]. Os sucessos (ou fracassos) de pequenos experimentos podem, então, transformar-se na lógica baseada em benefícios para investir em escala maior. Independentemente do método, use uma abordagem analítica; a qualidade do retorno estimado irá depender disso.

Traduzir a sua visão em metas estratégicas e construir um guia acionável é o primeiro passo para dar um foco aos seus investimentos. Isso impelirá a organização a se mexer. Mas, ainda que você não precise ser um arquiteto para desenvolver a visão de sua empresa, você precisa, sim, tornar-se um encanador para desenvolver seu guia. Esteja preparado para sujar as mãos.

VOCÊ ESCOLHEU O MODELO DE GOVERNANÇA CORRETO?

Defina os objetivos estratégicos e o guia de implementação irá ajudá-lo a ter todo mundo focado nas prioridades digitais – aquelas que você escolheu pelo impacto positivo que elas terão na experiência vivida pelo cliente ou nas atividades da empresa. Os guias ajudam com o *que* da transformação digital mas não com o *como* – a maneira de se conduzir a transformação (discutida na Parte II). Anteriormente, apresentamos detalhadamente a necessidade de elaborar uma visão e como fazer isso. Mais à frente, atacaremos como mobilizar a organização efetivamente e a necessidade de se ter as áreas comercial e de TI trabalhando em sincronia. Mas, no estágio atual, é preciso descobrir como garantir que todos mantenham-se avançando na direção correta. É aí que a governança é útil.

Crie a Governança Correta

Um dos principais desafios da transformação digital é que não há nenhum dono único e óbvio da transformação. O departametno de marketing? De TI? A área operacional? A maior unidade de negócios da empresa? Em uma organização complexa, com várias funções, unidades de negócios e áreas geográficas diferentes, saber quem é responsável pela transformação pode ser uma pergunta difícil. Mas não responder é uma receita para o fracasso.

A transformação digital envolve um amplo conjunto multidisciplinar de partes interessadas. Desde que essas pessoas estejam motivadas (ou uma vez que elas vejam uma grande soma de dinheiro disponível para gastar) começarão a se movimentar na direção que elas acreditam ser a melhor, porém, pode ser que tal direção não seja a melhor para a companhia como um todo.

É preciso orientar os esforços de todas essas pessoas para uma direção comum. E isto exige governança. Em nossa pesquisa, observamos que a governança é um importante fator da vantagem de lucratividade gozada pelos "Mestres Digitais". Mas, nosso estudo também revelou algo mais. Nenhum modelo de governança é o certo para todas as empresas. Nada surpreendente, pois pesquisas ao longo de vários anos fracassaram na tentativa de encontrar um modelo único de governança para TI que atendesse todas as organizações ao mesmo tempo. A governança digital é, porventura, até mais complexa que a governança de TI.

Conforme discutido no Capítulo 7, a governança digital concentra-se em dois objetivos claros – coordenação e compartilhamento – seja qual for a empresa. E existem alguns mecanismos comuns para ajudá-lo a fazê-la funcionar. Ao criar o modelo de governança digital para a sua organização, você precisará decidir o que deseja coordenar e compartilhar. Em seguida, precisará descobrir como fazer isso acontecer em sua empresa. E finalmente, precisará de maneiras para saber quando ajustar a governança ao longo do tempo.

Escolha Aquilo que Você Precisa Coordenar e Compartilhar

Comece identificando os comportamentos que deseja encorajar ou desencorajar. O que se quer coordenar na companhia como um todo? O que se quer compartilhar? Considere todos os investimentos, recursos e atividades em seu guia.

Em primeiro lugar, pergunte a si mesmo: "Quais *recursos* deveríamos compartilhar ou coordenar entre todos os grupos?" Recursos compartilhados como plataformas de tecnologia digital, talentos, dados ou outros ativos digitais podem gerar economia de escala. Entretanto, o compartilhamento exige esforço extra para garantir que os recursos atendam as necessidades dos grupos que os estão compartilhando. Ao invés disso, talvez você opte por certas ferramentas existirem separados em cada unidade de negócios, mas, assuma a responsabilidade pela coordenação das atividades delas. E algumas podem funcionar perfeitamente bem sem coordenação alguma, pelo menos a curto prazo.

A segunda questão a ser feita é: "Quais *iniciativas* devem ser compartilhadas ou coordenadas na companhia como um todo?" Deve-se optar por uma estratégia única de mídias sociais para todos os produtos de sua empresa ou permitir que cada marca desenvolva a sua? Se cada marca for desenvolver a sua própria estratégia, são elas que devem coordenar as tecnologias ou fornecedores? Devem elas trabalhar segundo padrões comuns? Ou desenvolver interfaces de modo a poderem trabalhar juntas?

Pesquisas mostram que o controle centralizado de uma plataforma padronizada pode gerar, ao mesmo tempo, eficiência e agilidade[7]. Ao contrário, autonomia exagerada pode levar a "espaguetes", reduzindo a eficiência, criando riscos e diminuindo a agilidade[8].

Sistemas e processos padronizados podem gerar economia de escala para todas as unidades permitindo, ao mesmo tempo, que cada unidade crie extensões em cima deles. Por exemplo, a plataforma on-line do Caesars é padronizada, possibilitando à companhia administrá-la de forma eficiente e facilmente proceder mudanças que afetam todas as unidades. Mas, os funcionários de cada hotel podem personalizar o estilo de seus sites, informações e campanhas de marketing e até mesmo construir extensões em cima da plataforma existente para atender necessidades locais[9].

Certifique-se também de que suas opções de compartilhamento e coordenação não contenham a inovação. Você deseja gerar economia de escala e eliminar complexidade desnecessária, mas também pode querer dar certa liberdade às unidades de negócios para encontrar novas maneiras de trabalhar. Seus processos podem abrir exceções para permitir a ocorrência de experimentos ou, possivelmente, até mesmo fornecer capital inicial para atividades inovadoras.

Finalmente, considere se o compartilhamento e a coordenação devem ser obrigatórios ou opcionais, e em qual nível da empresa. A P&G orgulha--se da autonomia empreendedora de suas unidades de negócios, mas exige estrita coordenação e compartilhamento em processos como finanças e RH. Por outro lado, líderes de unidades de negócios podem optar por outros serviços como inovação e gestão de marcas, caso achem que assim fazendo irá beneficiá-los[10].

Escolha Mecanismos para Atender Estes Objetivos

Parte da coordenação e compartilhamento desejados ocorrerá naturalmente como consequência da maneira como sua empresa opera. Mas, a maior parte não. A estrutura de sua organização pode levar a comportamentos indesejados. Algumas unidades irão otimizar segundo suas próprias necessidades e não segundo as necessidades da companhia. Outras seguirão a maneira padrão de trabalhar, sem pensar em como inová-la. Outras ainda paralisarão a inovação em um desejo muito intenso de padronização.

Se a governança não estiver a cargo de alguém, ela não irá acontecer. Por exemplo, Adam Brotman, da Starbucks, assim explica: "Antes do cargo de CDO ter sido criado, meu trabalho era cuidar do site, dos dispositivos móveis e das mídias sociais (...) Não era marketing digital global, não era cartões [Starbucks Cards e pagamentos através de celulares] e não era fidelidade. Esses encontravam-se em três diferentes grupos separadamente dentro da organização. Percebemos que eles eram uma coisa só, todos eles funcionariam melhor juntos e se elencássemos a visão para onde queríamos ir com a transformação digital ela estaria englobando todas essas coisas."[11]

O Capítulo 7 destacou detalhadamente vários mecanismos que podemos usar para fazer com que a governança aconteça. Para elaborar o seu modelo de governança digital, escolha o *mix* de mecanismos que irá encorajar os comportamentos desejados em sua organização.

Comitês de Governança

Estes organismos são os de implementação mais simples. Entretanto, pelo fato de não serem "o trabalho diário" de ninguém, os comitês são limitados naquilo que podem fazer. Os comitês podem ser um bom ponto de partida, mas, normalmente, precisam evoluir para outro tipo de mecanismo.

Cargos de Liderança Digital

Nenhuma grande iniciativa de mudança acontece sem alguém encarregado de comandá-la. Muitas empresas fazem da transformação digital o trabalho diário de alguém, nomeando um CDO ou um cargo equivalente. A menos que se queira uma coordenação leve, é preciso dar poder para a função de líder digital indicando um alto executivo. A quem esse executivo será subordinado e que autoridade ele terá importam muito. A rede de contatos informais dele também pode ser muito útil. Considere inclusive como usar os papéis de ligação para ajudar a impulsionar a mudança por toda a organização.

Unidades Digitais de Uso Comum

Estes grupos são efetivamente unidades de serviço de uso comum para a era digital. Em vez de tentar preencher as lacunas nas atividades digitais de TI, marketing e outros grupos, as unidades digitais de uso comum possibilitam a integração de suas atividades em um único grupo. Tipicamente tais unidades são independentes e administram seus próprios recursos e orçamento. Elas podem atuar como um poderoso acelerador para a transformação de sua empresa. Mas, de todos os mecanismos, elas são aquelas que mais usam recursos.

Planeje Desenvolver o seu Modelo de Governança

Se não existe um modelo de governança único indicado para todas as organizações, outro ponto também é válido: nenhum modelo de governança é adequado para sempre. À medida que suas capacidades digitais aprimoram-se e à medida que seus modelos de governança afirmam-se, você descobrirá que será necessário fazer alguns ajustes.

Preste atenção na coordenação e na adoção por parte de todos dos modos de comportamento que você deseja encorajar. Com que grau de efetividade o seu modelo de governança está fazendo com que eles aconteçam? À medida que as unidades de negócios aprendem que recursos digitais compartilhados funcionam bem, talvez seja possível relaxar parte de seus mecanismos rigorosos para cumprimento de regras. Quem sabe você possa fazer com que habilidades e iniciativas centralizadas recaiam sobre as unidades de negócios. Por outro lado, você pode querer seguir o caminho inverso, expandindo o papel de sua unidade digital para impulsionar uma maior coordenação e compartilhamento ou lançar novos produtos digitais.

Atente às consequências negativas de seu modelo de governança. As unidades de pequenos negócios estão recebendo atenção adequada? Os seus processos de governança são muito burocráticos? Os seus padrões estão gerando ideias inovadoras que podem vir a ser úteis? Uma abordagem descentralizada está impedindo o compartilhamento de práticas desenvolvidas por diferentes unidades de negócios?

Finalmente, pense nos seus líderes da transformação digital. É preciso aumentar o comitê diretor com um CDO em tempo integral para conduzir mudanças na cultura organizacional e no processo de governança? Se a empresa estiver começando a adotar os comportamentos adequados naturalmente, você deveria fazer com que o cargo de CDO pasasse por um processo evolutivo, saindo da governança firme para algo diferente – quem sabe impulsionando a inovação? Você ainda precisa de um CDO rigoroso para toda a empresa ou CDOs de unidades podem trabalhar com um comitê ou unidade de uso comum para orientarem a coordenação e sinergia necessárias?

Nenhum modelo de governança é perfeito; todos eles precisam de ajustes. E, ao longo do tempo, todos necessitarão evoluir à medida que você trabalha para incentivar novos comportamentos e para usar seus recursos de modo mais eficaz.

SUA EMPRESA TEM OS MODELOS PARA FINANCIAR SUA TRANSFORMAÇÃO?

A transformação digital poderá ser uma oportunidade estratégica para sua empresa ou, algumas vezes, ela será uma resposta a uma "plataforma em chamas". De qualquer forma, a transformação sempre precisará de investimentos significativos. Você e a sua equipe definiram os objetivos estratégicos e a justificativa financeira para o seu guia. Agora, é preciso construir uma visão equilibrada entre o desenvolvimento de capacidades em longo prazo e o retorno de curto prazo. É também necessária clareza nas fontes de financiamento. Finalmente, é fundamental garantir que as métricas usadas para a transformação de sua empresa façam sentido para toda a organização.

Administre sua Carteira de Investimentos Digitais

É preciso formar uma carteira de investimentos que mantenha um equilíbrio entre os objetivos da visão da empresa e a combinação desejada de retornos de curto e longo prazo. Um grande número de pesquisas cobre os princípios de gestão de carteiras de investimento de TI e classifica os investimentos em tecnologia[12]. Em nossa análise, observamos de forma consistente quatro grandes tipos de investimentos digitais.

Investimentos Fundamentais

Investimentos fundamentais são a jogada de mestre para o sucesso estratégico da transformação. Sem eles, você constatará que pode se tornar difícil fazer qualquer progresso que possa ser ampliado. Eles são os sistemas, plataformas ou ferramentas essenciais necessários para habilitar avanços na experiência digital vivida pelo cliente ou nas atividades digitais. Muitas vezes, esses investimentos são muito custosos ou então seus benefícios são muito distribuídos para serem absorvidos pelo L&P (lucros e perdas) de uma unidade sozinha.

Por exemplo, uma grande empresa de alcance mundial investiu em uma plataforma global de gerenciamento de conteúdo para unificar o fluxo de conteúdo entre suas diversas unidades de negócios. Nenhuma dessas unidades de negócios poderia justificar os benefícios por si só, eles eram no nível corporativo, inclusive um agregado de retornos menores em cada negócio. O CEO da empresa entendeu que esse investimento era essencial no caminho da transformação de sua companhia. Em vez de desenvolver um estudo de viabilidade para cada unidade separadamente, ele tomou uma decisão executiva de investir na nova plataforma.

Os investimentos fundamentais não se prestam para estudos de benefícios detalhados. Eles requerem uma convocação de líder. Portanto, em geral, são financiados de forma centralizada.

Investimentos de Manutenção

Embora os investimentos de manutenção não ajudem a incrementar as capacidades digitais de uma empresa, não obstante, eles são essenciais para manter a organização operando ou minimizar os riscos. Eles também podem ser originados por fatores externos como exigências de legislação e cumprimento de normas. Atualizar funcionalidades dos sites fornecendo *analytics* de atendimento a normas para órgãos reguladores ou financiando aplicativos de segurança cairiam nesta categoria.

Investimentos Baseados em ROI

Os investimentos baseados no ROI (retorno sobre o investimento) estão estreitamente ligados ao guia de transformação. Em geral, eles se baseiam em projetos com uma clara linha de visão para melhorias de KPIs e metas de retorno sobre o investimento. Tais investimentos, geralmente, são administrados dentro do ciclo de planejamento financeiro normal da organização, mas também podem provir de outras contas ou fundos digitais.

Investimentos em Inovação nos Estágios Iniciais

Por definição, investimentos nos estágios iniciais são mais especulativos e seus retornos são altamente variáveis. Por exemplo, eles poderiam financiar incubadoras, laboratórios digitais, parcerias para pesquisa ou experimentos específicos. Administre estes investimentos como se você fosse um capitalista de risco: selecione os projetos mais promissores, elimine logo cedo aqueles sem futuro e maximize o valor comercial daqueles com futuro.

Administre um portfólio que equilibre a formação de capacidades no longo prazo com ROI de curto prazo. Para começar, levante as porcentagens alocadas atualmente a cada categoria. Em seguida, discuta com a sua equipe qual deve ser o equilíbrio ótimo para acelerar a transição digital. Em geral, os investimentos em transformação digital são facilmente aceitos quando são neutros em termos de orçamentos ou geram pelo menos o valor que eles consomem. Considere o uso de economias de custos obtidos com a "industrialização" da TI, para financiar outras iniciativas digitais no portfólio como aquelas focadas na formação de novas capacidades ou no desenvolvimento de produtos inovadores. Em outras palavras, extraia o máximo do antigo para financiar o novo.

Explore Vários Mecanismos de Financiamento

Supondo-se que sua empresa seja como a maioria das outras, você terá maior demanda de financiamento para a transformação digital do que recursos disponíveis. O segredo aqui é diversificar as fontes de financiamento. Há vários mecanismos disponíveis, porém, a maioria cai em um dos três modelos básicos: centralizado, local e apoiado por parceiros.

Investimentos Centralizados

Talvez seja necessário que a sua empresa faça investimentos centralizados quando os serviços fornecidos pertencem a uma função centralizada ou quando há necessidade de coordenação entre as entidades para alavancar o investimento. Normalmente este é o caso para as aplicações fundamentais digitais. Os investimentos centralizados também podem ser usados para financiar a sua inovação, tal como os fundos de capital inicial ou incubadoras.

Investimentos Localizados

Quando os projetos dentro do seu guia estiverem beneficiando partes específicas da empresa, os investimentos localizados funcionam melhor. Um exemplo poderia ser um aplicativo de comércio eletrônico para uma de suas marcas. Sempre que possível, é preciso garantir que se tire proveito para a companhia como um todo de implementações financiadas realizadas localmente. Se o potencial para alavancagem global da organização for substancial, pode-se oferecer um subsídio centralizado para um esforço localizado. Ou, pode ser paga uma taxa de royalty para a unidade, em um modelo tipo *app store* (loja de aplicativos) quando o aplicativo for usado por outros.

Investimentos Apoiados por Parceiros

Existem várias modalidades de investimentos apoiadas por parceiros. Pode-se acordar com um parceiro para que o apoie com um investimento inicial em troca de um comprometimento por um prazo e volume de atendimento mínimos. Pode ser solicitado ao patrocinador investimentos com base no desempenho. Pode-se, ainda, vender ou alugar ativos (físicos ou virtuais) para que um parceiro financie novos investimentos. Ou, caso ele esteja lançando novas tecnologias, você poderá atuar como um *showroom-piloto* para o seu marketing em troca de um investimento substancialmente reduzido[13].

Não Deixe que os Objetivos de Transformação se Percam na Tradução

Os executivos falam a linguagem das estratégias, custos e receitas. Os funcionários com contato mais próximo ao cliente usam a linguagem do produto, fluxo de trabalho e *click-throughs*. Uma pesquisa realizada pelo CFO Research Services constatou que apenas 36% dos executivos de finanças concordavam que as métricas por eles utilizadas para avaliar investimentos em tecnologia eram comumente compreendidas por todas as áreas da organização[14]. Fica claro que algo é perdido no processo tradutório entre medidas de sucesso estratégicas e KPIs operacionais.

Essa tradução também precisa funcionar nos dois sentidos. Os executivos de liderança precisam compreender como as melhorias operacionais conduzem a verdadeiro desempenho comercial. Como disse um executivo da área de tecnologia: "Quando os caras de marketing inventaram suas *click--through rate*s, CPMs[NT-2] e métricas de análise 'por sentimento' para justificarem seus investimentos, posso lhe dizer que todo o conselho de administração não tinha a mínima ideia do que eles estavam falando. O resultado foi óbvio."

Os objetivos estratégicos precisam ser compreendidos em termos que façam sentido para os funcionários que se encontram no "fronte" (linha de frente). Da mesma forma, aprimoramentos operacionais ou na experiência vivida pelo cliente têm de ser traduzidos em benefícios financeiros que possam ser monitorados e entendidos pelo alto escalão. Porém, na posição de alto executivo, seu papel é garantir que ambos os grupos falem a mesma língua ao elaborarem o estudo para investimento e financiamento da transformação de sua empresa[15].

VOCÊ TEM UM FOCO AGUÇADO?

O sucesso na transformação digital está mais para o que não se faz, do que para o que se faz. No contexto de um número tão grande de oportunidades para adequar o negócio à forma digital, é fácil se distrair com a última novidade tecnológica. Mas, quando se trata de assumir compromissos estratégicos reais, investir dinheiro de verdade e envolver pessoas de verdade, somente uma abordagem focada na transformação digital gera verdadeiro valor para a empresa.

Jogue a favor de seus pontos fortes. Tire proveito de ativos e capacidades existentes para criar o seu guia. Crie mecanismos de governança para guiar a transformação e maximizar o seu retorno. Essas etapas são críticas para transformar a sua visão em realidade. O passo seguinte é mobilizar sua organização para fazer com que a transformação digital aconteça. No Capítulo 11 iremos mostrar como fazer isto.

Portanto, o que há de novo para focar em investimentos no mundo digital? Você precisa criar um guia de transformação ágil para lidar com a velocidade da transformação digital. Talvez seja preciso indicar uma pessoa para atuar como CDO. Já que diferentes unidades, como, por exemplo, a de marketing, podem estar mais propensas a financiar suas iniciativas digitais por conta própria a coordenação é ainda mais importante que para outros investimentos em tecnologia.

QUAL O NÍVEL DE FOCO DA SUA ORGANIZAÇÃO EM RELAÇÃO AOS INVESTIMENTOS?

A Tabela 10.1 sintetiza como é possível focar investimentos em três etapas fundamentais. Examine as questões centrais em cada etapa e faça uma avaliação honesta do progresso de sua empresa em uma escala de 1 a 7 (1 = discorda totalmente; 4 = indiferente; 7 = concorda plenamente). Para cada uma das três etapas, some as pontuações de cada pergunta.

Para cada etapa, indicamos uma pontuação a ser alcançada que coloca sua empresa entre os "Mestres Digitais". Também estabelecemos um limiar abaixo do qual se deve começar a tomar medidas imediatas para melhorar a situação. Se a pontuação de sua companhia encontrar-se no intervalo de "Mestres Digitais", ela está pronta para seguir adiante. Caso a pontuação esteja no nível intermediário, reflita sobre as razões para tal. Sua equipe ainda precisa trabalhar algumas coisas na fase de foco no investimento. Agora, se a pontuação estiver no intervalo mais baixo, é hora de fazer algo imediatamente. E ainda, se a pontuação estiver bem abaixo, recomendamos que você comece agora a repensar fundamentalmente o processo de investimento voltado para a transformação digital de sua empresa.

TABELA 10.1

Qual o nível de foco da sua organização em relação aos investimentos?

Responda cada pergunta usando uma escala de 1 a 7 (em que 1 = discorda totalmente; 4 = indiferente; 7 = concorda plenamente) e encontre a medida recomendada para a pontuação alcançada.

Sua empresa traduziu sua visão em ação?	Pontuação
Nós temos um quadro estratégico de pontuação vindo "de cima para baixo" para guiar nossa transformação.	
Existe um guia de alto nível para a transformação digital.	
Nosso guia engloba todas as mudanças organizacionais exigidas, e não apenas as alterações tecnológicas.	
Pontuação total	

Pontuação **acima de 17**: o guia e quadro de pontuação de sua empresa estão em ordem – concentre-se em envolver o pessoal na sua execução; **7-17**: revise o guia e o quadro de pontuação em termos de conteúdo e alinhamento; **inferior a 7**: é preciso realizar uma revisão completa dos processos do guia e do quadro de pontuação.

Sua empresa escolheu o modelo de governança correto?	Pontuação
As iniciativas digitais são coordenadas através de setores como funções ou regiões.	
Não há dúvidas quanto às necessidades que precisam ser coordenadas e quais devem ser compartilhadas por toda a organização.	
As funções e responsabilidades pelas iniciativas digitais estão claramente definidas dentro da companhia.	
Pontuação total	

Pontuação **acima de 15**: o modelo de governança de sua empresa é adequado; **8-15**: verifique os princípios de governança e/ou programa de liderança; **inferior a 8**: é preciso desenvolver ou retrabalhar os princípios de governança da empresa.

Sua empresa tem os modelos para financiar a transformação?	Pontuação
Nossos estudos de viabilidade e indicadores-chave de desempenho estão associados ao nosso guia.	
Equilibramos nosso portfólio de investimentos digitais entre a formação de capacidades em longo prazo, retorno sobre o investimento a curto prazo e experimentos.	
Temos um modelo de financiamento diversificado.	
Pontuação total	

Pontuação **acima de 16**: seu processo de financiamento digital é consistente; **8-16**: garanta que seu portfólio, financiamento e estudos de viabilidade estejam alinhados; **inferior a 8**: é preciso retrabalhar o estudo para investimento e financiamento da transformação de sua empresa.

CAPÍTULO 11

MOBILIZANDO A ORGANIZAÇÃO

Programas de mudança grandes e transformativos acontecem apenas quando os líderes são capazes de conquistar a confiança dos funcionários, envolvê-los e mobilizá-los para a ação. Com a transformação digital isso não é diferente. Entretanto, de forma surpreendente, nossa pesquisa revela que 64% dos funcionários ainda não sentem que seus líderes tenham compartilhado adequadamente uma visão para a transformação digital com todos os membros da organização[1]. Logo, o que podemos aprender com os "Mestres Digitais"? Para mobilizar uma organização e conseguir grande impacto, faça a si mesmo as três fundamentais perguntas a seguir:

- *Sinalização:* você está divulgando as ambições e benefícios da transformação digital de forma suficientemente clara para a organização?
- *Conquista do direito de engajar:* você está criando impulso suficiente com os funcionários através da coautoria de soluções e do envolvimento daqueles que terão de fazer a mudança acontecer?
- *Estabelecimento de novos comportamentos:* você está encorajando ativamente uma mudança na cultura organizacional para alterar a forma que as pessoas trabalham e colaboram?

O desenvolvimento de programas para responder estas três questões irá aumentar substancialmente as chances de sucesso das suas iniciativas de transformação digital.

FIGURA 11.1

A bússola da transformação digital: mobilizando a organização

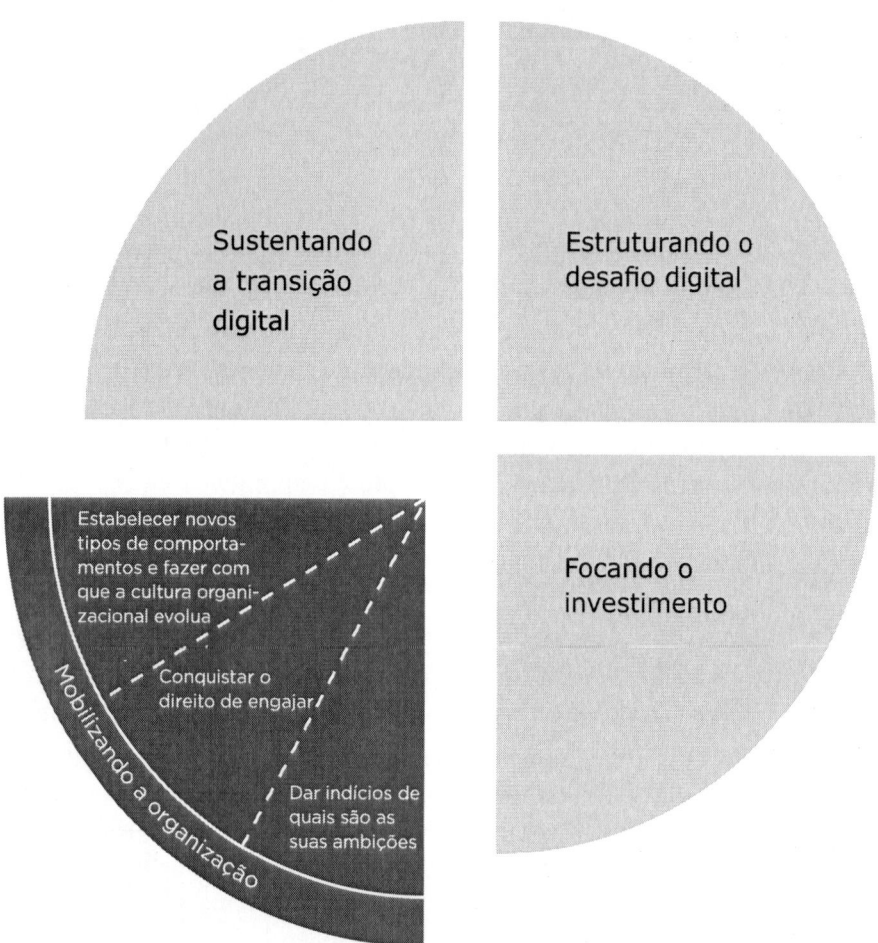

Obviamente, o esforço não recai apenas sobre você. Toda a equipe de líderes deve embarcar nesta jornada.

VOCÊ ESTÁ DEIXANDO CLARO QUAIS SÃO AS SUAS AMBIÇÕES?

No Capítulo 9 discutimos a necessidade de mobilizar a cúpula da empresa sobre o impacto da transformação digital, bem como a de alinhar todos em torno de uma visão de futuro. Mas, existe também um pessoal mais difícil que deve ser convencido a participar dessa jornada: todo o restante de sua organização. Você precisa se transformar no gerente de marketing de suas ambições. Como? Dê indícios claros para a empresa logo no princípio. Certifique-se que a proposição de valor por você elaborada seja clara e tenha significado para os diferentes indivíduos e as diversas funções. Em seguida, divulgue suas ambições em larga escala usando todos os canais disponíveis.

Dê Indícios

Coloque em andamento o processo de transformação de sua empresa dando indícios inequívocos, tanto interna quanto externamente, sobre a importância do fenômeno digital e as mudanças resultantes que são esperadas. Estes indícios podem assumir várias formas. Alguns deles se baseiam em métricas ou desempenho como a declaração do CEO de que a PagesJaunes passaria de aproximadamente 30% de seus negócios on-line para mais de 75% a 80% em um prazo de quatro anos[2]. Alguns indícios também podem ser organizacionais. Vimos o COO, de grande divisão, de uma empresa multinacional ser apontado para o cargo de CDO dentro da mesma unidade, mostrando de forma clara para toda a empresa a importância da transformação. Outros indícios estão relacionados a fazer com que a transformação torne-se uma marca visível para todas as partes interessadas da companhia – como fez a L'Oréal quando seu CEO anunciou 2010 como sendo o "ano digital"[3]. Você pode dar indícios de várias formas; o que importa é que você o faça visivelmente para começar a mobilizar a organização.

Explique Claramente Quais São os Benefícios

Mas, não basta dar indícios para os funcionários. Para divulgar efetivamente suas ambições, é preciso explicar os benefícios e tornar a transformação digital significativa para constituintes-chave da organização. Coloque-se no lugar deles, perguntando a si mesmo: "O que há de bom nisso para mim?" A lógica financeira e competitiva tradicional é importante, mas não suficiente para envolver corações e mentes dos funcionários. É preciso articular como a transformação digital irá melhorar a forma como as pessoas desempenham seus papéis, tornando o trabalho delas mais fácil, melhor, rápido ou mais prazeroso. Também é preciso adaptar essas mensagens para as diferentes comunidades organizacionais. Por exemplo, explique ao departamento financeiro como as ferramentas digitais irão aumentar a visibilidade e a precisão dos relatórios financeiros; demonstre para o pessoal de marketing como obter uma visão mais refinada e rica em dados da segmentação dos clientes da empresa. Posicione os benefícios da transformação digital em termos que façam sentido para os indivíduos que serão essenciais para tornar a sua visão realidade.

Enfrentando um rápido declínio em sua participação no mercado devido a nova concorrência, uma operadora de telefonia celular de âmbito mundial redefiniu sua visão: tornar-se a primeira marca verdadeiramente digital no mercado de telefonia celular. Para mobilizar a organização, a empresa produziu e distribuiu um programa de vídeo em todas as suas plataformas internas. Os membros do conselho de administração e os 150 executivos mais importantes passaram a travar uma conversa aberta com os funcionários e respectivos departamentos – usando uma rede social interna – para explicar o grau da mudança, os benefícios resultantes para o cliente e como práticas de trabalho iriam melhorar, além de solicitar o feedback e ideias dos colaboradores.

Dar um significado para a transformação digital para cada pessoa e departamento aumentará substancialmente o engajamento dos colaboradores. À medida que eles entenderem com qual parte da visão digital poderão contribuir ativamente e como ela poderá beneficiar o trabalho de cada um deles, eles se tornarão defensores da causa.

Utilize Todos os Canais de Comunicação Disponíveis

Para conseguir uma mobilização em larga escala e garantir que a mudança seja entendia por todos os funcionários, use todas as plataformas digitais disponíveis dentro de sua organização – vídeos, redes sociais corporativas, *webcasts*, intranets. Utilize também os canais tradicionais. E encoraje feedbacks e diálogos abertos. Alcançando todos os funcionários dessa maneira você vai criar escala; mas, lembre-se: as ferramentas são apenas os portadores da mensagem. Você também precisa trabalhar a mensagem em si. O que conta é a autenticidade. Demonstre que você se preocupa com a contribuição das pessoas transformando a visão em realidade e que valoriza o diálogo crescente. Os departamentos de RH e comunicação interna podem ser grandes aliados para garantir o sucesso da mobilização. Envolva-os na elaboração conjunta de um plano de comunicação bidirecional. Em seguida, desenvolva as mensagens certas e crie um processo para análise do feedback.

VOCÊ CONQUISTOU O DIREITO DE ENGAJAR?

Criar um impulso organizacional em grande escala não é um direito pleno de quem está no comando; você precisa conquistá-lo. Como isso pode ser feito efetivamente? Realize quatro coisas de forma consistente. Primeiramente, encoraje a liderança da companhia a tornar-se modelo de comportamento, promovendo ativamente as atitudes que representam a nova visão. Em segundo lugar, elabore, em esquema de coautoria com as pessoas responsáveis pelo seu sucesso, um detalhado plano de implementação da transformação. Em terceiro, identifique e envolva desde cedo os verdadeiros partidários, aqueles defensores da transformação, dispostos a correr risco para fazer com que a mudança vire realidade. Finalmente, descubra vitórias de aprimoramento da empresa que possam ser conquistadas rapidamente com a utilização das novas tecnologias digitais.

Traduza suas Palavras em Atos

Mahatma Gandhi certa vez afirmou: "Seja a mudança que você deseja ver no mundo." Isto também é verdadeiro na condução da transformação digital. Como líder, você pode influenciar a transição para a forma digital tornando-se um padrão de comportamento para as mais importantes decisões gerenciais. Um executivo da Pfizer colocou da seguinte forma: "A maneira através da qual a estamos abordando é dizer 'Pense primeiro digitalmente', de forma que tudo que criamos, cada trecho de conteúdo, cada informação que temos possa ser acessível digitalmente."[4] Agindo como um padrão de comportamento para a mudança desejada e encorajando seus colegas a fazerem o mesmo, você está dando o primeiro passo importante no sentido de conquistar o direito de envolver outros funcionários. Conforme descrito no Capítulo 6, a Coca-Cola enfrentou desafios enormes ao implementar sua plataforma social-colaborativa interna. Somente quando os seus executivos envolveram-se com a plataforma, a comunidade tornou-se ativa. "Com a participação ativa dos executivos, não é preciso ordenar atividade."[5]

Para alguns líderes empresariais conhecedores da tecnologia, o ato de ser um modelo de comportamento será óbvio; para outros, talvez não seja algo natural. Mas, vale a pena perseverar. Em longo prazo os benefícios da participação dos executivos superam, em muito, o esforço investido.

Crie a Transformação em um Esquema de Coautoria

As tecnologias digitais possibilitam que se crie a transformação digital em coautoria com pessoas hierarquicamente acima e abaixo de você, de forma mais fácil que nunca. A Pernod Ricard abriu o diálogo com seus funcionários para criar em coautoria todo o seu guia digital. O *crowdsourcing* não é apenas uma boa maneira de gerar novas ideias e aumentar a qualidade do projeto de transformação, mas também é envolvente.

Em junho de 2013, a Société Générale, banco francês de atuação mundial, mobilizou 16.000 funcionários em 19 países para elaborar seu detalhado plano de transformação[6]. O banco concentrou seu guia de transformação no exercício em três vias principais, a saber: aprimorar a experiência proporcionada ao cliente, modificar a forma como os funcionários colaboram e investir nos sistemas de TI corretos para sustentar a mudança. Usando sua rede social interna, a instituição financeira reuniu mais de mil iniciativas, que foram revistas e analisadas concomitantemente por milhares de funcionários. As mais promissoras foram apresentadas ao CEO e a cúpula da empresa para validação final, e posteriormente integradas ao plano de transformação do banco. Não foi preciso muito trabalho para vender a ideia depois disso. Conforme explicou Frederic Oudéa, CEO do Société Générale: "Não haverá nenhuma revolução da noite para o dia em nossa transição digital; temos de encorajar iniciativas orientadas pela empresa, mas vindas de nossa linha de frente."[7]

Identifique seus "Defensores do Digital"

Identificar verdadeiros partidários dentro da organização ajudará a multiplicar seus esforços de mobilização, bem como o impacto deles. Os "Mestres Digitais" aproveitam seus "defensores do digital" tanto através de funções formais como informais. Esses indivíduos compraram a ideia da visão, a estratégia e a necessidade resultante da transformação. Eles são essenciais para interligar as iniciativas digitais vindas "de cima para baixo" com as diversas dimensões da organização – regional, funcional, linhas de produtos, marcas e coisas do gênero. Eles garantem que a parte da organização que eles defendem permaneça engajada e que suas contribuições e necessidades específicas sejam representadas em nível corporativo. Não importa a idade ou tempo de casa; os "defensores do digital" são, ao mesmo tempo, conhecedores da tecnologia e do mundo dos negócios. Eles são bons em estabelecer contato e criar influência horizontal para ajudá-los a implementar a transformação rompendo a barreira dos setores organizacionais. Cuide bem de seus "defensores do digital". Eles irão ser, muito provavelmente, os futuros líderes digitais de sua organização.

Mas, por que a média gerência não conduz a mudança digital? Trata-se de uma questão capciosa em muitas empresas. À medida que as conversações se dão cada vez mais on-line e as informações são transparentes e mais facilmente disponíveis, as funções da média gerência em estruturas hierárquicas tradicionais podem precisar evoluir. Alguns gerentes do médio escalão podem se tornar grandes "defensores do digital", ao passo que outros não. Isso é particularmente importante nas empresas em que há uma lacuna digital existente entre gerentes conhecedores da tecnologia e aqueles que não são. Logo cedo você terá de lidar com esse desafio de liderança. Os "defensores do digital" são essenciais para o sucesso de sua transformação digital.

Identifique Vitórias Rápidas

Finalmente, conquistar o direito de envolver a organização diz respeito a obter resultados rapidamente. Você precisará parar de contar histórias, e começar a mostrar resultados logo. Vitórias que podem ser conquistadas rapidamente são uma boa forma de motivar seus partidários e de silenciar os "do contra". Mas, você precisa de um processo formal para identificar as vitórias, para aumentar a visibilidade delas e para celebrá-las.

É aí que os experimentos e projetos-pilotos podem ajudar. Felizmente, a tecnologia digital possibilita testes direcionados bastante efetivos e de baixo custo. Diferentemente dos filmes de celulóide, a câmera digital possibilita que se tirem várias fotos e se testem diferentes ângulos e condições de iluminação com riscos próximos a zero. De forma similar, a tecnologia digital possibilita que se façam experimentos com o negócio e se itere mais eficazmente. Encontre um bolsão de ganhos em eficiência nas operações, tomando uma decisão melhor através de um piloto de *analytics* ou gerencie melhores resultados de vendas em um experimento de varejo regional. Vitórias rápidas como estas dirão muito e ajudarão a mobilizar sua organização. E se você for capaz de obtê-las em uma escala maior, isso também irá gerar enormes benefícios para a empresa.

VOCÊ ESTÁ ESTABELECENDO NOVOS PADRÕES COMPORTAMENTAIS PARA A ORGANIZAÇÃO?

As tecnologias digitais estão transformando nossas formas tradicionais de trabalhar. Novas maneiras de colaborar, comunicar e interagir estão mudando o contrato moral entre empresas e empregados.

Michelle Pattison, diretora global do programa de *Agile Working* da Unilever, explica:

> *A maneira através da qual os funcionários recebem comunicados e interagem com seus colegas e empregadores, em uma companhia como a Unilever, tem mudado rapidamente, graças à tecnologia que temos à nossa disposição imediata nos dias de hoje. Em nossas formas tradicionais de trabalhar, como acontece em tantas empresas, tempo e comparecimento eram a medida-chave dos funcionários. Não se questionava onde ou quando você deveria trabalhar. Introduzimos na Unilever nosso programa "Agile Working", que valoriza o desempenho e resultados de nossos funcionários. Para nós, tempo e comparecimento são barreiras artificiais que podem ser removidas, permitindo aos colaboradores terem voz ativa sobre a forma como trabalham. Ele constrói nossa capacidade ao redor do mundo, ele salvaguarda a continuidade da empresa e conserva um "reservatório de talentos" bem mais diverso em nossa organização. É uma situação onde todos saem ganhando[8].*

A forma exata da organização digital do futuro ainda não está clara. O que fica evidente é que novas maneiras de trabalhar, alimentadas por tecnologias digitais, estão fazendo com que as culturas e as práticas de trabalho evoluam dentro das organizações. E, com o passar do tempo, elas também irão mudar a forma como as empresas são estruturadas e funcionam. Quais são os fatores impulsionadores?

A tecnologia digital está promovendo um compartilhamento mais transparente não apenas das informações que circulam no sentido hierárquico (vertical), mas também no sentido horizontal dentro das organizações. Fóruns, comunidades e novos fluxos de dados estão aumentando a colaboração e a tomada de decisão. Reuniões on-line, *webcasts* e comunicações por meio de vídeo estão permitindo aos funcionários de todas as funções e, independentemente de onde se encontrem, se reunirem para solucionar problemas ou para inovar. Os processos internos tradicionais tornaram-se automáticos, dando flexibilidade aos funcionários para disporem de suas tarefas como desejarem – estejam eles reservando um voo, preenchendo relatórios de despesas ou atualizando a previsão de vendas semanal.

Vimos vários "Mestres Digitais" desenvolvendo ativamente suas culturas para construir tais empresas digitais de alto rendimento. Isso não acontece à toa; é preciso liderança. Sua organização terá de se adaptar a estas novas formas de trabalhar e à resultante evolução cultural. Por onde começar? Primeiramente, tem a ver com incentivar novas formas de comportamento – o que a empresa gratifica e o que não. Em segundo lugar, diz respeito a encorajar a adoção para garantir que os investimentos em tecnologia beneficiem a companhia conforme planejado. Em terceiro, relaciona-se a tolerar erros e aprender com eles. E, finalmente, trata-se de fazer com que novas maneiras de trabalhar tornem-se rotina.

Faça Mudanças Visíveis nas Práticas de Trabalho

Adaptar práticas de trabalho e fazer com que a cultura evolua envolve uma série de pequenas mudanças de comportamento vindas "lá de cima". A comunicação "de cima para baixo", não importa o quão inspiradora seja, não é o suficiente. Não existe uma panaceia, mas atos e padrões de comportamento falam mais alto que palavras.

Questione a sua intuição – garanta que as suas principais decisões gerenciais baseiem-se no poder dos dados e da *analytics*. Lute contra a fragmentação organizacional e o pensamento baseado em setores. Encoraje a transparência, a padronização dos principais processos e a eficiência operacional que as tecnologias digitais oferecem.

Por outro lado, também conduza nos bastidores e adote um estilo encorajador para permitir que equipes que se auto-organizam resolvam problemas, inovem e ampliem a visão da empresa. Tudo isso é inovação gerencial alimentada por tecnologias digitais e liderança com comprometimento. Faça isso de forma bem-sucedida e você começará a compor uma nova assinatura cultural dentro de sua organização.

A maioria dos CEOs fala da necessidade de "ser voltado para o cliente". Mas, Richard Branson, CEO do Virgin Group, era proativo em relação a isso. Ele convidou seus 2,3 milhões de seguidores no Twitter a apresentarem perguntas sobre sua empresa através da *hashtag* #AskRichard. Ao propor ao mundo externo um diálogo, ele deu claros indícios tanto externa quanto internamente[9].

Para fazer com que a cultura de sua empresa progrida, certas vezes, é preciso aceitar um pouco de risco. Peter Aceto, CEO da ING Direct do Canadá, fez exatamente isso. Usando a rede social internacional da companhia, ele encoraja os funcionários a colocarem para fora suas frustrações em relação à empresa, diretamente com ele. Assim explica: "Talvez não tenhamos resolvido importantes questões por termos esta 'sessão de queixas', mas com o meu apoio, os funcionários sabem que é seguro ser ouvido e que o diálogo é encorajado e o feedback pode ser transformado em ação. E minha diretoria é constantemente alertada sobre o poder das conversas verdadeiras, da honestidade e do debate franco. Não importa se você está abrindo a caixa de Pandora ou uma grande lata de minhocas, a questão é que as latas existem, as conversações ocorrem e sempre há espaço para melhorias."[10]

Encoraje a Adoção e Não a Implantação

Uma grande forma de ser mal sucedido em sua transformação digital é focar a implantação em vez de sua adoção pelos usuários da área comercial. Parece óbvio, não é mesmo? Contudo, quantos milhões de dólares são gastos em tecnologia de *analytics* sem nenhum resultado visível – ou até mesmo qualquer mudança – na maneira que as decisões são tomadas dentro de uma empresa? Quantas organizações empregaram redes sociais internas com grande alarde apenas para verem uma baixa aceitação ou um enorme arrefecimento depois de alguns meses?

A maneira como algumas companhias tipicamente introduzem essas plataformas em suas organizações deve, em parte, ser condenada. Implementações que medem o sucesso em termos de *live sites* ou licenças focam apenas na implantação, não a adoção. Elas perdem o verdadeiro valor de seus investimentos em tecnologias digitais: a colaboração entre usuários ativamente participativos, tomada de decisão mais inteligente, maior compartilhamento das melhores práticas e, ao longo do tempo, mudança de comportamento sustentada. Em geral, os resultados são aplicações internas largamente implantadas, mas que ninguém usa efetivamente. Por que isto acontece?

Existem três razões principais. Primeiramente, esses tipos de programas digitais são, muitas vezes, tratados como implementações de tecnologia. Líderes técnicos ineficazes podem medir o sucesso baseado em métricas de implantação, considerando a averiguação da verdadeira adoção pelos usuários da área comercial como sendo tarefa de outra pessoa. Em segundo lugar, os fornecedores de plataformas, em geral, exageram com promessas de mudança instantânea através da tecnologia digital. Eles ganham dinheiro vendendo hardware e software, mas raramente por fazê-los serem usados em grande escala. E, finalmente, os programas de incentivo ao usuário para adoção desses sistemas custam dinheiro.

O verdadeiro ROI obtido por sua empresa provém da incorporação de novas práticas de trabalho nos processos, dos fluxos de trabalho e, em última instância, da cultura organizacional. Mesmo quando o valor de adoção é compreendido, a contenção de custos normalmente prevalece. Diante de orçamentos limitados, as empresas concentram-se primeiramente na parte mais tangível – a implantação da tecnologia. Os difíceis treinamentos e mudanças organizacionais necessários para a total adoção são deixados para depois e, em geral, este "para depois" nunca chega.

Esta implementação parcial gera negativismo e tem potencial para ameaçar uma parte grande do seu programa para transformação digital. Os usuários da área comercial não veem o valor de tal transformação e deixam de se envolver com as plataformas digitais. Joga-se a culpa deste insucesso nas próprias plataformas. Instala-se um clima de cinismo. Todo investimento adicional na área digital é avaliado negativamente e o programa de transformação digital, como um todo, desacelera.

Encorajar os funcionários a adotarem as tecnologias e ferramentas digitais, e fazer isso de forma visível, através de padrões de comportamento, ludificação, recompensas ou quaisquer outros métodos pode ter um impacto significativo sobre o comportamento das pessoas. Quando os programas de adoção são bem implementados, os benefícios tornam-se evidentes.

O CIO de ciência dos materiais da Bayer, Kurt De Ruwe, explicou como a introdução de uma plataforma social criou um movimento irreversível: "Não se pode detê-lo. Uma vez que ela tenha sido disponibilizada para as pessoas na plataforma certa, a mágica acontece (...) Por que eu participo? Se você não fizer isso seus funcionários encontrarão uma maneira de se orientarem por conta própria. O uso de microblogues basicamente abrange praticamente qualquer um dentro de uma organização que queira se envolver com eles. Isto está criando um ambiente cultural diferente na organização. Quando as pessoas me pedem para quantificar em euros ou em dólares o que a plataforma nos proporcionou – eu digo a elas para observaram a mudança na forma de pensar, no comportamento aberto das informações e com que rapidez as informações circulam na Bayer. Coisas que outrora levariam duas a três semanas para serem descobertas, agora levam apenas horas."[11]

Mas, a adoção das ferramentas digitais por parte do pessoal da área comercial não acontece naturalmente. Ela tem de ser dirigida. Portanto, o que você precisa fazer? Em geral, você deve partir do princípio de fazer menos coisas, mas de uma forma melhor. É preciso planejar a adoção desde o princípio – levar em conta as pessoas, os processos e as mudanças estruturais. Alinhar o investimento necessário para se atingir os benefícios pretendidos. Isto custará dinheiro. Também alinhar recompensas e reconhecimento é uma boa prática e, conforme demonstrado anteriormente, isso acontece através de uma liderança calcada em exemplos de sua parte.

Organizações que focam na adoção de ferramentas digitais para toda a empresa conseguem retornos melhores. Sua liderança ativa nesta etapa garantirá que os investimentos feitos em tecnologia digital beneficiem a companhia conforme planejado.

Aprenda com as Quedas

Com a velocidade das mudanças na tecnologia, os processos operacionais e de lançamento de produtos ou serviços no mercado, geralmente, será catapultado para um território desconhecido. Nem tudo que você for experimentar irá dar certo. O adágio "Erre rápido, erre barato, erre com frequência" não é novo, porém é muito relevante para a adoção da tecnologia por parte de toda a empresa. Obviamente, não se trata de encorajar o insucesso. Trata-se de promover uma cultura na qual as equipes podem aprender de forma rápida e inteligente.

A experimentação pode conduzi-lo para a direção correta. A tecnologia digital possibilita inúmeras formas de testar novas ideias para a empresa, a um custo relativamente baixo. Com os devidos mecanismos de controle posicionados, ela também fornece um fluxo de dados contínuo para serem medidos, dos quais é possível tirar lições e também possibilitar a adaptação. O tempo de colocação de um produto no mercado passa a ser mais importante que a perfeição. Invariavelmente, apesar de experimentos bem executados, algumas iniciativas não conseguirão cumprir o planejado. Porém, isso faz parte do jogo.

O importante é aprender a partir dos insucessos e, em tentativas posteriores, tirar proveito do conhecimento adquirido. Kim Stevenson, CIO da Intel, instituiu um programa simples para encorajar uma postura de correr riscos em sua organização. Ela distribui cartõezinhos que dizem: "Eu corri um risco, não deu certo, e eu aprendi algo a partir disso e o aplico." Cada cartão destes é um convite à experimentação e a uma postura de correr riscos. Quando um projeto não dá certo, os membros da equipe devolvem o cartão para seus gerentes; os gerentes decidem então se devem ou não devolver a eles o cartão[12]. Os insucessos podem ser uma oportunidade para aprendizado – considere-os como parte do processo.

Institucionalize Novas Práticas

Utilize o poder das ferramentas digitais no limite de suas possibilidades. Encoraje novas práticas de trabalho para que estas se tornem a forma rotineira de operar de sua organização. O emprego internamente de técnicas de *crowdsourcing* pode tanto tirar proveito da força de sua organização como também dar um indício que interesse a todos e não apenas a uma "seleta casta" pertencente ao comitê de administração. A Sainsbury, rede varejista inglesa, administra um painel formado por mais de 2.000 funcionários que dão feedback todos os meses sobre decisões gerenciais importantes[13]. Até mesmo o processo de inovação está sendo transformado por novas ferramentas digitais: *crowdsourcing*, busca com "ampla difusão" e inovação aberta. Portanto, você precisa institucionalizar uma a uma cada ferramenta dessas por toda a organização visando melhor produtividade e eficiência.

Mas, como fazer para que as mudanças "peguem" e tornem-se rotina? É preciso adaptar seus processos administrativos e de pessoal para institucionalização das novas práticas. Esta deve ser uma ótima oportunidade para que o RH ou o departamento responsável pelas funções de desenvolvimento de pessoal assumam um papel de liderança na transformação. Infelizmente, nossa pesquisa revela, com grande frequência, que os funcionários que desempenham tais funções não estão à altura desta tarefa. Portanto, lance um desafio a eles e pergunte a si mesmo: "Será que eu tenho o apoio adequado para minhas ambições?"

Você deu indícios da mudança para a sua organização, já tem comunidades engajadas e defensores da causa e está cultivando ativamente novos padrões de comportamento para se aproximar da condição de uma empresa digital. Sua tarefa de mobilização já deve estar bem encaminhada.

Portanto, o que há de novo na implementação quando se trata de transformação digital? Você pode fazer uma mobilização em grande escala, independentemente do tamanho ou complexidade de sua organização. É possível elaborar planos de transformação com a copartipação de outras pessoas, através do envolvimento de uma comunidade mais ampla. Os defensores da transformação digital, que impulsionam a mudança, podem ser de qualquer faixa etária ou "tempo de casa", não apenas experientes executivos. Muito mais do que acontecia no passado, a experimentação e a tolerância a falhas fazem parte do jogo digital.

QUAL O NÍVEL DE MOBILIZAÇÃO DE SUA ORGANIZAÇÃO?

A Tabela 11.1 sintetiza como você pode mobilizar sua organização em três etapas fundamentais. Examine as questões centrais em cada etapa e faça uma avaliação honesta do progresso de sua empresa em uma escala de 1 a 7 (1 = discorda totalmente; 4 = indiferente; 7 = concorda plenamente). Para cada uma das três etapas, some as pontuações de cada pergunta.

Para cada etapa, indicamos uma pontuação a ser alcançada que coloca sua empresa entre os "Mestres Digitais". Também estabelecemos um limiar abaixo do qual se deve começar a tomar medidas imediatas para melhorar a situação da empresa. Se a pontuação de sua companhia encontrar-se no intervalo de "Mestres Digitais", ela está pronta para seguir adiante. Caso a pontuação esteja no nível intermediário, reflita sobre as razões para que talvez sua equipe ainda precise trabalhar alguns pontos na fase de mobilização. Agora, se a pontuação estiver no intervalo mais baixo, é hora de fazer algo imediatamente. E ainda, se a pontuação estiver bem abaixo, recomendamos que você elabore e conduza um programa de mobilização total junto com a cúpula da empresa.

TABELA 11.1

Qual o nível de mobilização de sua organização?

Responda cada pergunta usando uma escala de 1 a 7 (em que 1 = discorda totalmente; 4 = indiferente; 7 = concorda plenamente) e encontre a medida recomendada para a pontuação alcançada.

Você está divulgando suas ambições de forma suficientemente clara?	Pontuação
Nossos altos executivos estão promovendo ativamente uma visão de futuro que envolva tecnologias digitais.	
Nossos altos executivos e gerentes do médio escalão têm uma visão comum sobre a transformação digital.	
Nossos funcionários compreendem os benefícios da mudança.	
Pontuação total	

Pontuação **acima de 17**: você está fazendo um ótimo trabalho de divulgação de suas ambições; **7-17**: isole a parte que não é satisfatória e trabalhe junto com a sua equipe para remediar a situação; **inferior a 7**: considere o desenvolvimento de um programa específico para deixar claras quais são as suas ambições.

Está sendo criado impulso suficiente dentro da organização?	Pontuação
Existem oportunidades para todos de dentro da empresa participarem das conversações em torno das iniciativas digitais.	
Identificamos os "verdadeiros partidários" que ajudarão na mobilização da organização.	
Estamos criando impulso através de "vitórias rápidas".	
Pontuação total	

Pontuação **acima de 16**: foi criado impulso suficiente dentro da organização; **8-16**: você precisa examinar qual componente de envolvimento encontra-se abaixo do nível desejado; **inferior a 8**: é necessário você desenvolver e conduzir um programa de engajamento total.

Está sendo encorajada ativamente uma mudança para uma cultura digital?	Pontuação
Nossos altos executivos atuam como modelos na adoção de novas formas de comportamento.	
Toleramos e aprendemos a partir de insucessos em nossas iniciativas digitais.	
Estamos promovendo as mudanças de cultura necessárias para a transformação digital.	
Pontuação total	

Pontuação **acima de 16**: você começou a mudar os padrões de comportamento e cultura de sua organização; **7-16**: entenda as causas primárias de suas preocupações e trabalhe com sua equipe para solucionar os problemas; **inferior a 7**: é preciso começar a trabalhar rumo a uma mudança da cultura de sua organização.

CAPÍTULO 12

DANDO SUSTENTAÇÃO À TRANSFORMAÇÃO DIGITAL

Muitas vezes, programas de grandes transformações acabam não atingido seus objetivos pelo fato de eles perderem o ímpeto. Com a transformação digital isso não é diferente. É fácil continuar motivado nos primeiros dias – camisetas, bonés de times, comunicados regulares em vídeo, programas de engajamento visíveis, vitórias rápidas, compartilhamento das melhores práticas e novos papéis de liderança. Porém, com o passar do tempo, surge a fadiga da mudança e novas formas de trabalhar começam dar lugar à antiga maneira de se fazer as coisas.

É aí que as lacunas de conhecimentos tornam-se óbvias, em que métricas e incentivos não alinhados interpõem-se na maneira de se fazer a coisa certa e em que as equipes de liderança, ocupadas em planejar o próximo passo estratégico, muitas vezes pressupõem que a transição digital está no piloto automático, no caminho para a finalização.

Estes períodos podem ser perigosos. Até que as novas práticas digitais estejam enraizadas na experiência vivida pelos seus clientes e nas atividades e maneiras de trabalhar da empresa, corre-se o grande perigo de que o ímpeto da transformação digital de sua organização comece a fraquejar. Sem um esforço orquestrado para sustentar o programa de transformação digital, a visão e os objetivos da empresa correm riscos. Joe Gross, da seguradora Allianz, assim explica: "Acredito que o principal desafio da Allianz será manter e acelerar o ímpeto que já geramos. Trata-se ainda de um processo em evolução – não podemos esperar resultados imediatos. Também é fácil as organizações caírem na armadilha de retornarem aos seus antigos e conhecidos hábitos. O nosso desafio é não retornarmos para nossas zonas de conforto e, pelo contrário, sempre buscar novas oportunidades na forma digital."[1]

O que podemos aprender com os "Mestres Digitais" sobre tornar sustentáveis as transformações digitais? Garantir que se administrem os três aspectos da transição digital, apresentados a seguir, irá ajudar a sustentar o ímpeto da transformação em sua empresa:

- *Desenvolvimento de capacidades fundamentais:* você tem um plano para um aumento da competência digital de sua organização? Existe uma plataforma digital bem estruturada? As relações entre as áreas comercial e de TI são estreitas?
- *Alinhamento das estruturas de recompensa:* os incentivos, recompensas e reconhecimentos estão alinhados com os objetivos de transformação de sua empresa?
- *Medição, monitoramento e iteração:* existe um processo de gerenciamento que permita medir e monitorar o progresso da transformação digital da sua empresa? Você tem visibilidade suficiente para adaptar o curso na medida do necessário?

A EMPRESA ESTÁ DESENVOLVENDO CAPACIDADES FUNDAMENTAIS?

A inovação tecnológica está superando a capacidade de muitas empresas de desenvolver habilidades organizacionais de modo suficientemente rápido. No Capítulo 8 mostramos que os "Mestres Digitais" constroem três sólidas fundações para sustentar a transformação digital. Eles desenvolvem *habilidades digitais* – a experiência e o conhecimento das pessoas. Eles constroem uma *plataforma digital* – a montagem de tecnologia para alimentar seus processos de negócios. E, finalmente, eles estabelecem estreitas *relações entre as áreas comercial e de TI* – interações confiáveis, compartilhadas e integradas entre o pessoal das áreas de tecnologia e vendas.

Orquestre a Construção de Habilidades

Desenvolver habilidades digitais é um processo gradual. Não existe uma fórmula mágica; portanto, adquiri-las não irá acontecer da noite para o dia. É preciso elaborar um plano de construção de capacidades e de desenvolvimento organizacional mesclando várias outras abordagens complementares: contratação, treinamento, parceria, aquisição ou incubação.

FIGURA 12.1

A bússola da transformação digital: sustentando a transformação digital

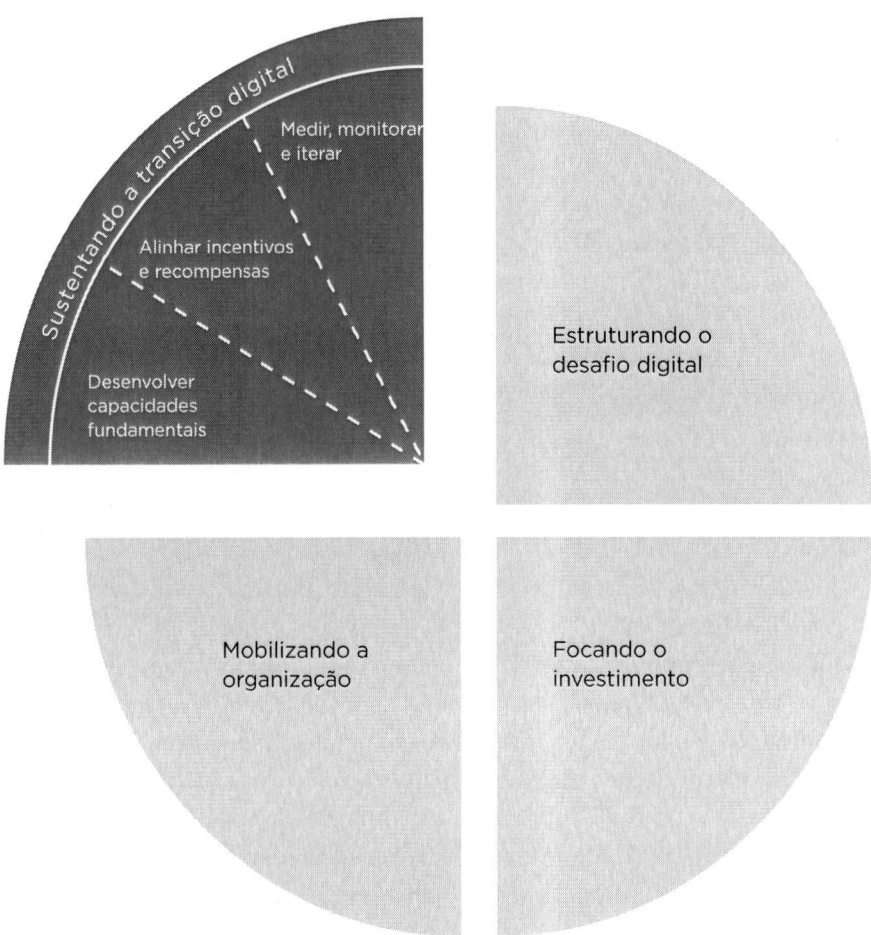

Porém, em primeiro lugar é necessário *compreender qual é a lacuna de conhecimentos de sua empresa*. Nos níveis operacionais você precisa inicialmente realizar uma avaliação apropriada em termos de "inventário de habilidades e conhecimentos" para entender a reestruturação necessária das principais funções desempenhadas na empresa: o que existe hoje, o que o processo de transformação digital requer e a lacuna *de conhecimentos* que precisa ser preenchida. Peça ao RH para fazer uma sondagem a este respeito. E considere todas as táticas à sua disposição.

Contratação

A capacidade de fazer boas contratações é a ferramenta mais óbvia. A contratação externa é eficiente por trazer capacidades de liderança digitais para os níveis executivos e habilidades específicas para as funções mais operacionais.

Comece pelo alto escalão. Ao tentar desenvolver habilidades digitais para a empresa, trazer conhecimento e experiência da área digital para o nível executivo é útil. Por exemplo, em 2012, a Coca-Cola trouxe para o seu conselho Robert Kotick, CEO da empresa de jogos Activision Blizzard. Muhtar Kent, presidente do conselho de administração e CEO da companhia, explica: "Bobby traz para nossa companhia um modo de pensar empreendedor e um elevado nível de conhecimento nas áreas financeira e digital. O seu expertise em marcas de alcance mundial e suas visões serão inestimáveis à medida que continuamos nosso plano de crescimento da empresa e investimos para o aprimoramento de nosso envolvimento digital com consumidores e clientes ao redor do mundo."[2] Muitas organizações também contratam executivos experientes para injetar liderança digital em seu alto escalão. A Nestlé, gigante do setor alimentício, contratou, em 2011, Pete Blackshaw para o cargo de diretor mundial da área digital e mídias sociais para harmonizar e acelerar a estratégia de marketing digital da companhia[3].

Inove na estratégia de recrutamento. Use todos os canais de recrutamento que as tecnologias digitais têm atualmente – mídias sociais, agências de recrutamento on-line e outras comunidades virtuais – assim como caminhos mais tradicionais. A L'Oréal, por exemplo, desenvolveu o "Reveal", um site de recrutamento que assume a forma de jogos de empresas[4]. Nada surpreendente o fato de candidatos da Geração Y, conhecedores da área digital, preferirem ser selecionados através de meios digitais – 49% deles estão mais propensos a considerarem uma oferta de emprego anunciada de maneira inovadora[5].

Use uma rede bem grande para pescar talentos raros. Busque e consiga talentos seja lá onde estiverem. Pesquise o próprio setor de atuação da sua empresa para adquirir conhecimentos valiosos ou faça uma parceria com instituições acadêmicas para ter uma exposição prévia. Foi isso que o Caesars fez quando precisou dar maior consistência às suas capacidades quantitativas. A empresa identificou aquelas companhias que, na época, eram as mais avançadas em termos de capacidades analíticas – muitas delas no setor financeiro – e passou a atrair candidatos destas empresas para construir um sólido conjunto de capacidades analíticas fundamentais.

Treinamento

O treinamento é essencial para incrementar suas capacidades internas. Muitos dos funcionários existentes estarão ávidos por embarcarem em suas jornadas digitais pessoais para aumentarem seus conhecimentos. Há treinamento em diversos formatos: programas de conscientização digital, aperfeiçoamento específico em habilidades digitais, *reverse mentoring* e até mesmo uma universidade digital dentro da própria empresa.

Aumente o nível de conscientização digital. A L'Oréal, por exemplo, queria elevar o seu nível de conscientização digital em várias funções, inclusive marketing, P&D, manufatura, comunicações e vendas. A empresa lançou um programa específico para treinar 15.000 funcionários, incluindo os níveis gerenciais, para adquirir uma maior desenvoltura no campo digital em um prazo de dois anos[6].

Faça com que seus funcionários atualizem-se em tecnologias digitais específicas. A Intel iniciou um programa de treinamento em QI Digital formado por 60 cursos on-line cobrindo diversas áreas, de técnicas de medição em mídias sociais a identidade da marca. O seu sucesso levou a companhia a lançar uma certificação interna chamada Digital IQ 500, que dá permissão a funcionários para usarem as mídias sociais em nome da empresa[7].

Organize programas de intercâmbio para funcionários. Tais programas também podem ser uma boa maneira para a sua empresa alavancar parceiros-chave no aprimoramento das suas habilidades digitais. A P&G, por exemplo, deu início a um programa de intercâmbio para funcionários em parceria com a Google. Colaboradores de ambas as empresas participaram dos programas de treinamento e reuniões comerciais da outra companhia[8]. Este intercambio possibilitou que funcionários seletos da P&G adquirissem conhecimentos em marketing digital e de busca. Por outro lado, para a Google, que controla cerca de 74% dos orçamentos para propaganda voltada a mecanismos de busca, esta troca possibilitou a seus funcionários terem uma visão das práticas de trabalho e cultura organizacional do maior anunciante do mundo[9].

Introduza programas de reverse-mentoring. Tendo a GE como pioneira, o *reverse mentoring* também é uma excelente forma de colocar lado a lado funcionários com grandes conhecimentos na área digital e os executivos, sem barreiras de hierarquia. Krish Shankar, diretor de RH no grupo de telecomunicações indiano Bharti Airtel, explica: "O futuro da tecnologia será definido pelos jovens e a menos que conversemos com a geração mais nova e os observemos de perto, não teremos condições de saber suas demandas. Um programa [de *reverse mentoring*] como este deixa claro que não importa o cargo elevado que ocupe, você nunca é velho demais para aprender."[10]

Considere a possibilidade de criar uma universidade digital interna. Kering, a *holding* de marcas de luxo, criou uma academia digital dentro da própria empresa para elevar as habilidades digitais da companhia em nível mundial. O foco desdobra-se em três: desenvolver inovação das marcas, gerar uma conscientização digital entre os gerentes e criar uma comunidade virtual em torno da transformação digital abrangendo todo o grupo[11].

Estabelecimento de Parcerias

As parcerias podem ser bastante efetivas quando *faltam habilidades críticas* dentro de sua empresa e que os parceiros de seu ecossistema já possuem. Angela Ahrendts, CEO da Burberry, explica: "Começamos partilhando nossa visão de nosso ecossistema com nossos parceiros tecnológicos. Dissemos a eles: a Burberry é global, dinâmica e possui uma visão clara. Temos um CTO incrível e uma equipe de TI que é ágil e rápida. Portanto, nossa proposta era: permita-nos que sejamos seu departamento de P&D. Vamos fazer uma experiência juntos."[12]

As parcerias também podem ser eficazes no *acesso a habilidades específicas* essenciais para a inovação de seus produtos e serviços. A GE, por exemplo, fez uma parceria com a Quirky, empresa de desenvolvimento de produto social. A cooperação possibilita que a comunidade de desenvolvimento de produto da Quirky tenha acesso às patentes da GE e acelere inovações avançadas em manufatura. Em troca, a GE encoraja a inovação nos produtos que se baseiem em sua tecnologia, sem receio de infringir uma de suas patentes[13]. Com mecanismos de transferência de conhecimentos apropriados, a parceria pode ser muito efetiva.

Aquisições

Em geral, é possível adquirir pequenas empresas basicamente pelos seus talentos. Quando o Walmart Labs queria reforçar suas ofertas através de canais móveis e de mídias sociais, ele adquiriu uma série de agências relacionadas com dispositivos móveis que eram focadas no desenvolvimento de produtos[14]. Em ocasiões em que outros métodos são muito lentos ou as habilidades são raras, as aquisições podem ser a resposta. Porém, assim como acontece com qualquer aquisição que envolva pessoas, elas podem ser difíceis de serem implementadas.

Incubadoras

Através de incubação você pode investir em *start-ups* ágeis, fornecendo a elas acesso ao suporte técnico e executivo de sua empresa. Ao abrir os recursos de sua organização para tais *start-ups* você terá possivelmente acesso a talentos especiais que de outra forma seriam difíceis de serem fornecidos. A Mondelez, empresa de atuação mundial no setor de guloseimas, lançou sua incubadora Mobile Futures em 2011 para tirar proveito das capacidades de marketing em dispositivos móveis das *start-ups*. A companhia espera, a partir desse processo, abrir novas empresas de tecnologia focadas em dispositivos móveis. Porém, mais importante ainda, ela quer angariar novas capacidades – como marketing dentro de lojas, propaganda baseada em geolocalização e aplicações de TV social – para impulsionar a inovação[15]. Caso queira infundir um espírito empreendedor e ter acesso a habilidades digitais de ponta, um modelo de incubadora pode ser muito útil pois ele requer uma firme gestão de programas para ser bem-sucedido.

Desenvolver sólidas habilidades digitais é essencial para garantir a sustentabilidade do seu programa de transformação digital. Em algumas áreas, será preciso estimular capacidades em escala, ao passo que em outras, talvez seja necessário almejar habilidades muito específicas. Há uma abundância de métodos sobre como chegar lá. O que importa é o impacto na execução. É preciso um plano claro, investimentos e uma implementação orquestrada com os diversos departamentos e unidades de negócios de sua companhia. Não faça tudo sozinho. Você precisará do pessoal de RH e de desenvolvimento organizacional ao seu lado e levar muito a sério a implementação dessa complexa mudança de capacidades.

Construa sua Plataforma Digital

No início do livro descrevemos a importância de se ter uma sólida plataforma digital. Por quê? Porque uma plataforma bem definida e bem administrada lhe fornece as informações necessárias para alimentar os processos da forma mais efetiva possível. Grandes plataformas digitais são, ao mesmo tempo, um elo com os seus clientes e uma porta de entrada para os seus processos internos e terceirizados. Quando adequada, ela possibilita a personalização das interações com os clientes, a realização de *analytics*, a otimização dos processos internos, a administração perfeitamente integrada através dos canais e a obtenção de uma visão única sobre os consumidores.

Ela é um conjunto coerente de processos de negócios juntamente com a infraestrutura, as aplicações e os dados de apoio, destinado a garantir a qualidade e previsibilidade das transações fundamentais[16]. Ela deve ser bem definida, bem administrada e a menos complexa possível. Grandes plataformas tornam os processos de negócios de uma empresa mais eficientes, menos arriscados e mais ágeis[17]. Infelizmente, em muitas empresas de grande porte, a plataforma é um verdadeiro "espaguete": demasiadamente complexa, cara para rodar, difícil de ser modificada e propensa a falhas.

Se você pretende transformar suas atividades ou o envolvimento com seus clientes, precisará começar pela transformação da plataforma da empresa. É o que Angela Ahrendts, da Burberry, fez ao lançar o seu programa de transformação digital. É o que o Lloyds Banking Group fez ao preparar o terreno para diferentes capacidades para um novo banco digital. E é isto que, muito provavelmente, você terá de fazer ao começar sua jornada digital.

O que é preciso para se construir a plataforma digital correta? Uma abordagem útil é pensar em termos de uma arquitetura empresarial – um guia explicando a lógica organizacional desejada nos processos de negócios da empresa e a tecnologia subjacente[18]. Muitas pessoas acham útil dividir suas arquiteturas empresariais em três camadas diferentes, porém coordenadas. Primeiramente, é preciso de uma arquitetura técnica compreendida pelas aplicações já existentes e pelas novas, bem como a infraestrutura subjacente para processamento, armazenamento e comunicações. Algumas tecnologias serão administradas por sua empresa, outras por parceiros e outras ainda por fornecedores terceirizados – em geral, na nuvem. Será preciso também uma arquitetura de processos de negócios para entender o nível desejado de integração e padronização através das diferentes partes da empresa e como seus processos de negócios a fazem funcionar. Você deve ser capaz de elaborar um mapa do estado atual ao estado futuro com as mudanças técnicas e organizacionais que serão necessárias para se chegar lá. Cada vez mais, as empresas estão construindo arquitetura de dados. Trata-se de um entendimento do conteúdo: como as informações são produzidas e distribuídas. Os dados são estruturados ou não? Como eles serão usados para transações ou para *analytics*? Como você irá administrar as exigências de segurança, privacidade e preservação de dados? Como obter uma visão unificada dos clientes, processos e desempenho?

Para que sua plataforma caminhe na direção correta, será preciso firme governança digital. Um modelo de governança digital eficaz rejeita solicitações que adicionarão complexidade desnecessária, bem como, facilita iniciativas que irão aprimorar as capacidades da plataforma. A governança é essencial para se construir uma ferramenta que seja suficientemente padronizada para fornecer eficiência e permitir mudanças que afetem a companhia como um todo, como é o caso da plataforma da CVS, vista no Capítulo 8. A governança também deve oferecer maneiras de diferentes unidades poderem personalizar partes da plataforma ou inovar em cima dela, como hotéis menores podem fazer com a plataforma corporativa web do Caesars Entertainment.

Construir plataformas digitais de primeira categoria não é uma tarefa exclusiva do CIO e sua equipe técnica. Eles não conseguiriam fazer tudo sozinhos. É uma incumbência para você e outros executivos da empresa, trabalhando em conjunto com seus líderes de TI. É preciso ter: disciplina para seguir padrões e evitar exceções desnecessárias e a sabedoria para imaginar novas maneiras de se poder trabalhar com uma ótima plataforma e novas tecnologias. Os líderes de TI da companhia podem ser parceiros inestimáveis para ajudá-lo a construir a plataforma, caso você esteja disposto a criar vínculos com eles.

Estabeleça uma Estreita Relação entre as Áreas Comercial e de TI

No passado distante, nos foi ensinado que o departamento de TI era o guardião da tecnologia e que seus líderes eram prestadores de serviço para o restante da companhia. A tarefa deles consistia em permanecerem alinhados com a estratégia da empresa, aceitar ordens da área comercial e entregar novos sistemas. Se eles mantivessem os sistemas funcionando e finalizassem os projetos a tempo, então, tudo estava certo. Essa época já não existe mais, e isto já há muitos anos.

Para ser eficaz a transformação digital exige uma fusão dos conhecimentos de TI e da área comercial. Ela requer confiança mútua e entendimento comum. Ela também necessita novos métodos de trabalho – métodos ágeis de "aprenda-fazendo" – para progredir rapidamente, e desenvolver inovações envolvendo o contato direto com o cliente –; métodos mais sistemáticos para projetos mais críticos e de longa duração; e a sabedoria de mesclar os métodos apropriadamente.

Anos de separação podem atrapalhar a construção de relações estreitas entre os setores de TI e comercial. Em muitas organizações, a interação não virá naturalmente. Mas, é possível partir de uma relação distante e chegar a um estado de verdadeira parceria entre os líderes dessas áreas. Vimos isto acontecer em dezenas de empresas ao redor do mundo e existem excelentes guias para ajudá-lo a criar essa parceria[19]. Infelizmente, alcançar essa nova relação exige tempo e esforço. É bem possível que a transformação digital de sua empresa precise começar antes de você ter conseguido mudar completamente a cultura e o relacionamento entre os líderes das áreas comercial e de TI. Observamos alguns "Mestres Digitais" adotarem abordagens diferentes para iniciar a melhora na relação TI-Comercial. Algumas iniciativas são "de cima para baixo", outras se baseiam em projetos ou então em governança, ao passo que outras, ainda, são organizacionais.

"De Cima para Baixo"

A CEO da Burberry, Angela Ahrendts, quis que seu CIO fizesse parte da cúpula da empresa. Mas, apenas colocá-lo lá não era o bastante. Ela trabalhou bem próxima a ele para ajudá-lo a assumir um novo papel. E deixou bem claro que os membros de sua equipe precisavam encarar a relação a partir das suas perspectivas voltadas para os negócios[20]. Esta estratégia funcionou, já que o mais alto executivo da empresa conduziu a fusão TI--Comercial.

Baseada em Projetos

Algumas empresas adotam uma abordagem *Skunk Works*[NT-1] para projetos de inovação digital. Elas extraem os recursos necessários das áreas comercial e de TI para criarem uma iniciativa específica por um tempo limitado. Este método tem a vantagem de ser facilmente estabelecido. Porém, embora a abordagem baseada em projetos melhore a comunicação, ela não faz as duas comunidades trabalharem comprometidamente juntas ao longo do tempo.

Baseada em Governança

Processos de governança firme exigem uma abordagem TI-Comercial integrada para análise e condução de projetos. Uma abordagem integrada ajuda os executivos destas áreas a passarem um tempo juntos e identificarem de forma conjunta como farão para suas iniciativas concretizarem-se. Fazer com que os executivos da área comercial possam ser responsabilizados pelos resultados financeiros de projetos de tecnologia é uma boa forma de garantir que os dois setores estejam em sincronia. Em uma grande empresa de vestuário, por exemplo, se uma unidade precisar financiar uma iniciativa digital, o presidente da unidade de negócios faz o "discurso de vendas" diretamente para um comitê-diretor e dele é exigido o fornecimento de uma meta de retorno mensurável e específica. Em seguida, após a implementação, o presidente da unidade deve se apresentar diante de seus colegas e mostrar se o retorno foi atingido, bem como a razão para tal. Esse tipo de responsabilização fomenta a criação de laços estreitos entre os executivos das áreas comercial e de TI, já que a credibilidade do líder comercial depende de sua atuação próxima ao líder de TI para fazer com que os resultados apareçam.

Organizacional

Algumas mudanças organizacionais podem começar a diminuir a distância entre as unidades de TI e comercial. Por exemplo, a TetraPak alinha o pessoal dessas áreas em torno de uma sólida propriedade sobre os processos de negócios. O líder dos processos de negócios controla quais mudanças serão feitas nas atividades e coordena o pessoal comercial e de TI para que elas aconteçam de fato. Outras empresas fizeram com que o pessoal das áreas comercial e de TI estivessem subordinados ao mesmo executivo de alto escalão. Há ainda algumas companhias que criaram unidades organizacionais específicas para desenvolverem seus guias digitais. Esta unidade, como a Nike Digital Sport ou aquela do Lloyds Banking Group, poderia ter seus próprios recursos ou uma combinação de recursos próprios e compartilhados. Ou então, seria um arranjo de TI de dupla velocidade conforme discutido no Capítulo 8.

Independentemente do modelo adotado, conseguir com que os líderes das áreas comercial e de TI trabalhem mais próximos – em um ambiente de confiança, entendimento e colaboração mútua – é um pré-requisito para sustentar a transformação e ganhar a vantagem competitiva digital dos "Mestres Digitais".

AS ESTRUTURAS DE RECOMPENSA ESTÃO ALINHADAS COM OS OBJETIVOS DE TRANSFORMAÇÃO?

Os objetivos e as medições da transformação de sua empresa estão inextricavelmente associados. As estruturas de recompensa são a "cola" que os une. Muitos dos desafios rotulados como "resistência à mudança" durante a transformação são, na verdade, conflitos sobre medições e recompensas. Por essa razão, dois terços dos "Mestres Digitais" de nossa pesquisa "amarraram" explicitamente as estruturas de recompensa aos seus objetivos de transformação digital[21]. A transformação digital dá aos dirigentes uma excelente oportunidade para reavaliarem a combinação de incentivos financeiros e não financeiros que melhor vai atender os objetivos da empresa. É preciso calibrar as estruturas de recompensa para superar conflitos e sustentar a transformação digital.

Comece pelo Alto Escalão

Mostramos, na fase de estruturação, a importância de alinhar a cúpula da empresa em torno de uma visão. Também discutimos, ao longo do livro, a natureza interfuncional da transformação digital. Um incentivo coletivo para a cúpula da corporação – baseado no sucesso ou progresso da transformação digital da companhia – em geral, é uma boa maneira de facilitar esse alinhamento.

Garantindo a Fluidez dos Processos em Toda a sua Extensão

As atividades da empresa podem se constituir em um verdadeiro desafio para o alinhamento dos objetivos de transformação digital. Como garantir a fluidez dos processos fundamentais em toda a sua extensão ou tornar coesa a interface entre os vários departamentos e as unidades de negócios? Alguns conflitos nas estruturas de recompensa serão óbvios desde o estágio inicial e você terá de corrigi-los. Contudo, muitos não serão tão evidentes. Eles ocorrerão à medida que a companhia aprofunda-se na conversão digital. É preciso estar alerta, já que eles poderão atuar como gargalos ou desculpas para diminuir a velocidade das iniciativas de transformação. A resistência à mudança, por parte dos empregados, foi citada como um dos grandes obstáculos à implementação da transformação digital em nossa fase inicial de entrevistas[22].

Consideremos o setor de varejo como exemplo. Os canais on-line rapidamente estão ganhando mais força. Um dos maiores desafios que os varejistas enfrentam na atualidade é integrar os canais on-line e off-line. Em 2011, o Walmart definiu novos incentivos para os funcionários e gerentes de loja. Estas pessoas, agora, tinham de sugerir as vendas on-line em seus respectivos territórios, da mesma forma que faziam com as lojas físicas. Seguindo esse alinhamento de recompensas, os funcionários começaram a promover o site Walmart.com, o novo *app* para iPad e o *app* My Local Walmart no Facebook para os 140 milhões de compradores que frequentam suas lojas por semana[23].

De forma semelhante, a John Lewis, rede de lojas de departamento do Reino Unido, lançou a estratégia *click and collect*, em que os compradores podem pegar suas compras feitas on-line em uma loja física. De modo a conduzir efetivamente a coordenação das lojas off-line-on-line, a empresa atribui os créditos das vendas on-line à loja local escolhida pelo cliente. Os gerentes de loja passam a ser responsáveis não apenas pelas vendas feitas ali, mas também por todos os negócios feitos via internet em suas respectivas áreas de captação. Esta mudança fez com que os gerentes passassem a influenciar os clientes a comprarem seus produtos a partir do site. Após o lançamento da estratégia *click and collect*, a John Lewis teve uma aumento significativo nas vendas através de seus canais on-line. Um terço de todos os pedidos virtuais agora eram retirados nas lojas John Lewis ou Waitrose (divisão de varejo alimentício da John Lewis)[24].

Certifique-se de que as Recompensas Vão Além do Aspecto Financeiro

As estruturas de recompensa para sustentar transformação digital não devem ser apenas financeiras. Os incentivos intangíveis como prestígio, reputação, reconhecimento, expertise e privilégios são excelentes alavancas gerenciais para dar aos funcionários motivação, produtividade e, em última instância, atingir os objetivos de transformação da empresa[25]. De fato, pesquisas sugerem que os motivadores não financeiros são, algumas vezes, mais eficazes que as recompensas monetárias para fomentar o engajamento dos funcionários[26]. Por exemplo, conforme discutido anteriormente, a mineradora chilena Codelco e a empresa de tecnologia EMC criaram prêmios internos de inovação visando promover novas ideias, encorajar os funcionários a inovarem e, consequentemente, conseguirem de fato uma mudança na cultura das respectivas empresas.

As tecnologias digitais também estão possibilitando novas formas de incentivos como a ludificação[27]. Recompensas intangíveis como reconhecimento e feedback imediato, fornecidas através das iniciativas de ludificação, podem gerar resultados positivos. Quando uma empresa de médio porte instalou um novo sistema de registro de eventos para sua equipe de vendas, ela se deparou com baixos índices de adoção. Para retificar essa situação, a empresa realizou um torneio de vendas com duração de uma semana em que cada evento registrado no novo sistema receberia um ponto e o funcionário que atingisse a maior pontuação ganharia um vale-brinde no valor de 100 dólares para uso em um restaurante local. O número de eventos atingiu um aumento astronômico de 750%. Mesmo depois de quatro semanas de concurso, os eventos registrados foram seis vezes maior que níveis anteriores[28].

Estenda as Estruturas de Recompensa para Além dos Limites Corporativos

Parte da transformação digital poderá exigir que você amplie as estruturas para além dos limites da própria empresa, atingindo fornecedores, parceiros ou até mesmo clientes. A Samsung, gigante coreana do setor eletroeletrônico, queria ampliar os "clientes-defensores" em seu portal Samsung.com. A companhia lançou um programa de incentivo social, usando técnicas de ludificação para medir, reconhecer e recompensar os principais "clientes--defensores" que poderiam promover os produtos da organização em suas redes. Ao olhar para fora da empresa, a Samsung transformou visitantes passivos de seu site em ativos "clientes-defensores" da marca. A página registrou um aumento de 500% nas resenhas e 200% mais comentários[29].

Sustentar um programa de transformação digital será bastante influenciado pela sua habilidade de alinhar estruturas de reconhecimento e recompensa aos objetivos da empresa. Nem todos os não alinhamentos ficarão claros no princípio; portanto, você terá de lidar com eles em estágios. Mas, os benefícios superarão as dificuldades. As recompensas orientam o comportamento, para melhor ou para pior. E mudar o comportamento das pessoas é o que, em última instância, irá impulsionar a transformação cultural em sua organização.

VOCÊ ESTÁ MEDINDO E MONITORANDO O PROGRESSO DIGITAL DE SUA EMPRESA?

O velho adágio da administração "Não se consegue administrar aquilo que não se consegue medir" é verdadeiro para a transformação digital, assim como é para qualquer outra atividade empresarial. A transformação digital não pode ser sustentada através de um ato de fé da cúpula da empresa. Ter disponível um sistema apropriado para medição e monitoramento lhe dará confiança de que os investimentos e a mudança empresarial estão gerando benefícios reais para a sua organização. Além disso, mais de dois terços dos executivos que pesquisamos acreditam que as medições têm um efeito essencial na mudança cultural de uma organização[30]. Portanto, métricas devem formar a espinha dorsal do seu programa de transformação e o painel de instrumentos através do qual você irá orientá-lo.

Como funciona a medição? Há quatro etapas básicas para se medir e monitorar apropriadamente o progresso: gerenciar o quadro de pontuação estratégico; orientar um estudo de viabilidade gerado por iniciativa própria e por KPIs para medir o progresso de suas iniciativas digitais; conectar medidas "de cima para baixo" com aquelas geradas por iniciativa própria; e, finalmente, criar um processo de revisão iterativo.

Gerenciar o Quadro de Pontuação Estratégico

Acompanhar o quadro de pontuação estratégico é tarefa da cúpula da empresa. Anteriormente, na fase de foco nos investimentos, vimos a importância de traduzir a visão da companhia em objetivos estratégicos que reflitam o estado final daquilo que se está tentando alcançar. As medidas financeiras desempenharão um grande papel. Mas, o quadro de pontuação estratégico também deve contemplar objetivos digitais para a experiência vivida pelo cliente, para os processos operacionais e para as capacidades organizacionais que você precisa construir. O quadro de pontuação precisa fornecer um gabarito básico para a iniciativa de transformação digital como um todo. É preciso administrar ativamente componentes individuais do quadro de pontuação para garantir o progresso balanceado da transformação.

Uma empresa multimarcas, de alcance mundial, queria avaliar o progresso de seu programa de transformação digital. Para tanto, a equipe de executivos implementou um painel executivo de comando digital para garantir foco apropriado nos objetivos corretos e supervisão da transformação abrangendo toda a companhia. A organização ainda foi além ao criar um L&P (lucros e perdas) virtual que incluía todas as atividades on-line do grupo, independentemente da entidade que efetivamente gerasse a receita ou incorresse em despesas. A equipe de executivos também estabeleceu um Índice de Transformação Digital como medida composta para monitorar o progresso de cada unidade de negócios. Mas, nem tudo vem "de cima para baixo", e você verá mais adiante.

Incentive Estudos de Viabilidade Gerados Por Iniciativa Própria e Por KPIs Relacionados

No Capítulo 10, destacamos a necessidade de quantificar e monitorar os benefícios de seu guia digital – envolvendo os funcionários com os conhecimentos adequados para dar rigor e comprometimento ao exercício. Estudos de viabilidade claros também atuam como grandes motivadores para as pessoas transformarem sua empresa.

Há diversos tipos de KPI. Alguns serão genéricos, ao passo que outros, bastante específicos. Tipicamente as medidas de desempenho orientadas a processos serão capturadas por um punhado de métricas básicas, como o tempo entre a solicitação e a expedição de cartões de crédito. Outras estarão relacionadas com experimentos e provas de conceito, como medir o impacto de uma campanha publicitária on-line no Facebook. O segredo é escolher as métricas que são críticas para se atingir os objetivos transformacionais de longo prazo.

Conecte Medidas "De Cima Para Baixo" com Aquelas Geradas Por Iniciativa Própria

Ao conectar as medidas "de cima para baixo" com aquelas geradas por iniciativa própria, um processo de administração empresarial coerente é construído. É preciso deixar claro como cada uma das iniciativas digitais contribui para os objetivos da transformação e para o quadro de pontuação estratégico. É preciso, também, entender a causa e o efeito de cada iniciativa. Estabelecer uma "cascata" de medição como essa irá garantir que as equipes permaneçam focadas em cumprir a visão e que os dirigentes tenham visibilidade do impacto na empresa.

Crie Um Processo de Revisão Iterativo

Uma revisão iterativa irá permitir o monitoramento do progresso e a correção de curso, quando necessária. A revisão precisa ser conduzida com rigor, frequência e com a flexibilidade que os programas digitais exigem. A transformação digital requer constante adaptação à medida que surgem novas tecnologias e à medida que as equipes de sua empresa descobrem e testam novas oportunidades para melhoria. Os setores tradicionais estão aprendendo rapidamente, a partir daquelas organizações que já nasceram digitais. Por exemplo, o governo do Reino Unido lançou-se, recentemente, em um programa chamado *Digital by Default*. Mike Bracken, responsável pelo Government Digital Services (serviços digitais do governo), explica a nova abordagem iterativa da administração no espaço digital: "Faça rápido, erre rápido, tire lições a partir dos próprios erros e continue a mudar – é por esta razão que é preciso ter os conhecimentos e as habilidades dentro da sua organização."[31]

No nível executivo, o processo de revisão iterativo irá ajudá-lo a escolher e priorizar novas iniciativas: quais são aquelas que vão auxiliar no avanço de seus objetivos de transformação e quais são periféricas. Isto também irá ajudá-lo a eliminar as que não condizem com benefícios reais. No nível operacional, irá garantir que iniciativas digitais críticas estarão progredindo conforme o planejado e que surjam alertas precoces quando gargalos organizacionais se interpuserem no caminho.

Sustentar o impulso da transformação digital é crítico para o sucesso em longo prazo. Requer o desenvolvimento de novas capacidades fundamentais que irão tornar possível a mudança, alinhando estruturas de recompensa para garantir que os funcionários estejam motivados, os gargalos organizacionais sejam eliminados e disponibilizando um processo de revisão interativo para medir o progresso frequentemente. Quando o entusiasmo, pouco a pouco, for diminuindo e você começar a encontrar maior resistência vinda de dentro da própria organização, essas intervenções de sustentação se tornarão essenciais para ajudá-lo a se manter no curso.

Mas, o que há de novo na sustentação da transformação quando se trata do mundo digital? Muito mais que no passado, é essencial realmente integrar suas capacidades tecnológicas e comerciais. Aumentar as eficiências digitais de sua empresa, mais rapidamente que seus concorrentes, é uma fonte de vantagem competitiva. Construir uma plataforma digital coerente irá acelerar a transformação. A transformação digital demanda uma nova fusão de conhecimentos tecnológicos e comerciais. Hoje, alinhar incentivos e recompensas on-line e off-line é mais importante que nunca, e irá eliminar gargalos. A tecnologia digital possibilitou novas formas de incentivos como a ludificação. Conectar métricas "de cima para baixo" com aquelas digitais geradas por iniciativa própria deixará claro como as atitudes digitais contribuem para os objetivos transformacionais da sua empresa.

Portanto, esse é o final da jornada? Certamente não. Embora você e a sua organização possam ter aplicado as abordagens que deram aos "Mestres Digitais" a vantagem competitiva digital, a transformação nunca está terminada. Mesmo quando uma empresa torna-se um "Mestre Digital" é preciso trabalhar para que ela permaneça nesta condição. No epílogo, explicaremos o porquê.

QUAL O NÍVEL DE SUSTENTAÇÃO DA TRANSFORMAÇÃO DIGITAL DE SUA ORGANIZAÇÃO?

A Tabela 12.1 sintetiza como você pode sustentar a transformação digital de sua organização em três etapas fundamentais. Examine as questões centrais em cada etapa, e faça uma avaliação honesta do progresso de sua empresa em uma escala de 1 a 7 (1 = discorda totalmente; 4 = indiferente; 7 = concorda plenamente). Para cada uma das três etapas, some as pontuações de cada pergunta.

Para cada etapa, indicamos uma pontuação a ser alcançada que coloca sua empresa entre os "Mestres Digitais". Também estabelecemos um limiar abaixo do qual se deve começar a tomar medidas imediatas para melhorar a situação da empresa. Se a pontuação de sua companhia encontrar-se no intervalo de "Mestres Digitais", ela está pronta para seguir adiante. Caso a pontuação esteja no nível intermediário, reflita sobre as razões para tal. A sua equipe ainda precisa trabalhar alguns pontos da fase de sustentação. Agora, se a pontuação estiver no intervalo mais baixo, é hora de fazer algo imediatamente. E ainda, se a pontuação estiver bem abaixo, sua empresa corre o risco de esgotamento precoce. Recomendamos que você tome medidas em relação às capacidades, recompensas e medições para ter certeza de que o programa da empresa se tornará sustentável.

TABELA 12.1

Qual o nível de sustentação da transformação digital de sua organização?

Responda cada pergunta usando uma escala de 1 a 7 (em que 1 = discorda totalmente; 4 = indiferente; 7 = concorda plenamente) e encontre a medida recomendada para a pontuação alcançada.

Sua empresa possui as capacidades fundamentais necessárias?	Pontuação
A organização está investindo nas habilidades e conhecimentos necessários.	
Onde é aplicável, usamos plataformas digitais comuns.	
As áreas comercial e de TI mantêm um estreito relacionamento.	
Pontuação total	

Pontuação **acima de 16**: sua empresa possui as capacidades fundamentais necessárias para a transformação digital; **8-17**: já foi dado início à implementação de projetos visando desenvolver capacidades, mas é preciso fazer mais; **inferior a 8**: é necessário considerar programas específicos para melhorar as capacidades fundamentais.

As estruturas de recompensa estão alinhadas com os objetivos da transformação?	Pontuação
Os incentivos financeiros (bônus etc.) estão alinhados com os objetivos da transformação digital.	
Os mecanismos de premiação e de reconhecimento estão alinhados com os objetivos da transformação digital.	
As recompensas (revisões de desempenho, promoções etc.) estão alinhadas com os objetivos da transformação digital.	
Pontuação total	

Pontuação **acima de 14**: as estruturas de recompensa atuais estão alinhadas com os objetivos digitais da empresa; **6-14**: crie consenso em torno de uma estratégia de recompensa viável alinhada com a transformação digital; **inferior a 6**: implemente estruturas de recompensa específicas que atinjam as metas digitais.

O progresso digital está sendo medido e monitorado?	Pontuação
As iniciativas digitais são avaliadas através de um conjunto comum de KPIs (indicadores-chave de desempenho).	
Temos uma clara linha de visão, desde os KPIs no nível de projeto às metas em nosso quadro de pontuação estratégico.	
Regularmente revemos, junto com a cúpula da empresa, nosso progresso na transformação digital.	
Pontuação total	

Pontuação **acima de 15**: acreditamos ter os KPIs adequados prontos para serem usados; **7-15**: isole parâmetros de medição específicos e use-os para avaliar o progresso; **inferior a 7**: estabeleça um processo para desenvolvimento de KPIs, identifique o nível correto de medições e, interativamente, acompanhe o progresso.

VOCÊ AINDA NÃO VIU NADA

Neste livro, apresentamos estudos de casos que demonstram porque a sua organização deve se esforçar ao máximo para se tornar um "Mestre Digital" – uma empresa capaz de usar cada nova onda de tecnologia para melhorar radicalmente o próprio desempenho ou o alcance do negócio. Nossa pesquisa mostrou que os "Mestres Digitais" gozam de desempenho superior, o que deveria ser uma razão suficiente para que equipes de líderes se interessassem pelos conceitos apresentados nesta obra. Mas, também existe outra razão, mais fundamental ainda: *quando se trata do impacto das tecnologias digitais no mundo dos negócios, ainda há muito por vir.*

TECNOLOGIA: O AGITADOR ETERNO DO MUNDO DOS NEGÓCIOS

As inovações que discutimos nos capítulos anteriores, entre as quais redes sociais, dispositivos móveis, *analytics*, sensores inteligentes e computação na nuvem são certamente poderosas e profundas. Elas estão remodelando as experiências, operações e modelos de negócios. O ritmo e o impacto dessas inovações têm sido simplesmente impressionantes, mas são apenas um pre-lúdio para o que está por vir.

O papel da tecnologia como agitador eterno do mundo dos negócios não irá apenas continuar, mas também acelerar exponencialmente. A Lei de Moore continuará a ser o ritmo a marcar o futuro digital[1]. Em cinco anos, a tecnologia será cerca de dez vezes mais poderosa que hoje, pelo mesmo preço. Em dez anos, o aumento será de cem vezes. Se você já encontra difi-culdades para manter-se atualizado com as ondas de mudança ao longo dos últimos anos, prepare-se para um período turbulento. Continuar se moder-nizando será ainda mais difícil no futuro, a menos que você desenvolva as capacidades dos "Mestres Digitais".

A boa notícia é que parte das próximas inovações tecnológicas transformativas já está aparecendo no horizonte. Elas continuarão a remodelar as experiências vividas pelos clientes, bem como as atividades da empresa, de maneiras fundamentais. Já observamos "Mestres Digitais" trabalhando duro para resolver essa questão.

A inovação mais significativa é o contínuo impacto nas organizações dos dados e *analytics* – o aumento explosivo na quantidade de informações disponíveis na forma digital e a capacidade de as companhias usarem novos insights para tomarem decisões mais inteligentes. Trata-se de um avanço fundamentalmente importante, pois os dados são a alma da ciência. Eles aumentam nosso entendimento do que causa o que e o porquê e sob quais circunstâncias. Nos anos vindouros, as organizações perspicazes usarão *big data* para se tornarem melhores, mais inteligentes e mais rigorosas em várias atividades fundamentais: nos prognósticos e previsões; na contratação e promoção de pessoal; na decisão sobre atributos de produtos; na otimização de processos internos; no marketing e na propaganda; e na personalização de produtos e serviços (apenas para citar alguns). As empresas que usam *big data* para melhorarem nestas atividades sairão na frente daquelas não o fizerem, tão certo como os apostadores que conhecem as probabilidades saem na frente daqueles que apostam apenas no instinto.

Ganhar novas habilidades analíticas nunca acontecerá de forma rápida o suficiente, à medida que as empresas coletam informações mais ricas sobre seus clientes e suas atividades, que técnicas de análise de dados não estruturados possibilitam que as mídias sociais sejam exploradas e com um número cada vez maior de dispositivos gerando informações através da "internet das coisas". Como mudarão os processos internos da empresa quando se tem informações detalhadas sobre o desempenho total de processos e produtos em tempo real? Como mudarão os processos de contratação e RH quando se tem esse tipo de medição para funcionários? Com que nível de melhoria a companhia será capaz de personalizar seus serviços através de visões mais detalhadas sobre as necessidades e os comportamentos dos clientes?

Outras ondas de inovação tecnológica também serão significativas. Robótica, "fabricação aditiva", realidade aumentada e tecnologia que se pode vestir, entre outras, irão mudar fundamentalmente a forma como as empresas operam. Elas transformarão a natureza das atividades, a experiência dos clientes e até mesmo os modelos de negócios.

Até pouco tempo atrás, os robôs industriais eram caros, inflexíveis e perigosos caso as pessoas tivessem de trabalhar perto deles, mas tudo isso está mudando. Hoje em dia, seres humanos trabalham lado a lado com autômatos em muitas fábricas e as colaborações humano-robô estão ficando cada vez mais próximas. As máquinas estão evoluindo na visão, tato e outros sentidos que permitem a elas aceitarem cada vez mais trabalhos. E elas estão saindo do chão de fábrica e indo para outros setores da economia: carros sem motoristas e outros veículos autônomos são robôs, muito embora eles não sejam antropomórficos. Estas máquinas irão mudar os setores de logística e transporte, não apenas os manufatureiros. À medida que Watson, o computador que ganhou o *quiz show* da TV, *Jeopardy!*, entra nos campos do Direito e da Medicina, o que isso significará para a forma como estes campos são administrados? Como os robôs industriais mudam a maneira de gerir cadeias de suprimentos e logística?

A "fabricação aditiva" (também chamada impressão 3D) irá abrir mais oportunidades de negócios. Ela promete dar às empresas a capacidade de, literalmente, imprimir peças de forma tão fácil (e rápida) quanto a maneira como hoje imprimimos documentos. Essas peças, passíveis de serem feitas de vários materiais – inclusive plásticos e metal –, podem ter geometrias altamente complexas. A "fabricação aditiva" não está restrita da mesma forma que os processos de fabricação estão. A impressão 3D já é usada intensivamente para prototipagem e para pequenos lotes de peças especializadas. Ela irá se expandir muito mais que estes usos iniciais. Como ficarão os processos de controle de estoques, caso não se tenha de estocar peças de baixo volume de produção? Como ficarão as atividades de projeto e vendas, caso seja possível imprimir peças personalizadas conforme a demanda?

A realidade aumentada mescla ambientes do mundo real com dados adicionais e apresenta um ambiente revisado com formas sensoriais geradas por computador como sons, imagens e vídeo. Esta tecnologia permitirá aos consumidores vivenciarem aquilo que o seu produto ou serviço têm a oferecer como nunca visto. Experimentar uma roupa nova em um provador virtual, mudar a sua cor, colocar joias para combinar ou pedir a opinião de amigos via Facebook – tudo isto irá se tornar a norma. Ao longo do tempo, as compras on-line vão se transformar em experiências tão imersivas quanto visitar uma loja.

A realidade aumentada também irá mudar os processos internos das empresas. Por exemplo, os engenheiros de manutenção que trabalham em campo, poderiam usar *tablets* para visualmente identificar partes da infraestrutura e automaticamente sobrepor todos os registros de manutenção e procedimentos. Em uma grande companhia eletrônica, os engenheiros de produto, usando realidade aumentada 3D, descobririam que a fiação sofria atrito constante de outra peça, fazendo com que os fios se rompessem prematuramente – uma condição que eles não conseguiriam ver em um software de projeto 2D. Como se poderia usar esta tecnologia para aumentar a experiência para os clientes, antes de eles adquirirem o produto?

A tecnologia "vestível", como é comumente denominada hoje em dia, está mesclando monitoramento em tempo real e tecnologia de feedback com projeto e tecnologia móvel. O FuelBand da Nike, que descrevemos anteriormente neste livro, é um exemplo. Artigos "vestíveis" irão monitorar qualquer coisa, de padrões de sono ao ritmo cardíaco. Meias inteligentes irão monitorar a técnica de corrida de um atleta. Será possível alterar a cor ou propriedades térmicas de uma camiseta à vontade. Óculos e lentes de contato com recursos digitais, como o Google Glass, abrirão novas possibilidades incríveis. Por exemplo, as imagens de vídeo do interior de máquinas poderiam ser enviadas pela internet via *streaming* diretamente para os óculos digitais de um técnico, sobrepondo especificações técnicas do equipamento para apurar o diagnóstico e deixando as mãos do profissional livres para realização dos reparos. Seria possível o monitoramento constante de como os clientes de uma empresa usam os seus produtos e serviços revelar novas fontes de crescimento? Poderíamos monetizar os fluxos de dados que a tecnologia "vestível" proporciona? Você já considerou o quanto mais produtivo os engenheiros e técnicos poderiam ser, caso usassem tecnologia "vestível" em suas principais atividades?

As tecnologias, em constante e rápida mudança, também mudariam a maneira através da qual as empresas organizam-se e inovam. A assim chamada "economia colaborativa" está nos forçando a repensar setores com grande volume de ativo imobilizado, com importantes implicações para os modelos de negócios de grandes empresas. A inovação aberta pode criar comunidades de interesse comum, fazer aflorar novas fontes de talento e, para certos problemas, conseguir avanços de forma mais rápida e barata que os métodos que dependem de recursos internos e planejamento centralizado[2]. As mídias sociais e o fluxo de dados contínuo podem unir as fronteiras existentes dentro de uma organização e diminuir o número de níveis hierárquicos (horizontalização). Qual o papel da média gerência em uma empresa transformada digitalmente? Como poderíamos superar os limites fastidiosos de um modelo organizacional tradicional?

CONDUZIR A TRANSFORMAÇÃO DIGITAL
É UMA TAREFA PARA JÁ

A tecnologia está se infiltrando em cada canto do mundo empresarial – todos os setores, empresas, processos, decisões e funções –, trazendo consigo profundas mudanças na forma como as organizações são estruturadas e dirigidas, bem como a maneira como elas atuam e competem entre si. Com o passar do tempo, esta transformação irá criar um novo campo de jogo com novas regras – e novos ganhadores e perdedores.

Não está claro, ainda, exatamente como qualquer uma das inovações que discutimos aqui irá avançar, nem quais serão a abrangência e a profundidade de seus impactos. Acreditamos que, individualmente, cada uma delas provavelmente será, de fato, algo muito importante no mundo dos negócios. Combinados, seus efeitos serão imensamente transformacionais.

Também estamos confiantes de que outras tecnologias serão ainda mais transformadoras; simplesmente não sabemos, por enquanto, quais serão elas. A história do progresso tecnológico e, particularmente, o progresso com tecnologias digitais, é uma que nos reserva constantes surpresas. Quem poderia saber que, pelo intervalo de uma geração, o computador pessoal se tornaria uma ferramenta indispensável para praticamente todo trabalhador intelectual? Que uma interface multimídia iria transformar a internet de uma rede de *geeks* (os "nerds") na rede que conecta o mundo todo? Que os telefones se tornariam uma categoria inteiramente nova de dispositivo computacional? Que as mídias sociais, uma mera diversão dez anos atrás, cresceriam para atingir bilhões de pessoas conectadas e tornariam-se uma força organizativa vibrante que pode derrubar governos?

Todo este trabalho de inovação, e que está causando grande estupor, está longe de acabar. O mundo apresenta uma abundância cada vez maior de inovadores, empreendedores, inventores, professores Pardal e *geeks* em potencial que têm acesso a tecnologias computacionais cada vez mais poderosas, a qualquer momento e a custos cada vez menores. Estas pessoas conhecedoras de tecnologia acabarão inventando coisas que mudarão o mundo dos negócios e, consequentemente, o mundo em si. Não somos, nem de perto, analistas especializados em previsões sobre o futuro da tecnologia para antecipar quais serão todos os avanços, mas estamos totalmente seguros de que eles estão vindo. Ainda não vimos nada.

A melhor forma de preparar-se para essas mudanças – na realidade, a *única* maneira – é começar a trabalhar imediatamente para se tornar um "Mestre Digital". Empresas que são indiferentes à tecnologia (para não dizer hostis a ela) ou que não descobriram como torná-la parte de sua alma, passarão por dificuldades cada vez maiores à medida que as inovações vão se acumulado e os grandes avanços da administração continuam chegando.

Escrevemos este livro na forma de um guia para ajudá-lo no trabalho de atingir a maestria digital. Não se trata de uma receita – uma descrição completa de tudo o que você precisa para construir uma empresa tecnologicamente habilitada – pois, uma receita assim simplesmente não existe. Cada empresa é diferente da outra, assim como é diferente o caminho que cada uma delas trilha para atingir a maestria digital. Mas, os padrões que observavamos entre aquelas que se deram bem – o DNA dos "Mestres Digitais" – podem ser úteis para qualquer transformação digital.

Esperamos que os exemplos, as explicações e os modelos que dividimos com você no livro *Liderando na era digital* sejam úteis e ajudem a sua organização a prosperar em um mundo novo, transformado digitalmente.

APÊNDICE

AUTOAVALIAÇÃO PARA A MAESTRIA DIGITAL

Para iniciar a jornada de transformação digital, é preciso, primeiramente, entender o ponto de partida de sua empresa. Sua companhia já é "Mestre Digital"? Ou ela se encontra em algum outro ponto: Principiante, Fashionista ou Conservadora? Criamos um questionário simples para ajudá-lo a entender o nível de maestria digital de sua organização.

Em primeiro lugar, pense de que forma a sua empresa usa tecnologias digitais como mídias sociais, tecnologias móveis, *analytics* e dispositivos integrados. Sua companhia está agregando capacidades digitais à experiência vivida pelo cliente ou às suas atividades? Os modelos de negócios existentes estão sendo digitalmente melhorados ou estão sendo lançados novos modelos? A Tabela A.1 poderá ajudá-lo a avaliar as capacidades digitais de sua organização.

Em seguida, pense com que nível a sua empresa está conduzindo a transformação digital. Ela possui uma visão transformativa comum que está envolvendo os funcionários? Você está orientando a transformação corretamente? Já existem sólidas capacidades de liderança tecnológicas à disposição? A Tabela A.2 poderá ajudá-lo a avaliar as capacidades de liderança de sua empresa.

Agora, use as pontuações obtidas para as capacidades digitais e capacidades de liderança para indicar, na matriz de maestria digital da Figura A.1, em que posição encontra-se a sua empresa. Isso lhe dará uma primeira ideia de em qual ponto sua companhia está começando a jornada digital.

TABELA A.1

Em que estágio encontra-se a sua empresa na formação de capacidades digitais?

Responda cada pergunta usando uma escala de 1 a 7 (em que 1 = discorda totalmente; 4 = indiferente; 7 = concorda plenamente) e, em seguida, some o total de pontos para obter a capacidade digital de sua empresa.	Pontuação
Estamos usando tecnologias digitais (como *analytics*, mídias sociais, tecnologias móveis e dispositivos integrados) para entender melhor nossos clientes.	
Usamos canais digitais (on-line, mídias sociais e dispositivos móveis) para comercializar nossos produtos e serviços.	
Vendemos nossos produtos e serviços através de canais digitais.	
Usamos canais digitais para prestar atendimento a nossos clientes.	
A tecnologia está possibilitando que associemos processos operacionais (e também os de contato direto com o cliente) de novas maneiras.	
Nossos principais processos são automatizados.	
Temos uma visão integrada sobre informações estratégicas operacionais e sobre nossos clientes.	
Usamos *analytics* para tomar decisões operacionais melhores.	
Usamos tecnologias digitais para aumentar o desempenho ou valor agregado de nossos produtos e serviços.	
Lançamos novos modelos com base em tecnologias digitais.	
Pontuação total	

As pontuações para capacidades digitais variam de 10 a 70. Um resultado entre 10 e 41 significa que a sua empresa encontra-se na metade inferior da distribuição, enquanto uma pontuação entre 42 e 70 a coloca na metade superior.

Para as capacidades de liderança as pontuações variam de 10 a 70. Um resultado entre 10 e 42 significa que a sua empresa encontra-se no lado esquerdo da distribuição, enquanto uma pontuação entre 43 e 70 a coloca no lado direito.

Peça para alguns colegas fazerem a mesma autoavaliação e, em seguida, compare-a com as suas respostas. Onde a empresa está indo melhor? Que áreas precisam ser trabalhadas? E em que pontos as pessoas de diferentes unidades ou diferentes níveis da organização, concordam ou discordam?

Obviamente você e os seus colegas logo precisarão pensar de maneira muito mais aprofundada sobre onde a sua companhia encontra-se em relação à concorrência. Conforme discutido no Capítulo 1, alguns setores estão mais à frente que outros.

TABELA A.2

Em que estágio encontra-se a sua empresa na formação de capacidades de liderança?

Responda cada pergunta usando uma escala de 1 a 7 (em que 1 = discorda totalmente; 4 = indiferente; 7 = concorda plenamente) e, em seguida, some o total de pontos para obter a capacidade de liderança de sua empresa.	Pontuação
A cúpula da empresa possui uma visão transformativa do futuro digital de nossa companhia.	
A cúpula da empresa e a média gerência possuem uma visão comum sobre a transformação digital.	
Há oportunidades para todos da empresa tomarem parte da conversação sobre a transformação digital.	
A empresa está promovendo as mudanças culturais necessárias para a transformação digital.	
A empresa está investindo nos conhecimentos digitais necessários.	
As iniciativas digitais são coordenadas rompendo "barreiras" como funções ou regiões.	
Os papéis e as responsabilidades para a condução das iniciativas de cunho digital estão claramente definidos.	
As iniciativas digitais são avaliadas através de um conjunto comum de indicadores-chave de desempenho.	
Os líderes das áreas comercial e de TI trabalham juntos, como parceiros.	
O desempenho da unidade de TI atende as necessidades da companhia.	
Pontuação total	

E, à medida que o tempo for passando, todos os setores irão adiante. Entretanto, esta autoavaliação pode ajudá-lo a pensar nos pontos fortes e fracos de sua empresa.

Agora que você já conhece o ponto de partida de sua empresa, você pode começar a tabular o curso a ser seguido. Sua organização precisa se mover para a parte superior da matriz? Concentre-se nas capacidades digitais, que foram discutidas na Parte I do livro. Sua companhia precisa se mover para a direita dentro da matriz? Concentre-se nas capacidades de liderança, que foram discutidas na Parte II. Em seguida, uma vez que esteja pronto, você poderá usar o caderno de estratégias da Parte III para iniciar sua jornada.

FIGURA A.1

Quatro níveis de maestria digital

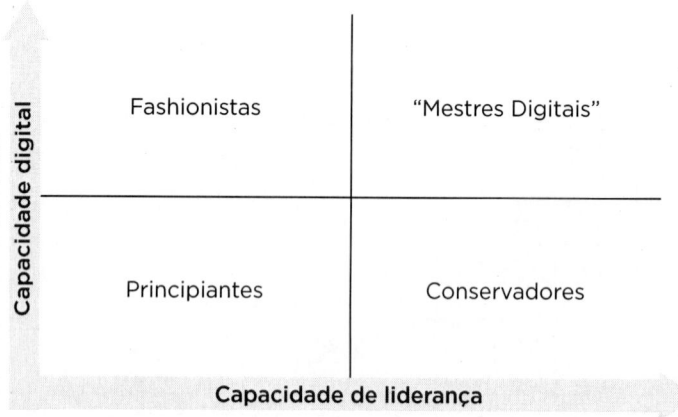

Fonte: Adaptado de George Westerman, Maël Tannou, Didier Bonnet, Patrick Ferraris e Andrew McAfee, "The digital advantage: How digital leaders outperform their peers in every industry", Capgemini Consulting e MIT Center for Digital Business, nov./2012.

NOTAS

INTRODUÇÃO

[1] Quentin Handy, "Just the facts. Yes, all of them", *New York Times*, 24/mar./2012. Disponível em: <www.nytimes.com/2012/03/25/business/factuals-gil-elbaz-wants-to-gather-the-data-universe.html?pagewanted=all&_r=0>.

[2] Marc Andreessen, "Why software is eating the world", *Wall Street Journal*, 20/ago./2011. Disponível em: <http://online.wsj.com/news/articles/SB1000142405311190348090457651225091629460>.

CAPÍTULO 1

[1] "Nike's just getting going: CEO Parker", Bloomberg, 9/out./2013. Disponível em: <www.bloomberg.com/video/nike-s-just-getting-going-ceo-parker-OdYc8j3aR-r2fiNMbiNvpfg.html>.

[2] Descrição criada a partir de fontes de domínio público e do *White Paper*, de Mal Tannou e George Westerman, "Nike from separate level initiatives to firm level transformation", Capgemini Consulting, 2012. Disponível em: <www.capgemini-consulting.com/nike>.

[3] "Nike's just getting going: CEO Parker", Bloomberg, 9/out./2013. Disponível em: <www.bloomberg.com/video/nike-s-just-getting-going-ceo-parker-OdYc8j3aR-r2fiNMbiNvpfg.html>.

[4] Erica Swallow, "How nike outruns the social media competition", Mashable.com, 22/set./2011. Disponível em: <http://mashable.com/2011/09/22/nike-social-media/>.

[5] Asian Paints, "Corporate information". Disponível em: <www.asianpaints.com/company-info/about-us/corporate-information.aspx>. Taxa de câmbio obtida através do site oanda.com, acesso em 8/maio/2014.

[6] Capgemini Consulting, "Building a world leader through digital transformation: An interview with manish choksi", *Digital Transformation Review*, n. 2, 1°/jan./2012. Disponível em: <www.capgemini-consulting.com/digital-transformation-review-ndeg2>, p. 42-47.

[7] Ibidem.

[8] Ibidem; George Westerman *et al.*, "Digital transformation: A roadmap for billion dollar organizations", *White Paper*. Capgemini Consulting e MIT Center for Digital Business, 17/nov./2011. Disponível em: <www.capgemini-consulting.com/digital-transformation-a-road-map-for-billion-dollar-organizations>, p. 14-15.

[9] Asian Paints, "About us". Disponível em <www.asianpaints.com/company-info/about-us/corporate-information.aspx>. Acesso em 8/maio/2014.

[10] George Westerman *et al.*, "The digital advantage: How digital leaders outperform their peers in every industry", *White Paper*. Capgemini Consulting e MIT Center for Digital Business, nov./2012. Disponível em: <http://ebooks.capgemini-consulting.com/The-Digital-Advantage/index.html>, p. 9.

[11] George Westerman *et al.*, "Digital transformation: A roadmap for billion dollar organizations", *White Paper*. Capgemini Consulting e MIT Center for Digital Business, 17/nov./2011. Disponível em: <www.capgemini-consulting.com/digital-transformation-a-road-map-for-billion-dollar-organizations>, p. 61.

[12] Westerman *et al.*, "The digital advantage: How digital leaders outperform their peers in every industry", *White Paper*. Capgemini Consulting e MIT Center for Digital Business, nov./2012. Disponível em: <http://ebooks.capgemini-consulting.com/The-Digital-Advantage/index.html>.

[NT-1] Alusão ao movimento "Desabrochar das Cem Flores", da República Popular da China o qual o Partido Comunista incentivou a expressão das mais variadas escolas de pensamento (inclusive anticomunistas) para corrigir e melhorar o sistema. O nome deriva do slogan chinês tradicional: "Que flores de todos os tipos desabrochem, que diversas escolas de pensamento enfrentem-se!". Fonte: *Wikipédia*. Disponível em: <http://pt.wikipedia/org/wiki/Desabrochar_de_Cem_Flores>.

[13] Tannou e Westerman, "Nike from separate level initiatives...", ob. cit.

[NT-2] Indivíduo que ajuda uma empresa, órgão governamental ou cidade (por exemplo, a cidade de Nova Iorque) a impulsionar o crescimento, convertendo negócios "analógicos" tradicionais para a forma digital. Esta função também é responsável pela supervisão das atividades nos setores digitais em rápida evolução como aplicativos para dispositivos móveis, mídias sociais e aplicativos a elas relacionados, os conhecidos "bens de consumo virtuais", bem como a gestão de marketing e informações baseadas na internet. Fonte: *Wikipédia*. Disponível em: <http://en.wikipedia.org/wiki/Chief_digital_officer>.

[14] Michael Welch e Jerome Buvat, "Starbucks: Taking the 'Starbucks Experience' digital", Capgemini Consulting, 4/out./2013. Disponível em: <www.capgemini-consulting.com/resources/starbucks-taking-the-the-starbucks-experience-digital>.

[NT-3] Designa essencialmente um corretor de seguros que também atua como analista de investimentos e/ou consultor financeiro. Fonte: Financial Representative. Disponível em: <http:/financecareers.about.com/od/insurance/g/Financial-Representative.htm>.

[15] Estudo de caso da Northwestern Mutual, entrevista com o autor; o entrevistado pediu-nos para ser mantido no anonimato.

[16] Entrevista com o autor; o entrevistado pediu-nos para ser mantido no anonimato.

[17] Westerman *et al.*, "The digital advantage...", ob. cit., p. 6.

[18] Ibidem.

[NT-4] Preferimos traduzir a expressão americana "Market Basket Mesure" (MBM) por "cesta de mercado medida". A MBM é uma medida de baixa renda com base no custo de uma cesta específica de produtos e serviços, que representam um padrão modesto, básico de vida.

[NT-5] A expressão *"burning platform"* deriva, originalmente, das plataformas *offshore* onde incêndios eram normalmente conhecidos como sendo uma grave ameaça à vida humana, bem como tendo um impacto devastador. Quando uma plataforma petrolífera começa a pegar fogo, inicialmente os trabalhadores ali alocados resistem a pular no mar. Na realidade, não até que o fogo literalmente os tivesse forçado a ir para a borda da plataforma, que já queima seus pés quando, finalmente, eles pulam. Este conceito infiltrou-se no mundo dos negócios e passou a descrever uma situação que atinge uma condição de crise e, finalmente, impele uma organização a se mexer. No caso do ser humano, ela descreve nossa relutância em fazer algo novo até que o pânico causado pelo fogo comece a tomar conta de nós, o que geralmente provoca um desastre. Quando a plataforma sobre a qual nos encontramos está pegando fogo, significa que as repercussões negativas de não fazer nada ultrapassam, de longe, aquelas de uma mudança. Fonte: <http://www.planitax.com/pdfs/actspringjournal2004.pdfmaking>.

CAPÍTULO 2

[1] George Westerman *et al.*, "Digital transformation: A roadmap for billion dollar organizations", *White Paper*. Capgemini Consulting e MIT Center for Digital Business, 17/nov./2011. Disponível em: <www.capgemini-consulting.com/digital-transformation-a-road-map-for-billion-dollar-organizations>.

[NT-1] Um aumento na receita de uma empresa em um dado período. Este tipo de crescimento não indica necessariamente mais lucros; se as despesas aumentarem em um ritmo igual ou superior, o crescimento *topline* poderia significar que os lucros permaneceram estacionados ou até mesmo diminuíram. Fonte: *Farlex Financial Dictionary*.

[2] A partir do 2º trimestre de 2014, Ahrendts passou a ocupar o cargo de diretora de vendas on-line e varejo da Apple. Capgemini Consulting, "Burberry's digital transformation", *Digital Transformation Review*, n. 2, jan./2012. Disponível em: <www.capgemini-consulting.com/digital-transformation-review-ndeg2>. Austin Carr, "Apple hires Burberry CEO Angela Ahrendts to rejuvenate retail stores", *Fast Company*, out./2015. Disponível em: <www.fastcomapny.com/3019981/apple-hires-burberry-ceo-angela-ahrendts-to-rejuvenate-retail-stores>.

[3] Ibidem. O fundador da Burberry, Thomas Burberry, inventou um desenho original para um sobretudo vendido originalmente para o Exército Britânico. A peça era feita de um tipo especial de tecido confortável e à prova de chuva.

[4] Capgemini Consulting, "Burberry's digital transformation", ob. cit.

[5] Disponível em: <www.burberry.com>.

[6] Disponível em: <http://kisses.burberry.com>.

[7] Capgemini Consulting, "Burberry's digital transformation", ob. cit.

[8] Perry Manross, "Three tenets of a best run business", informações SAP, 15/maio/2012. Disponível em: <http://en.sap.info/hana-in-memory-sapphirenow-orlando-2012/72972/3>.

[9] Capgemini Consulting, "Burberry's digital transformation", ob. cit.

[NT-2] Executivo que dá uma visão abrangente e gabaritada do cliente. Cria a estratégia corporativa para os consumidores nos escalões mais altos da empresa para maximizar a conquista e a manutenção deles e, indiretamente, a lucratividade. Fonte: *Wikipédia*. Disponível em: <http://en.wikipedia.org/wiki/Chief_customer_office>. A grosso modo, diretor de relações com o cliente.

[10] "Burberry goes digital", *Economist*, 22/set./2012. Disponível em: <www.economist.com/node/21563353>; "How fashion retailer Burberry keeps customers coming back for more", *Forbes.com*, 28/out./2013. Disponível em: <www.forbes.com/sites/sap/2013/10/28/how-fashion-retailer-burberry-keeps-customers-coming-back-for-more>.

[11] Para o *ranking* L2 Thinktank, veja <www.l2thinktank.com/research/fashion-2013>. Para o *ranking* da *Fast Company*, veja <www.fastcompany.com/most-innovative-companies/2014/industry/retail> e <www.fastcompany.com/most-innovative-companies/2013/industry/retail>. Para o *ranking* da Interbrand, veja <www.interbrand.com/em/best-global-brands/2013/Best-Global-Brands-2013.aspx>.

[NT-3] L2 é um serviço de inteligência empresarial formado por especialiastas e que realiza o *benchmark* em termos de competência digital para marcas de prestígio através de uma pesquisa que mede o Digital IQ Index®. São analisados mais de 650 tipos de dados em quatro dimensões: Site & E-commerce, Marketing Digital, Mídias Sociais e Mobilidade (Dispositivos móveis). Fonte: L2. Disponível em: <www.l2inc.com/about>. A grosso modo, *think tank* poderia ser traduzido como "tanque, reservatório ou laboratório de ideias".

[12] Para o *ranking* L2 Thinktank, veja <www.l2thinktank.com/research/fashion-2013>. Para o *ranking* da *Fast Company*, veja <www.fastcompany.com/most-innovative-companies/2014/industry/retail> e <www.fastcompany.com/most-innovative-companies/2013/industry/retail>. Para o *ranking* da Interbrand, veja <www.interbrand.com/em/best-global-brands/2013/Best-Global-Brands-2013.aspx>.

[13] Michaels Welch e George Westerman, "Caesars Entertainment: digitally personalizing the customer experience", *White Paper*. Capgemini Consulting, 25/abr./2013. Disponível em: <www.capgemini.com/resources/caesars-entertainment-digitally-personalizing-the-customer-experience>.

[14] Capgemini Consulting, "Allianz: Creating a digital DNA", *Digital Transformation Review*, n. 4, maio/2013. Disponível em: <www.capgemini-consulting.com/digital-transformation-review-4>.

[15] Michael Fitzgerald, "How Starbucks has gone digital", *MIT Sloan Management Review*, 4/abr./2013. Disponível em: <http://sloanreview.mit.edu/article/how-starbucks-has-gone-digital/>.

[16] Martha Heller, "How vail resorts uses IT to profile skiers", *Cio.com*, 26/jun./2013. Disponível em: <www.cio.com/article/734940/How_Vail_Resorts_Uses_IT_to_Profile_Skiers>.

[17] *Personae* são grupos de usuários que apresentam padrões comportamentais semelhantes em suas experiências como cliente, independentemente de suas idades, sexo, formação acadêmica, localização geográfica ou quaisquer outros dados demográficos típicos.

[NT-4] Pessoa realmente hábil no *snowboarding*, mas que sempre "rasga" o terreno à frente de praticantes do esporte piores que elas. Fonte: ACB of Snowboarding. Disponível em: <www.abc-of-snowboarding.com/snowboarddictionary.asp>.

[18] Heller, "How vail resorts users uses IT to profile skiers", ob. cit.

[19] Megan Burns, "The state of customer experience 2011", *Forrester Research*, 17/fev./2011. Disponível em: <www.forrester.com/The+State+Of+Customer+Experience+ 2011/-/E-RES58635?objectid=RES58635>.

[20] Fitzgerald, "How Starbucks has gone digital", ob. cit.

[21] James Wester, "Starbucks still feeling a buzz from mobile payments", *Mobilepaymentstoday.com*, 28/jan/2013. Disponível em: <www.mobilepaymentstoday.com/article/207367/Starbucks-still-feeling-a-buzz-from-mobile-payments>.

[22] Square, Inc, "Starbucks accelerates mobile payments leadership by choosing square for payments", página do Square, 8/ago./2012. Disponível em: <https://squareup.com/news/releases/2012/square-starbucks>.

[23] Starbucks, "Starbucks coffee 2013 annual meeting of shareholders: Adam Brotman", *Starbucks*, 20/mar./2013. Disponível em: <http://media.corporate-ir.net/media_files/IROL/99/99518/asm13/ASM_SHOW_FINAL_AdamBrotman.pdf>.

[24] Sarah Vizard, "P&G invests 30% of media spend in digital", *Marketing Week*, 24/jan./2014. Disponível em: <www.marketingweek.co.uk/sectors/fmcg/pg-invests-30-of-media-spend-in-digital/4009256.article>.

[25] Gartner, "US digital marketing spending survey 2013", *Gartner*, 6/mar./2013. Disponível em: <www.gartner.com/technology/research/digital-marketing/digital-marketing-spend-report.jsp>.

[26] "My Starbucks Idea", Disponível em: <http://mystarbucksidea.force.com/>.

[27] Ashton D., "Introducing Starbucks runner reward", blogue *My Starbucks Idea*, 27/ago./2012. Disponível em: <http://blogs.starbucks.com/blogs/customer/archive/2012/08/27/introducing-starbucks-runner-reward.aspx>.

[28] Starbucks, "Starbucks CEO hosts 2013 annual meeting o shareholders", transcrição, *Yahoo Finance*, 21/mar./2013. Disponível em: <http://finance.yahoo.com/news/starbucks-ceo-hosts-2013-annual-055406090.html>.

[29] Andrew McAfee, "Big data: The management revolution", Massachusetts Institute of Technology, Center for Digital Business, Conference, Cambridge, 12/dez./2012. Disponível em: <www.youtube.com/watch?v=T5AkD9gzchs#t=40>.

[30] Welch e Westerman, "Caesars Entertainment", conforme nota 3, deste capítulo.

[31] Liz Benston, "Harrah's launches iPhone app; Caesars bypasses check-in", *Las Vegas Sun*, 8/jan./2010. Disponível em: <www.lasvegassun.com/news/2010/jan/08/harrahs-launches-iphone-app-caesars-bypasses-check/>.

[32] Capital One, "News Release", Disponível em: <http://phx.corporate-it.net/phoenix.zhtml?c=70667&p=irol-newsArtcile&ID=1080986&highlight=>.

[33] Trefis Team, "Capital one buys data analytics firm to tap spending trends at local businesses", *Forbes*, 6/dez./2012. Disponível em: <www.forbes.com/sites/greatspeculations/2012/12/06/capital-one-buys-data-analytics-firm-to-tap-spending-trends-at-local-businesses/>.

[34] Julie Schicktanz, "One year after its finovatespring 2011 demo, bankons inks deal with capital one", blogue *Finovate*, 7/maio/2012. Disponível em: <http://finovate.com/2012/05/one-year-after-its-finovatespring-demo-bankons-is-acquired-by-capital-one.html>.

[35] John Adams, "Cap one's Jamison discusses issuer's new digital innovation lab", *PaymentSource.com*, 28/nov./2011. Disponível em: <www.paymentssource.com/news/cap-one-jamison-digital-innovation-lab-3008658-1.html>.

[36] Genera, "Business analytics: Six questions to ask about information and competition", SAS.com, 2008. Disponível em: <www.sas.com/offices/europe/uk/businesanalytics/research-report.pdf>.

[37] Dados obtidos em: <www.google.com/finance>; um lucro líquido de 467 milhões de dólares em 2000, e um lucro líquido de 2.743 milhões de dólares em 2010 resultam em uma CAGR (*Compound Annual Growth Rate*, taxa de crescimento anual composta) de 19,32% ao longo de dez anos.

[38] Michael Welch e Jerome Buvar, "Starbucks: Taking the 'Starbucks Experience' digital", Capgemini Consulting, 4/out./2013. Disponível em: <www.capgemini-consulting.com/resources/starbucks-taking-the-starbucks-experience-digital>.

[39] Fred Bernstein, "Technology that serves to enhance, not distract", *New York Times*, 20/mar./2013. Disponível em: <www.nytimes.com/2013/03/21/arts/arts-special/at-cleveland-museum-of-art-the-ipad-enhances.html?pagewanted=all&_r=2&>.

[NT-5] *E-hailing* é um processo de chamar um táxi, limusine ou qualquer outra forma de transporte que pegue o passageiro no local através de dispositivos virtuais: computador ou dispositivos móveis. Fonte: *Wikipédia*. Disponível em: <http://en.wikipedia.org/wiki/E-hailing>.

[40] RightNow/Harris Interactive, Customer Experience Impact Report, RightNow/ Harris Interactive, 2011.

[41] Forrester, "North american technographics customer experience online survey", 2010. Disponível em: <www.forrester.com/North+American+Technographics+Cus tomer+Experience+Online+Survey+Q4+2010+US/-/E-SUS805>.

CAPÍTULO 3

[1] As informações sobre a Codelco baseiam-se em entrevistas feitas pelo autor com o CIO Marco Orellana, em 2011, bem como em fontes de domínio público.

[2] Marco Orellana, "Digital Codelco", apresentação em Powerpoint, 2013.

[3] Christina Torode, "Codelco CIO transforms business with business process automation", entrevista em vídeo, *SearchCIO*, 15/jun./2011. Disponível em: <http:// searchcio.techtarget.com/news/2240036877/Codelco-CIO-transforms-business­process-automation>.

[4] Orellana, "Digital Codelco", slide 30.

[5] Torode, "Codelco CIO transforms business", ob. cit.

[6] Alexei Barrionuevo e Simon Romero, "Trapped 68 days, first chilean miners taste freedom", *New York Times*, 12/out./2010. Disponível em: <www.nytimes.com/2010/10/13/ world/americas/13chile.html?pagewanted=all&_r=0>; Faaiza Rashid, Amy Edmondson e Herman Leonard, "Leadership lessons from the chilean mine rescue", *Harvard Business Review*, jul.-ago./2013. Disponível em: <http://hbr.org/2013/07/leadership­lessons-from-the-chilean-mine-rescue/ar/1>, p. 113-119.

[7] Orellana, "Digital Codelco", ob. cit.

[8] Torode, "Codelco CIO transforms business", ob. cit.

[9] Ibidem.

[10] James P. Womack, Daniel T. Jones e Daniel Roos, *The machine that changed the world* (Nova Iorque: Free Press, 2007); Steven Spear e H. Kent Bowen, "Decoding the DNA of the Toyota production system", *Harvard Business Review*, set./1999. Disponível em: <http://hbr.org/1999/09/decoding-the-dna-of-the-toyota-produc­tion-system/ar/1>.

[11] Erik Brynjolfsson e Andrew McAfee, *The second machine age: Work, progress, and prosperity in a time of brilliant technologies* (Nova Iorque: W. W. Norton & Company, 2014).

[12] Veja, por exemplo, Zeynep Ton, *The good jobs strategy: How the smartest companies invest in employee to lower costs and boost profit* (Boston: New Harvest, 2014).

[13] J. March, "Exploration and exploitation in organizational learning", *Organization Science* 2 (1991): 71-87; M. Benner e M. Tushman, "Exploitation, exploration, and process management: The productivty dilemma revisited", *Academy of Managment Review* 28, n. 2, p. 238-256, 2003.

[14] Erik Brynjolfsson e Adam Saunders, *Wired for innovation: How information technology is reshaping the economy* (Cambridge: MIT Press, 2010), cap. 3.

[15] Erik Brynjolfsson e Andrew McAfee, *The second machine age...*, ob. cit., cap. 9. Pesquisas recentes mostram que ao longo dos últimos trinta anos, a tecnologia tem levado a uma diminuição da demanda de trabalho, em que algumas tarefas manuais rotineiras (como cuidado de pacientes ou limpeza doméstica) ainda são realizadas por pessoas, mas tarefas rotineiras que exigem qualificação média como processamento de documentos ou contabilidade, estão sendo substituídas rapidamente por computadores. Tarefas cognitivas não rotineiras como ensino e análise financeira tradicionalmente têm se mantido seguras em relação à computadorização, mas isto está mudando rapidamente.

[16] Capgemini Consulting, "UPS: Putting analytics in the driver's seat – interview with Jack Levis", *Digital Transformation Review*, n. 5, *Gearing Up for Digital Operations*, jan./2014. Disponível em: <www.capgemini-consulting.com/digital-transformation-review-5>.

[17] Nadira A. Hira, "The making of a UPS driver", *CNN Money*, 7/nov./2007. Disponível em: <http://money.cnn.com/magazines/fortune/fortune_archive/2007/11/12/101008310/>.

[18] Ibidem.

[19] Ibidem.

[20] Ibidem.

[21] Ibidem.

[22] Entrevista com o autor; o entrevistado pediu-nos para ser mantido anonimato.

[23] Declaração da Asian Paints adaptada de George Westerman *et al.*, "Digital transformation: A roadmap for billion dollar organizations", *White Paper*. Capgemini Consulting e MIT Center for Digital Business, 17/nov./2011. Disponível em: <www.capgemini-consulting.com/digital-transformation-a-road-map-for-billion-dollar-organizations>, p. 14-15 e Capgemini Consulting, "Building a world leader through digital transformation: An interview with manish choksi", *Digital Transformation Review*, n. 2, 1°/jan./2012, p. 42-47.

[24] Capgemini Consulting, "Building a world leader through digital transformation..." ob cit.

[25] Michael Welch e George Westerman, "Caesars Entertainment: Digitally personalizing the customer experience", *White Paper*. Capgemini Consulting, 25/abr./2013. Disponível em: <www.capgemini.com/resources/caesars-entertainment-digitally-personalizing-the-customer-experience>.

[26] Capgemini Consulting, "Building a world leader through digital transformation: An interview with manish choksi", *Digital Transformation Review*, n. 2, 1°/jul./2011. Disponível em: <www.capgemini-consulting.com/digital-transformation-review-no-1-july-2011>, p. 42.

[27] Ibidem.

[28] Association of Certified Fraud Examiners, *Report to the nations on occupational fraud and abuse: 2012 global fraud study* (Austin TX: Association of Certified Fraud Examiners, 2012).

[29] G. Collins, "Safeguarding restaurants from point-of-sale fraud: An evaluation of a novel theft deterrent application using artificial intelligence", *Journal of Hotel Business Management* 2 (2013): 105.

[30] Lamar Pierce, Daniel Snow e Andrew McAfee, "Cleaning house: The impact of information technology monitoring on employee theft and productivity", *MIT Sloan Research Paper*, n. 5.029-13, 24/ago./2013.

[31] Lamar Pierce e Michael Toffel, "The role of organizational scope and governance in strengthening private monitoring", *Organizational Science* 24, n. 5 (out./2013): 1.558-1.584.

[32] Michael Schrage, "Q&A: The experimenter", *MIT Technology Review*, 18/fev./2011. Disponível em: <www.technologyreview.com/news/422784/qa-the-experimenter/>.

[33] K. Nagayama e P. Weill, "7-Eleven Japan, Inc: Reinventing the retail business model", *MIT Center for Information Systems*, jan./2004.

[34] Dan Siroker, *A/B testing: The most powerful way to turn clicks into customers* (Nova Iorque: Wiley, 2013).

[35] James A. Cooke, "Kimberly-Clark connects its supply chain to the store shelf", *Supply Chain Quarterly*, Q1, 2013. Disponível em: <www.supplychainquarterly. com/topics/Strategy/20130306-kimberly-clark-connects-its-supply-chain-to-the-store-shelf/?utm_medium=e-mail&utm_campaign=Preview+-+Q1+2013+-2013+Mar+15&utm_content=Preview+-+Q1+2013+-+2013+Mar+15_CID_3 581e3c0e4a6dd35057267737b04b40fc&utm_source=Eail%20marketing%20 software&utm_term=Kimberly-Clark%20connects%20its%20supply%20 chain%20to%20the%20store%20shelf>.

[36] "Zara: A case of rapid-fire fast fashion strategy", *IPR Plaza*, dez./2012. Disponível em: <http://ipr-plaza.com/state2/flow14950>.

[37] Sebastien Veigneau da Air France, entrevista com os autores.

[38] Ibidem.

CAPÍTULO 4

[1] Mark W. Johnson, *Seizing the white space: Business model innovation for growth and renewal* (Boston: Harvard Business Press, 2010).

[2] Michael Fitzgerald, Nina Kruschwitz, Didier Bonner e Michael Welch, "Embracing digital technology: A new strategic imperative", *MIT Sloan Management Review*, 8/ out./2013.

[3] Tom Kaneshige, "Hailo picks up speed as a digital disrupter for taxis", *CIO.com*, 7/mar./2013. Disponível em: <www.cio.com/article/729877/hailo_Picks_up_ Speed_as_a_Digital_Disrupter_for_Taxis>.

[4] Capgemini Consulting, "Hailo: Digitally disrupting a traditional market – An interview with Ron Zeghibe, co-founder and executive chairman", 26/jul./2013. Disponível em: <www.capgemini-consulting.com/hailo-digitally-disrupting-a-traditional-market>.

[5] Ibidem.

[6] C. Zott, R. Amit e L. Massa, "The business model: Theoretical roots, recent development and future research", working paper WP-862, IESE Business School, University of Navarra, Madrid, jun./2010.

[7] Alexander Osterwalder e Yves Pigneur, *Business model generation: A handbook for visionaries, game changers and challengers* (Nova Iorque: John Wiley & Sons, 2010); Mark W. Johnson, *Seizing the white space: Business model innovation for growth and renewal* (Boston: Harvard Business Press, 2010); Constantinos C. Markides, *Game changing strategies: How to create new market space in established industries by breaking the rules* (São Francisco: Jossey-Bass, 2008); Henry W. Chesbrough, *Open business models: How to thrive in the new information landscape* (Boston: Harvard Business Press, nov./2006).

[8] Henning Kagermann, Hubert Osterle e John Jordan, *IT-driven business models: Global case studies in transformation* (Nova Iorque: John Wiley & Sons, 2011); James McQuivey e Josh Bernoff, *Digital disruption: Unleashing the next wave of innovation* (Amazon Publishing, 2013).

[9] Thomas Eisenmann, Geoffrey Parker e Marshall W. Van Alstyne, "Strategies for two-sided markets", *Harvard Business Review*, out./2006. Disponível em: <http://hbr.org/2006/10/strategies-for-two-sided-markets/ar/1>. Geoff Parker e Marshall Van Alstyne, nossos colegas no MIT Center for Digital Business, realizaram trabalho pioneiro para compreender a teoria da estratégia de plataformas bilaterais. Veja também Andrei Hagiu e Julian Wright, "Multi-sided platforms", *Working Paper*, 12-024, Boston: Harvard Business School, 12/out./2011; Andrei Hagiu, "Strategic Decisions for multisided platforms", *MIT Sloan Management Review*, inverno de 2014. Disponível em: <http://sloanreview.mit.edu/article/strategic-decisions-for-multisided-platforms/>.

[NT-1] O conceito de *platform thinking* pode ser visto como "o processo de identificar e explorar a estrutura e lógica compartilhada dentro das atividades e ofertas de uma empresa para atingir variedade e crescimento alavancados". Este conceito que pode ser aplicado aos produtos, processos de desenvolvimento, marcas, metas e clientes de uma companhia parece ser uma estratégia bem-sucedida para se alcançar de forma eficiente uma grande variedade de produtos e serviços com o emprego apropriado dos recursos.

[10] Sangeet Paul Choudary, Geoffrey Parker e Marshall Van Alstyne, "Outlook 2014: Platforms are eating the world", *Wired*, 26/dez./2013. Disponível em: <www.wired.com/insights/2013/12/outlook-2014-platforms-eating-world/>.

[11] Tomio Geron, "Airbnb and the instoppable rise of the share economy", *Forbes*, 23/jan./2013. Disponível em: <www.forbes.com/sites/tomiogeron/2013/01/23/airbnb-and-the-unstoppable-rise-of-the-share-economy/>.

[12] Thomas Friedman, "Welcome to the 'Sharing Economy'", *New York Times*, 20/jul./2013. Disponível em: <ww.nytimes.com/2013/07/21/opinion/sunday/friedman-welcome-to-the-sharing-economy.html?_r=0>.

[13] Marriott Hotels, "Welcoming the collaboration generation into more Marriott Hotels: Workspace on demand expands", comunicado de imprensa, *Market Watch*, 23/set./2013. Disponível em: <www.marketwatch.com/story/welcoming-the-collaboration-generation-into-more-marriott-hotels-workspace-on-demand-expands-2013-09-23>.

[14] Zipcar, "Zipcar reports fourth quarter and full year 2012 results", comunicado de imprensa, *GlobeNewswire*, 15/fev./2013. Disponível em: <ttp://globenewswire/.com/new-release/2013/02/15/523986/10021911/em/Zipcar-Reports-Fourth-Quarter-and-Full-Year-2012-Results.html>.

[15] Beth Gardiner, "Jump in and drive: Car hire by the minute pulls on to UK roads", *The Guardian*, 22/ago./2013. Disponível em: <www.theguardian.com/environment/2013/aug/22/on-the-street-car-hire>.

[16] Tim Worstall, "Explaining the Avis takeover of Zipcar", *Forbes*, 2/fev./2013. Disponível em: <www.forbes.com/sites/timworstall/2013/01/02/explaining-the-avis-takeover-of-zipcar/>; Hagiu, "Strategic decisions for multisided platforms...", ob. cit.

[17] Eisenmann, Parker e Van Alstyne, "Strategies for two-sided markets", ob. cit.; veja também, Hagiu e Wright, "Multi-sided platforms", ob. cit.; Hagiu, "Strategic decisions for multisided platforms...", ob. cit.

[18] "The last Kodak moment", *Economist*, 14/jan./2012. Disponível em: <www.economist.com/node/21542796>.

[19] Australia Post, *Annual Report 2012*, 2012. Disponível em: <http://auspost.com/au/media/documents/australia-post-annual-report-2011-12.pdf>.

[20] Ibidem.

[21] eBoks, "70-ârig er e-Boks-bruger nummer fire million", e-boks.com, 13/nov./2013. Disponível em: <www.e-boks.com/dk/news.aspx?articleid=337>.

[22] eBoks, "Save at least 80% on postage – and save paper", *home page* da e-boks. Disponível em: <www.e-boks.com/international/default.aspx>, acessada em 25/abr./2014.

[NT-2] Ocasião quando alguém visita um determinado site pelo fato de ter clicado em uma propaganda ou alguma outra página web; a extensão em que isto se dá. Fonte: *Oxford Business English Dictionary*.

[NT-3] Uma forma de decidir o preço de um produto tomando como base o seu valor para o consumidor e não o do custo de produzi-lo. Fonte: *Oxford Business English Dictionary*.

[23] Maël Tannou e George Westerman, "Nike: From separate level initiatives to firm transformation", *White Paper*. Capgemini Consulting, 2012. Disponível em: <www.capgemini-consulting.com/nike>.

[NT-4] Aquelas músicas usadas tipicamente nas academias de ginástica para motivar os seus frequentadores na prática de exercícios.

[24] Mark McCluksky, "The Nike experiment: How the shoe giant unleashed the power of personal metrics", *Wired*, 22/jun./2009. Disponível em: <www.archive. wired.com/medtech/health/magazine/17-07/lbnp_nike?currentPage=all>.

[25] Austin Carr, "Nike: The no. 1 most innovative company of 2013", *Fast Company*, 11/fev./2013. Disponível em: <www.fastcompany.com/most-innovative-companies/2013/nike>.

[26] Trefis Team, "Why Nike will outpace the sports apparel market's growth", *Forbes.com*, 3/maio/2013. Disponível em: <www.forbes.com/sites/greatspeculations/2013/05/13/why-nikes-growth-will-outpace-the-sports-apparel-markets/>.

[NT-5] A quantia que um cliente precisa desembolsar ao mudar de um fornecedor, sistema etc. para outro. Fonte: *Oxford Business English Dictionary*.

[27] Maël Tannou e George Westerman, "Volvo cars corporation: Shifting from a B2B to a 'B2B+B2C' business midel", Capgemini Consulting, 22/jun./2012. Disponível em: <www.capgemini.com/resources/volvo-cars-corporation-shifting-from-a-b2b-to-a-b2bb2c-business-model>.

[28] Bertand Dimont, "Mobile insurance: Are you well positioned for this emerging channel?" Capgemini Consulting, 2012. Disponível em: <http://ebooks.capgemini-consulting.com/Mobile-Insurance/files/assets/basic-html/page5.html>.

[29] Tokio Marine Holdings, "Evolving to drive growth", relatório anual, Tokio Marine Holdings, 2013. Disponível em: <http://ir.tokiomarinehd.com/em/AnnualReport/IRFilingDataDownPar/0/IRFilingDownPar/0/PDFoçe/AR13_e_All%20pages.pdf>.

[30] Franklin Rios, "How analytics can transform business models", entrevista de Renee Boucher Ferguson, *MIT Sloan Management Review*, 16/abr./2013.

[31] Renee Boucher Ferguson, "Luminar insights: A strategic use of analytics", *MIT Sloan Management Review*, fev./2014.

[32] Entravision Q4 2013 Analyst Call Transcript a partir de SeekingAlpha. Disponível em: <http://seekingalpha.com/article/2057273-entravision-communictions-management-discusses-q4-2013-results-earnings-call-transcript>.

[33] Ibidem.

CAPÍTULO 5

[1] Descrição de caso baseada em entrevistas realizadas por George Westerman com Jean-Pierre Remy e Nicolas Gauthier em 2011, 2013 e 2014. Foi autorizado o uso dessas informações.

[2] Hugh Schofield, "Minitel: The rise and fall of the France-Wide Web", *BBC New Paris*, 27/jun./2012. Disponível em: <www.bbc.co.uk/news/magazine-18610692>.

[3] Baseado em entrevistas realizadas pelo autor com o CEO Jean-Pierre Remy. Foi autorizado o uso dessas informações.

[4] George Westerman *et al.*, "Digital transformation: A roadmap for billion dollar organizations", *White Paper*. Capgemini Consulting e MIT Center for Digital Business, 17/nov./2011. Disponível em: <www.capgemini-consulting.com/digital-transformation-a-road-map-for-billion-dollar-organizations>, p. 63.

[5] Didier Bonner, George Westerman e Michael Welch., "Thre vision thing: Developing a transformative digital vision", *White Paper*. Capgemini Consulting e MIT Center for Digital Business, 2013. Dispoível em: <www.capgemini-consulting.com/resources/the-vision-thing-developing-a-transformative-digital-vision>.

[6] Ibidem.

[7] Jennifer Van Grove, "How Starbucks is turning itself into a tech company", *VentureBeat*, 12/jun./2012. Disponível em: <http://venturebeat.com/2012/06/12/starbucks-digital-strategy/>.

[8] Salesforce, "Burberry's social enterprise", vídeo, *Salesforce YouTube Channel*, *uploaded* em 7/abr./2012. Disponível em: <www.youtube.com/watch?v=XErGxMYuF2M>.

[9] Capgemini Consulting, "Beauty and digital: A magical march – an interview with marc menesguen", *Capgemini Consulting Digital Leasdership Series*, 2012. Disponível em: <http://ebooks.capgemini-consulting.com/Marc-Menesguen-interview/index.html>.

[10] Michael Welch e George Westerman, "Caesars Entertainment: digitally personalizing the customer experience", Capgemini Consulting, 25/abr./2013. Disponível em: <www.capgemini-consulting.com/resources/caesars- entertainment-digitally-personalizing-the-customer-experience>.

[11] Commonwealth Bank of Australia, *Annual Report*, 2015, 5. Disponível em: <www.commbank.com.au/about-us/shareholders/pdfs/annual-reports/2012_Commonealth_Bank_Annual_Report.pdf>.

[12] Michael Schrage, *Who do you want your customers to become?* (Boston: Harvard Business Review Press, 2012).

[13] Novartis, *Annual Report*, 2012. Disponível em: <www.novartis.com/investors/financial-results/annual-results-2012.shtml>.

[14] Proctor & Gamble, *Annual Report*, 2012, 5. Disponível em: <www.pginvestor.com/Cache/1001174630.PDF?Y=&O=PDF&D=&fid=1001174630&T=&i id=4004124>.

[15] Boeing, "The Boeing Edge", site da Boeing Company. Disponível em: <www.boeing.com/boeing/commercial/aviationservices/integrated-services/digital-airline.page>, acessado em 25/abr./2014.

[16] Ibidem.

[17] Consulte, por exemplo, Alexander Osterwelder e Yves Pigneur, *Business model generation: A handbook for visionaries, game changers and challengers* (Nova Iorque: John Wiley & Sons, 2010) e Mark W. Johnson, *Seizing the white space: Business model innovation for growth and renewal* (Boston: Harvard Business Press, 2010).

288 LIDERANDO NA ERA DIGITAL

[18] Banco Santander, *Annual Report*, 2012. Disponível em: http://www.santander.
com/csgs/Satellite/CFWCSancomQP01/es_ES/Santander-/Relacion-con-In-
versores/Informe-anual.html?pagename=CFWCSancomQP01%2FPage%2FCF
QP01_PageAgrupEnlaces_PT14&cidSel=1278688254195&appID=santander.wc.
CFWCSancomQP01&canal=CSCORP&empr=CFWCSancomQP01&leng=en_
GB&cid=1278677300447.

[19] General Electric, *Annual Report*, 2011, 7. Disponível em: <www.ge.com/sites/de-
fault/files/GE_AR11_EntireReport.pdf>.

[20] Progressive, "Progressive Background", site da Progressive Company. Disponível
em: <www.progressive.com/newsroom/press-kit/progressive-background/, acessado em 25/abr./2014.

[21] Ian Ayres, *Super Crunchers* (Nova Iorque: Bantam Dell, 2007), p. 33.

[22] Progressive, "Innovative auto insurance discount program to be available to
5,000 minnesotans", site da Progressive Company, 8/ago./2004. Disponível em:
<www.progressive.com/newsroom/article/2004/August/TripSense/>.

[23] Progressive, "Good drivers finally get the savings they deserve as progressive unveils
snapshot discount countrywide", site da Progressive Company, 14/mar./2011. Disponível em: <www.progressive.com/newsroom/article/2011/March/snapshot-national-
launch/>.

[24] J. Barney, "Firm resources and sustained competitive advantage", *Journal of
Management* 17, n. 1 (1991): p. 99-120.

[25] Westerman *et al.*, "Digital transformation...", ob. cit.; Didier Bonnet, Andrew
McAfee e George Westerman, "Companies must use digital technologies to transform, not substitute", *Financial Times*, 29/mar./2012. Disponível em: <www.ft.com/
cms/s/0/4fc3a520-79d4-11e1-9900-00144feab49a.html>.

[26] Para realizar esta análise, dois especialistas em programação identificaram, em
conjunto, exemplos prototípicos de substituição, extensão e transformação em cada
uma das quatro tecnologias a seguir: mídias sociais, dispositivos móveis, *analytics*
e dispositivos integrados. Em seguida, cada um deles programou entrevistas para
determinadas empresas de modo a identificar a iniciativa mais transformadora ne-
las, segundo o tipo de tecnologia. Nos casos em que a programação foi diferente
para uma dada companhia, os dois programadores encontraram-se para discutir as
diferenças e identificar uma única resposta para cada tecnologia no caso da empresa
em questão.

[27] Westerman *et al.*, "Digital transformation...", ob. cit., p. 63.

[28] "Prisa grasps liberty lifeline", *Variety.com*, 29/nov./2010. Disponível em: <http://
variety.com/2010/biz/news/prisa-grasps-liberty-lifeline-1118028069/>.

[29] Westerman *et al.*, "Digital transformation...", ob. cit., p. 56.

[30] Capgemini Consulting, "Building a world leader through digital transformation: An
interview with manish choksi", *Digital Transformation Review*, n. 2, 1°/jan./2012. Dis-

ponível em: <www.capgemini-consulting.com/digital-transformation-review-ndeg2>, p. 42-47.

[31] Ibidem.

CAPÍTULO 6

[1] Frederick F. Reichheld e Rob Markey, *Loyalty rules: How today's leaders build lasting relationships* (Boston: Harvard Business School Press, 2001).

[2] Veja, por exemplo, Michael Beer, *High commitment, high performance: How to build a resilient organization for sustained advantage* (São Francisco: Jossey-Bass, 2009).

[3] Rosabeth M. Kanter *et al.*, *The challenge of organizational change: How companies experience it and leaders guide it* (Nova Iorque: Free Press, 1992).

[4] Para reciclagem de indivíduos e equipes, veja Francis J. Gouillart e James N. Kelly, *Transforming the organization: Reframing corporate direction, restructuring the company, revitalizing the enterprise, renewing people* (Nova Iorque: McGrawHill, 1995). Para alinhamento psicológico, veja Beer, *High commitment, high performance...*, ob. cit.

[5] Andrew McAfee, *Enterprise 2.0: New collaborative tools for your organization's toughest challenges* (Boston: Harvard Business Press, 2009).

[6] Capgemini Consulting, "Conviviality goes digital at Pernod Ricard", estudo de caso não publicado, 2014.

[7] Ibidem.

[8] Pernod Ricard, "87% of Pernod Ricard's employees recommend their company", comunicado de imprensa, 2013. Disponível em: <http://pernod-ricard.com/8931/press/news-press-releases/headlines/87-of-pernod-ricard-s-employees-recommend-their-company>.

[9] Ibidem.

[10] Ibidem.

[11] Ibidem.

[12] Ibidem.

[13] Ibidem.

[14] Ibidem.

[15] Ibidem.

[16] McAfee, *Enterprise 2.0...*, ob. cit.

[17] Entrevista com os autores; o entrevistado pediu para ser mantido no anonimato.

[18] Apple, "Serving up innovation", 2014. Disponível em: <www.apple.com/iphone/business/profiles/kraft-foods>.

[19] Mark Fidelman, "The world's top 20 social brands", *Forbes*, 20/nov./2012. Disponível em: <www.forbes.com/sites/markfidelman/2012/11/20/the-worlds-top-20-social-brands/>.

[20] Stuart Elliott, "Coke revamps web site to tell its story", *New York Times*, 11/nov./2012. Disponível em: <www.nytimes.com/2012/11/12/business/media/coke-revamps-web-site-to-tell-its-story.html?_r=0>.

[21] David F. Carr, "Coca-Cola on chatter: Beyond the secret formula", *Information Week*, 20/set./2012. Disponível em: <www.informationweek.com/social-business/social_networking_private_plataforms/coca-cola-on-chatter-beyond-the-secret-f/240007735?pgno=1>.

[22] Nestlé, "Digital acceleration team II", vídeo, *upload* em 13/jun./2013. Disponível em: <www.youtube.com/watch?v=b2KjwoxhvAs>.

[NT-1] Em geral, profissionais com larga experiência atuam como mentores de profissionais mais jovens e menos experientes. No caso do *reverse mentoring* a situação se inverte e as gerações mais jovens podem ajudar as mais experientes a expandirem seus conhecimentos sobre tendências atuais, particularmente, no campo das novas tecnologias. Cria-se um canal bidirecional onde todos saem ganhando.

[23] L'Oréal, "Digital for all: Sustainable development", site da L'Oréal, 17/abr./2012. Disponível em: <www.loreal.com/news/digital-for-all.aspx>.

[NT-2] *Crowdsourcing*, neologismo composto das palavras inglesas *crowd* [multidão] e *outsourcing* [terceirização]) cunhado em 2006 por Jeff Howe, poderia ser traduzido para o português como colaboração aberta distribuída ou terceirização aberta de tarefas, e consiste em terceirizar atividades que, tradicionalmente, eram realizadas por funcionários ou contratados, deixando-as a cargo de um numeroso grupo de pessoas ou uma comunidade, por convocação aberta. Por exemplo, convidar o público em geral para o desenvolvimento de uma nova tecnologia ou executar uma tarefa de projeto (*projeto baseado na comunidade* ou *projeto participativo distribuído*), ou aperfeiçoar e implementar os passos de um algoritmo ou, então, ajudar a capturar, sistematizar e analisar grandes quantidades de dados (*ciência cidadã*). O termo tornou-se popular entre as empresas, autores e jornalistas como forma abreviada da tendência de impulsionar a *colaboração em massa* graças às novas tecnologias (como a Web 2.0) para assim alcançar objetivos comerciais ou, eventualmente, de propostas sociais. Jeffe Howe diferenciou quatro tipos de estratégias de colaboração aberta distribuída: *crowdfunding* (financiamento coletivo), *crowdcreation* (criação coletiva), *crowdvoting* (votação coletiva) e *crowd wisdom* (sabedoria coletiva). Fonte: *Wikipédia*. Disponível em: <http://es.wikipedia.org/wiki/Crowdsourcing>.

[24] Popsi'it, "Management: Innovation participative: Vos idées valent de l'or", blogue *Popsi'it*, fev./2014. Disponpivel em: <http://blog.popsiit.com/wp-content/uploads/2014/02/19022014_art_ _001.pdf>, p. 36-39.

[25] George Westerman e Deborah Soule, "Learning to foster breakthrough innovation: The evolution of EMC's innovation conference", pesquisa do MIT Center for Information Systems, 18/nov./2010.

[26] EMC, "EMC unites thousands for fourth annual innovation conference", comunicado de imprensa, 20/out./2010. Disponível em: <www.emc.com/about/news/perss/2010/20101020-01.htm>.

[27] Westerman e Soule, "Learning to foster breakthrough innovation...", ob. cit.

[28] Veja, por exemplo, Henry William Chesbrough, *Open innovation: The new imperative for creating and profiting from technology* (Boston: Harvard Business School Press, 2006).

[29] Bruce Brown e Scott Anthony, "How P&G tripled its innovation success rate", *Harvard Business Review*, jun./2010. Disponível em: <http://hbr.org/2011/06/how-pg-tripled-its-innovation-success-rate/at/1>.

[30] Procter & Gamble, "What is connect and develop?", site da Procter & Gamble, 2014. Disponível em: <www.pgconnectdevelop.com/home/pg_open_innovation.html>.

[31] Brown e Anthony, "How P&G tripled its innovation success rate", ob. cit.

[32] As citações restantes neste capítulo foram extraídas de entrevistados que pediram para permanecerem no anonimato.

CAPÍTULO 7

[1] P&G Corporate Video, Youtube, "QA with Bob McDonald – investing in digital technologies at P&G", mar./2011. Disponível em: <https://www.youtube.com/watch?v=8m5LgZX27c4l>.

[2] Jennifer Reingold, "Brainstorm tech video: P&G's Bob McDonald talks tech", *Fortune*, 19/jul./2011. Disponível em: <http://fortune.com/2011/07/19/brainstorms-tech-video-pgs-bob-mcdonald-talks-tech/>.

[3] Peter Weill e Stephanie L. Woerner, "The future of the CIO in a digital economy", *MIS Quartely Executive*, jun./2013. Disponível em: <http://cisr.mit.edu/locker/WeillWoernerMISQE2013FutureofCIO.pdf>.

[4] I CIO, "Creating the world's 'most Tech-Enabled Coporation'", abr./2012. Disponível em: <www.i-cio.com/big-thinkers/filippo-passerini/item/creating-the-world-s-most-tech-enabled-corporation>.

[5] Ken McGee, "Interview with Filippo Passerini", *Gartner Fellows Interviews*, jan./2012. Disponível em: <https://www.gartner.com/doc/1901015>.

[6] Heller Search Associates, "The anticipator CIO: Procter & Gamble's Filippo Passerini", abr./2014. Disponível em: <http://blog.hellersearch.com/Blog/bid/196094/The-Anticipator-CIO-Procter-Gamble-s-Filippo-Passerini>.

[7] I CIO, "CEO & CIO united", abr./2012. Disponível em: <www.i-cio.com/features/april-2012/p-and-g-ceo-bob-mcdonald-and-cio-filippo-passerini>.

[8] Ibidem.

[9] "P&G's global business services organization earns praise", *P&G Corporate Newsroom*, 21/set./2011. Disponível em: <http://news.pg.com/blog/innovation/pgs-global-business-services-organization-earns-praise>.

[10] Filippo Passerini, "Transforming the way of doing business via digitalization", *Slideshare*, 2/nov./2011. Disponível em: <www.slideshare.net/ericakirichenko/filippo-passerini-goind-digital>.

[11] TechWeb, "Procter & Gamble CIO Filippo Passerini: 2010 chief of the year", 3/dez./2010. Disponível em: <www.techweb.com/news/228500182/procter-gamble-cio-filippo-passerini-2010-cheif-of-the-year.html>.

[12] Passerini, "Transforming the way of doing business via digitization", ob. cit.

[13] TechWeb, "Procter & Gamble CIO Filippo Passerini...", ob. cit.

[14] I CIO, "Creating the world's 'most Tech-Enabled Corporation'", ob. cit.

[15] Ibidem.

[16] Ibidem.

[17] *Information Week*, "2010 CIO of the year", dez./2010.

[18] McGee, "Interview with Filippo Passerini", ob. cit.

[19] *Information Week*, "2010 CIO of the year", ob. cit.

[20] Wikipedia, "governance", última atualização, 14/mar./2014. Disponível em: <http://en.wikipedia.org/wiki/Governance>.

[21] Capgemini Consulting, "Burberry's digital transformation", *Digital Transformation Review*, n. 2, jan./2012. Disponível em: <www.capgemini-consulting.com/resource-file-access/resource/pdf/Digital_Transformation_Review___Edition_2.pdf>.

[22] Análise adicional dos dados da pesquisa global de 2012 para se obter insights descritivos. Diferença de 25,9 *versus* 17,2 em um composto cumulativo de cinco itens de pesquisa.

[23] Os entrevistados em nosso estudo informaram que o ritmo da empresa é muito mais rápido que há cinco anos (5,6 em uma escala de 1 a 7, em que 1 = muito mais lento e 7 = muito mais rápido) e que continua a acelerar.

[24] Maël Tannou e George Westerman, "Volvo cars corporation: Shifting from a B2B to a 'B2B+B2C' Business Model", Capgemini Consulting, 22/jun./2012. Disponível em: <www.capgemini.com/resources/volvo-cars-corporation-shifitng-from-a-b2b-to-a-b2bb2c-business-model>.

[25] Impresso com a permissão da empresa; os entrevistados pediram para serem mantidos no anonimato.

[26] Ibidem.

[27] Jennifer Van Grove, "How Starbucks is turning itself into a tech company", *Venture Beat*, 12/jun./2012. Disponpivel em: <http://venturebeat.com/2012/06/12/starbucks-digital-strategy/>.

[28] Pete Blackshaw, "How digital acceleration teams are influencing Nestlé's 2000 brands", entrevista de Michael Fitagerald, *MIT Sloan Management Review*, 22/set./2013.

[29] George Westerman *et al.*, "Digital transformation: A roadmap for billion dollar organizations", *White Paper*. Capgemini Consulting e MIT Center for Digital Business, 17/nov./2011. Disponpível em: <www.capgemini-consulting.com/digital-transformation-a-road-map-for-billion-dollar-organizations>.

[30] Ibidem.

CAPÍTULO 8

[1] Veja, por exemplo, Rosabeth M. Kanter, Barry A. Stein e Todd D. Jick, *The challenge of organizational change: How companies experience it and leaders guide it* (Nova Iorque: Free Press, 1992).

[2] Ashley Machin e Zak Mian, Trecho sobre o Lloyd escrito a partir de entrevistas realizadas pelo autor. Foi autorizado o uso dessas informações.

[3] D. Preston e E. Karahanna, "Antecedents of IS strategic alignment: A nomological network", *Information Systems Research* 20, n. 2 (2009): p. 159-179.

[4] Segundo nossa análise: 22,97 *versus* 17,37 em uma medição cumulativa.

[5] Segundo nossa análise, os "Mestres Digitais" atingiram uma média de 5,72, enquanto os não mestres atingiram uma média de 4,74 em uma escala de 1 a 7 como resposta à questão "Estamos no controle do nosso destino na transformação digital?".

[6] George Westerman, "IT is from Venus, non-it is from Mars", *Wall Street Journal*, 2/abr./2012. Disponível em: <http://tinyurl.com/n6xu7p7>.

[7] Richard Hunter e George Westerman, *The real business of it: How cios create and communicate value* (Boston: Harvard Business Press, 2008), p. 13.

[8] Capgemini Consulting, "Burberry's digital transformation", *Digital Transformation Review*, n. 2, jan./2012. Disponível em: <www.capgemini.com/resources/talking-bout-a-revolution>, p. 12.

[9] Westerman, "IT is from Venus..." ob. cit.

[10] Hunter e Westerman, *The real business of IT...*, ob. cit.

[NT-I] Alternativa em que existe um gestor e um assistente desse gestor. Esta posição é utilizada para fornecer a experiência necessária aos indivíduos de forma a poderem, passado algum tempo, ocupar uma posição mais alta na hierarquia. Permite o desenvolvimento de competências e a adaptação aos métodos de trabalho vigentes. É, no entanto, também um método que pode trazer custos adicionais e excesso de pessoal. Fonte: Diogo Miguel Cruz. *Liderança e sucessão nas empresas familiares – Um estudo de caso*. Dissertação de Mestrado em Economia e Gestão de Recursos Humanos, defendida na Universidade do Porto, 2013. Disponível em: <http://sigarra.up.pt/fep/pt/publs_pesquisa.show_publ_file?pct_gdoc_id=61587>.

[11] John Allspaw e Paul Hammond, "10 deploys per day: DEV and Ops Cooperation at Flickr", *Slideshare*, 2009. Disponível em: <www.slideshare.net/jallspaw/10-deploys-per-day-dev-and-ops-cooperation-at-flickr>.

[12] Damon Edwards, "What is DevOps?", *Dev2Ops*, 23/fev./2010. Disponível em: <http://dev2ops.org/2010/02/what-is-devops/>.

[13] Christina Farr, "An idiot's guide to DevOps", *Venture Beat*, 30/set./2013. Disponível em: <http://venturebeat.com/2013/09/30/an-idiots-guide-to-devops/>.

[14] Charles Bobcock, " DevOps: A culture shift, not a technology", *Information Week*, 14/abr./2014. Disponível em: <www.informationweek.com/software/enterprise-applications/devops-a-culture-shift-not-a-technology/d/d-id/1204425>.

[15] George Westerman *et al.*, "Digital transformation: A roadmap for billion dollar organizations", *White Paper*. Capgemini Consulting e MIT Center for Digital Business, 2011. Disponível em: <www.capgemini-consulting.com/digital-transformation-a-road-map-for-billion-dollar-organizations>, p. 39.

[16] Média das respostas à nossa pesquisa dadas por "Mestres Digitais" e não mestres em uma escala de Likert "discordo-concordo" de 1 a 7 para as questões no formulário "Temos as habilidades necessárias em...".

[17] Capgemini Consulting, "Burberry's digital transformation...", ob. cit.

[18] Média das respostas à nossa pesquisa dadas por "Mestres Digitais" e não mestres em uma escala de Likert "discordo-concordo" de 1 a 7 para as questões no formulário "Temos as habilidades necessárias em...".

[19] Capgemini Consulting, "Digital leadership: An interview with Markus Nordlin, CIO of Zurich Insurance", 2013. Disponível em: <http://ebooks.capgemini-consulting.com/Digital-Leadership-Zurich-Insurance/>.

[20] Nick Clayton, "E.U. 'grand coalition' to fight IT skills shortage", *Wall Street Journal*, 6/mar./2013. Disponível em: <http://blogs.wsj.com/tech-europe/2013/03/06/e-u-grand- coalition-to-fight-it-skills-shortage/>.

[21] Gartner, "Gartner reveals top predictions for IT organizations and users for 2013 and beyond", *Gartner*, 24/out./2012. Disponível em: <www.gartner.com/newsroom/id/2211115>.

[22] Marianne Kolding, Mette Ahorlu e Curtis Robinson, "Post-Crisis: E-skills are needed to drive europe's innovation society", *IDC*, nov./2009. Disponível em: <http://ec.europa.eu/enterprise/sectors/itc/files/idc_wp_november_2009_en.pdf>.

[23] Gartner, "Key findings from US digital marketing spending survey", *Gartner*, 6/mar./2013. Disponível em: <www.gartner.com/technology/research/digital-marketing/digital-marketing-spend-report.jsp>.

[24] Barbara Spitzer *et al.*, "The digital talent gap", Capgemini Consulting, 2013. Disponível em: <www.capgemini.com/resources/the-digital-talent-gap-developing-skills-for-todays-digital-organizations>.

[25] Jeanne W. Ross, Peter Weill e David Robertson, *Enterprise architecture as strategy: Creating a foundation for business execution* (Boston: Harvard Business Review Press Books, 2006).

[26] Entrevista com os autores; o entrevistado pediu para ser mantido no anonimato.

[27] Ross *et al.*, *Enterprise architecture as strategy...*, ob. cit.; George Westerman e Richard Hunter, *O risco de TI: convertendo ameaças aos negócios em vantagem competitiva* (São Paulo: M.Books, 2014).

[28] Westerman e Hunter, *IT risk...*, ob. cit.

[29] Brad Stone, *The everything store: Jeff Bezos and the age of Amazon* (Nova Iorque: Little, Brown and Company, 2013), p. 133.

[30] Média das respostas à nossa pesquisa dadas por "Mestres Digitais" e não mestres em uma escala de Likert "discordo-concordo" de 1 a 7 para as questões no formulário "Temos uma visão integrada de...".

[31] Erik Brynjolfsson e Andrew McAfee, "Investing in the IT that makes a competitive difference", *Harvard Business Review*, jul.-ago./2008, p. 98-107.

[32] Hunter e Westerman, *The real business of IT...*, ob. cit.

[33] P. Weill, C. Soh e S. Kien, "Governance of global shared solutions at Procter & Gamble", *MIT Center for Information Systems Research, Research Briefings* vol. VII, n. 3A (dez./2007).

[34] John Furrier, "Google engineer accidentally shares his internal memo about Google+ Platform", *Silicon Angle*, 12/out./2011. Disponível em: <http://siliconangle.com/furrier/2011/10/12/google-engineer-accidentally-shares-his-internal-memo-about-google-platform/>.

[35] Hunter e Westerman, *The real business of IT...*, ob. cit.

[36] Capgemini Consulting, "Building a world leader through digital transformation", *Digital Transformation Review*, n. 2, jul./2011. Disponível em: <www.capgemini.com/resources/digital-transformation-review-no-1-july-2011>, p. 42.

CAPÍTULO 9

[1] Michael Fitzgerald *et al.*, "Embracing digital technology: A new strategic imperative", *MIT Sloan Management Review*, 2013. Disponível em: <http://sloanreview.mit.edu/projects/embracing-digital-technology/>.

[2] Ibidem.

[3] Ibidem.

[4] Andy Grove, *Only the paranoid survive: How to exploit the crisis points that challenge every company* (New York: Crown Business, 1999).

[5] Didier Bonnet e Jerome Buvat, "Digital leadership – Hailo: Digitally disrupting a traditional market", entrevista com Ron Zeghibe, 2013. Disponível em: <http://www.capgemini-consulting.com/digital-leadership-hailo-digitally-disrupting-a-traditional-market>.

[6] Fitzgerald *et al.*, "Embracing digital technology...", ob. cit.

NT-1 *Hackthon* significa maratona de programação. O termo resulta de uma combinação das palavras inglesas "hack" (programar de forma excepcional) e "marathon" (maratona). *Hackthon* é um evento que reúne programadores, designers e outros profissionais ligados ao desenvolvimento de software para uma maratona de programação cujo objetivo é desenvolver um software que atenda a um fim específico ou projetos livres que sejam inovadores e utilizáveis. Fonte: Significados. Disponível em: <http://www.significados.com.br/hackathon>.

[7] Joe Gross, "Allianz: Creating a digital DNA", em *Digital Transformation Review* n. 4, *Accelerating digital transformation*, Capgemini Consulting, maio/2013. Disponível em: <www. capgemini-consulting.com/digital-transformation-review-4>.

[8] Veja, por exemplo, Michael D. Michalisin, Robert D. Smith e Douglas M. Kline, "In search of strategic assets", *International Journal of Organizational Analysis* 5, n. 4 (1997): p. 360-387.

[9] American Bankers Association, "ABA survey: Popularity of online banking explodes", American Bankers Association, set./2011. Disponível em: <www.ababj. com/197-new-products-a-services/tech-topics-plus5/3250-aba-survey-popularity-of-online-banking-explodes>.

[10] Kevin S. Travis *et al.*, "U.S. multi-channel customer research 2012: The rise of the virtually domiciled", *Novantas Research*, 2012. Disponível em: <http://novantas. com/wpcontent/uploads/2014/01/Novantas_US_Multi_Channel_Research_2012. pdf>.

NT-2 Processo de fabricação de produtos (calçados) da Nike no qual a parte superior do tênis é feita em uma única peça, com apenas dois pontos de costura e aplicando fios e vários tipos de tecido apenas onde são estritamente necessários, de forma que o calçado seja adaptável, ultraleve e com costuras praticamente inexistentes. Trata-se de um processo de fabricação mais rápido e com menos desperdício.

[11] Rupert Jones, "Barclays to sell customer data", *The Guardian*, 24/jun./2013. Disponível em: <www.theguardian.com/business/2013/jun/24/barclays-bank-sell-customer-data>.

NT-3 BMC (*Business Model Canvas*) é uma ferramenta de gerenciamento estratégico que permite desenvolver e esboçar modelos de negócios novos ou existentes. É um mapa visual pré-formatado contendo nove blocos de modelos de negócios. [...] As descrições formais do negócio tornam-se os blocos para construir suas atividades. Fonte: *Wikipédia*. Disponível em: <http://pt.wikipedia.org/wiki/Business_Model_ Canvas>.

[12] Para analisar o seu modelo de negócios atual, use o conceito de BMC (*Business Model Canvas*) em Alexander Osterwelder e Yves Pigneur, *Business model generation: A handbook for visionaries, game changers and challengers* (New York: John Wiley & Sons, 2010). Também há abordagens úteis para ajudar a estruturar seu modo de refletir sobre modelos de negócios em Joseph V. Sinfield *et al.*, "How to identify new business models", *MIT Sloan Management Review*, inverno de 2012; Raphael Amit

e Christoph Zott, "Creating value through business model innovation", *MIT Sloan Management Review*, primavera de 2012. Para gerar novas opções de modelos de negócios, consulte Alexander e Pigneur, "Business model generation...", ob. cit.; Mark W. Johnson, *Seizing the white space: Business model innovation for growth and renewal* (Boston: Harvard Business Press, 2010); Constantinos C. Markides, *Game-changing strategies: How to create new market space in established industries by breaking the rules* (San Francisco: Jossey-Bass, 2008), p. 23-54; W. Chan Kim e Renée Mauborgne, *Blue ocean strategy: How to create uncontested market space and make the competition irrelevant* (Boston: Harvard Business School Press, 2005); Clayton M. Christensen, *The innovator's dilemma: When new technologies cause great firms to fail* (Boston: Harvard Business Review Press, 1997). Para se defender e reagir a um novo modelo de negócios, veja Markides, *Game-changing strategies...*, ob. cit., p. 121-141.

[13] George Westerman *et al.*, "The vision thing: Developing a transformative vision", Capgemini Consulting, 11/jun./2013. Disponível em: <http://www. capgemini-consulting.com/the-vision-thing-developing-a-transformative-digital-vision>; Morten T. Hansen, *Collaboration: How leaders avoid the traps, build common ground, and reap big results* (Boston: Harvard Business Press, 2009), capítulo 4.

[14] Michael Fitzgerald, "How Starbucks has gone digital", *MIT Sloan Management Review*, 4/abr./2013. Disponível em: <http://sloanreview.mit.edu/article/how-starbucks-has-gone-digital/>.

[15] Fitzgerald *et al.*, "Embracing digital technology" (dados de pesquisa não publicados).

[16] Gross, "Allianz: Creating a digital DNA", ob. cit.

[NT-4] *Facilitated workshop* é um tipo especial de reunião com um claro objetivo (produto), um conjunto de pessoas (que são escolhidos e recebem autonomia para produzirem o produto) e uma pessoa independente (facilitador para possibilitar a concretização efetiva do objetivo). É um processo em que um facilitador neutro, sem nenhuma interferência no resultado do workshop, possibilita que um grupo trabalhe junto para atingir um objetivo acordado, seja este resolver um problema, elaborar um plano, reunir necessidades ou tomar uma decisão. Os *facilitated workshops* garantem uma abordagem baseada em equipe para enriquecer a comunicação e a colaboração e atingir resultados com rapidez, comprometimento e adesão. Fonte: <http://www.dsdm.org/content/9-facilitated-workshops>.

CAPÍTULO 10

[1] Michael Fitzgerald *et al.*, "Embracing digital technology: A new strategic imperative", *MIT Sloan Management Review*, 2013. Disponível em: <http://sloanreview.mit.edu/projects/embracing-digital-technology/>.

[2] Robert S. Kaplan e David P. Norton, *The balanced scorecard: Translating strategy into action* (Boston: Harvard Business School Press, 1996).

[3] Tim Kastelle, "Is your innovation problem really a strategy problem?", *Harvard Business Review*, 11/fev./2014. Disponível em: <http://blogs.hbr.org/2014/02/is-your-innovation-problem-really-a-strategy-problem/>.

[4] Jeff Gothelf, "How we finally made agile development work", *Harvard Business Review*, 11/out./2012. Disponível em: <http://blogs.hbr.org/2012/10/how-we-finally-made-agile-development-work/>.

[5] Michael Fitzgerald, "How Starbucks has gone digital", *MIT Sloan Management Review*, 4/abr./2013. Disponível em: <http://sloanreview.mit.edu/article/how-starbucks-has-gone-digital/>.

[NT-1] O uso de lógica dos jogos e mecânica deles em contextos em que a teoria dos jogos não se aplica, para envolver usuários na resolução de problemas bem como aumentar as contribuições dos jogadores. Fonte: *Wikipédia.*. Disponível em: <http://en.wikipedia.org/wiki/Gamification>.

[6] Um grupo de controle em um experimento é um conjunto de pessoas que não recebe o tratamento que está sendo testado. Isto isola os efeitos do tratamento nas amostras e pode ajudar a descartar explicações alternativas para os resultados do experimento. Tente usar um grupo de controle sempre que possível. Se precisar conduzir um experimento sem ele, seja muito cauteloso ao utilizar os resultados obtidos. Eles podem ser explicados por diversos outros fatores além do tratamento sendo testado. O teste A/B (ou *split-testing*) tornou-se um método padrão de verificação em tempo real para experimentos digitais. Ele funciona através do redirecionamento de parte dos usuários para uma versão levemente diferente de uma dada página web ou *app* para celular, por exemplo. O comportamento desses usuários é comparado com o da massa de usuários no site ou *app* padrão. Caso a nova versão apresente resultados melhores – por exemplo, maior número de cliques, visualizações mais longas, mais compras –, pode substituir a original; caso a nova versão tenha resultados inferiores, você pode gradativamente tirá-la de circulação, poupando a maioria dos usuários de visualizá-la. O teste A/B é usado por muitas empresas de internet líderes, como Google e Amazon. Ele permite a aplicação de certas lógicas baseadas em dados em questões de design aparentemente subjetivas – cor, layout, seleção de imagens, texto etc.

[7] Jeanne W. Ross, Peter Weill e David Robertson, *Enterprise architecture as strategy: Creating a foundation for business execution* (Boston: Harvard Business Press, 2006).

[8] George Westerman e Richard Hunter, *O risco de TI: convertendo ameaças aos negócios em vantagem competitiva* (São Paulo: M.Books, 2014).

[9] George Westerman e Michael Welch, "Caesars Entertainment: Digitally personalizing the costumer experience", *White Paper*. Capgemini Consulting, 25/abr./2013. Disponível em: <www.capgemini-consulting.com/caesars-entertainment-digitally-personalizing-the-costumer-experience>.

[10] A. G. Lafley e Roger Martin, *Playing to win: How strategy really works* (Boston: Harvard Business Review Press, 2013).

[11] Fitzgerald, "How Starbucks has gone digital...", ob. cit.

[12] Veja, por exemplo, Bryan Maizlish e Robert Handler, *IT Portfolio management step-by-step: Unlocking the business value of technology* (New York: John Wiley & Sons, 2005); Robert J. Benson, Tom L. Bugnitz e William B. Walton, *From business strategy to IT in action* (New York: John Wiley & Sons, 2004); Catherine Benko e F. Warren McFarlan, *Connecting the dots: Aligning projects with objectives in unpredictable times* (Boston: Harvard Business Review Press, 2003).

[13] Veja, por exemplo, George Westerman e Garrett Dodge, "Vendor innovation as a strategic option", MIT Sloan School of Management, *Research Briefing*, mar./2008. Disponível em: <http://cisr.mit.edu/blog/documents/2008/03/14/2008_03_1c-vendorinnoasstrategicop-westerman.pdf/>.

[14] CFO Research Services, "Uncrossing the wires: Starting – and sustaining – the conversation on technology value", *CFO Research Services*, mar./2012. Disponível em: <http://docs.media.bitpipe.com/io_10x/io_101990/item_457981/Cisco_CFO_SearchCIO_UncrossingTheWires_031312.pdf>.

[NT-2] A quantia que um anunciante paga ao dono de um site a cada mil visualizações ou cliques em seu anúncio. Fonte: *Oxford Business English Dictionary*.

[15] O problema da conversão para métricas é comum em diversas áreas, especialmente em Tecnologia da Informação. Fazê-la corretamente pode mudar a natureza da relação entre as áreas comercial e de TI e aumentar o valor que sua companhia obtém da TI. Para exemplos e aconselhamento de como fazer isso, consulte Richard Hunter e George Westerman, *The real business of IT: How CIOs create and communicate value* (Boston: Harvard Business Press, 2008).

CAPÍTULO 11

[1] Michael Fitzgerald *et al.*, "Embracing digital technology: A new strategic imperative", *MIT Sloan Management Review*, 2013. Disponível em: <http://sloanreview.mit.edu/projects/embracing-digital-technology/>.

[2] George Westerman *et al.*, "Digital transformation: A roadmap for billion dollar companies", *White Paper*. Capgemini Consulting e MIT Center for Digital Business, 17/nov./2011. Disponível em: <www.capgemini.com/resources/ digital-transformation-a-roadmap-for-billiondollar-organizations>.

[3] Marc Menesguen, "Beauty and digital: A magical match", *Digital Transformation Review*, n. 1, jul./2011. Disponível em: <www.capgemini.com/resources/ digital-transformation-review-no-1-july-2011>.

[4] John Young e Kristin Peck, "Pfizer: Think digital first", *Digital Transformation Review*, n. 3, nov./2012. Disponível em: <http://ebooks.capgemini-consulting.com/Digital-Tranformation-Review-3/index.html#/1/>.

[5] David F. Carr, "Coca-Cola on chatter: Beyond the secret formula", *Information Week*, 20/set./2012. Disponível em: <www.informationweek.com/social-business/social_networking_private_platforms/coca-cola-on-chatter-beyond-the-secret-f/240007735?pgno=1>.

[6] Ninon Renaud, "La Société Générale phosphore sur la transition numérique", *Les Echos*, 9/jul./2013. Disponível em: <www.lesechos.fr/09/07/2013/LesEchos/21474-120-ECH_la-societe-generale-phosphore-sur-la-transition-numerique.htm>.

[7] Ibidem.

[8] Alison Boothby, "The end of the workplace as we know it?", *Simply-communicate*, 25/jan./2013. Disponível em: <www.simply-communicate.com/news/event-reviews/engagement/end-workplace-we-know-it>.

[9] Jorgen Sundberg, "Social media from the top: Influential CEO leadership", Enviableworkplace.com, 27/set./2013. Disponível em: <http://enviableworkplace.com/ceos-and-social-media/>.

[10] Jacob Morgan, "ING direct CEO gives employees 'the right to bitch'", CloudAve, 19/mar./2013. Disponível em: <www.cloudave.com/27297/ing-direct-ceo-gives-employees-the-right-to-bitch/>.

[11] Mark Fidelman, "How this CIO helped bayer become social", *Forbes*, 28/maio/2012. Disponível em: <www.forbes.com/sites/markfidelman/2012/05/28/how-this-cio-helped-bayer-become-social/..

[12] "Video: what digital transformation means for business", *MIT Sloan Management Review*, 6/ago./2013. Disponível em: <http://sloanreview.mit.edu/article/video-what-digital-transformation-means-for-business/>.

[13] Laura Snoad, "The vital connection between staff and the bottom line", *Marketing Week*, 10/nov./2011. Disponível em: <www.marketingweek.co.uk/analysis/essential-reads/the-vital-connection-between-staff-and-the-bottom-line/3031707.article>.

CAPÍTULO 12

[1] Joe Gross, "Allianz: Creating a digital dna", em *Digital Transformation Review*, n. 4, *Accelerating Digital Transformation*, Capgemini Consulting, maio/2013. Disponível em: <www.capgemini-consulting.com/digital-transformation-review-4>, p. 13.

[2] Coca Cola, "The board of directors of the Coca-Cola company elects Robert A. Kotick as director", comunicado de imprensa, 16/fev./2012. Disponível em: <www.coca-colacompany.com/press-center/press-releases/the-board-of-directors-of-the-coca-cola-company-elects-robert-a-kotick-as-director>.

[3] Jack Neff, "Nestle hires pete blackshaw as global digital chief", *Ad Age*, 4/fev./2011. Disponível em: <http://adage.com/article/news/nestle-hires-nielsen-s-blackshaw-global-digital-chief/148679/>.

[4] L'Oréal, "Reveal". Disponível em: <www.reveal-thegame.com>, home page, acesso em 25/abr./2014.

[5] Joshua Bjurke, "HR must step up recruitment/ motivation game to keep employees", Recruiter, 19/jun./2013. Disponível em: <www.recruiter.com/i/hr-must-step-up-recruitment-motivation-game-to-keep-employees>.

[6] Capgemini Consulting, "Beauty and digital: A magical match – an interview with marc menesguen", *Capgemini Consulting Digital Leadership Series*, 2012. Disponível em: <http://ebooks.capgemini-consulting.com/Marc-Menesguen-Interview/index.html>.

[7] Jeane C. Meister e Karie Willyerd, "Intel's social media training", *HBR Blog Network*, 3/fev./2010. Disponível em: <http://blogs.hbr.org/2010/02/intels-social-media-employee-t/>.

[8] Bryon Ellen, "A new odd couple: Google, P&G swap workers to spur innovation", *Wall Street Journal*, 19/nov./2008. Disponível em: <http://online.wsj.com/news/articles/SB122705787917439625>.

[9] Ibidem.

[10] Warc, "Reverse mentoring popular in India", Warc, 21/dez./2012. Disponível em: <www.warc.com/LatestNews/News/Reverse_mentoring_popular_in_India.news?ID=30801>.

[11] Kering, "Digital academy", Kering.com, 2012. Disponível em: <www.kering.com/en/talent/digital-academy>.

[12] Capgemini Consulting, "Burberry's digital transformation", *Digital Transformation Review*, n. 2, jan./2012. Disponível em: <www.capgemini-consulting.com/digital-transformation-review-ndeg2>.

[13] Heather Clancy, "GE, quirky collaborate on sustainable innovations via M2M", *Business Green*, 16/abr./2013. Disponível em: <www.greenbiz.com/2013/04/16/ge-quircky-collaborate-sustainable-innovations-m2m>.

[14] Ryan Kim, "Walmart labs buys mobile agency small society", Gigaom, jan./2012. Disponível em: <http://gigaom.com/2012/01/04/walmart-labs-buys-mobile-developer-small-society/>.

[15] Dale Bus, "Mondelez pairs brands with 2013 class of mobile futures startups", Brandchannel.com. 8/jan./2013, Disponível em: <www.brandchannel.com/home/post/2013/01/08/Mondelez-Mobile-Futures-2013-Class-010813.aspx>.

[16] Jeanne Ross, Peter Weill e David Robertson, *Enterprise architecture as strategy: Creating a foundation for business execution* (Boston: Harvard Business Press, 2006).

[17] George Westerman e Richard Hunter, *O risco de TI: convertendo ameaças aos negócios em vantagem competitiva* (São Paulo: M.Books, 2014).

[18] Ross *et al.*, *Enterprise architecture as strategy...*, ob. cit.

[19] Richard Hunter e George Westerman, *The real business of it: How CIOs create and communicate value* (Boston: Harvard Business Press, 2008).

[20] Capgemini Consulting, "Burberry's digital transformation...", ob. cit.

[NT-1] É um grupo dentro de uma organização com grande autonomia e livre de trâmites burocráticos cuja tarefa é trabalhar em projetos avançados ou secretos. Fonte: *Wikipédia*. Disponível em: <http://en.wikipedia.org/wiki/skunk-works>.

[21] Michael Fitzgerald *et al.*, "Embracing digital technology: A new strategic imperative", *MIT Sloan Management Review*, 2013. Disponível em: <http://sloanreview.mit.edu/projects/embracing-digital-technology/>.

[22] George Westerman *et al.*, "Digital transformation: A roadmap for billion dollar companies", Capgemini Consulting, 27/nov./2011. Disponível em: <www.capgemini-consulting.com/digital-transformation-a-road-map-for-billion-dollar-organizations>.

[23] Jack Neff, "Walmart brings bricks and mortar to battle with Amazon", *Ad Age Digital*, nov./2011. Disponível em: <http://adage.com/article/digital/walmart-brings-bricks-mortar-battle-amazon/230986/>.

[24] Ruddick Graham, "Success online? It's all about shops actually", *Telegraph*, 20/abr./2013. Disponível em: <www.telegraph.co.uk/finance/newsbysector/retailandconsumer/10007746/Success-online-Its-all-about-shops-actually.html>.

[25] Andrew McAfee e Michael Welch, "Being digital: Engaging the organization to accelerate digital transformation", *Digital Transformation Review*, n. 4, maio/2013. Disponível em: <www.capgemini-consulting.com/digital-transformation-review-4>.

[26] John Gibbons, "Employee engagement: A review of current research and its implications", Conference Board, nov./2006. Disponível em: <ww.conferenceboard.ca/e-library/abstract.aspx?did=1831>.

[27] A "ludificação" ajuda as empresas a medir e influenciar o comportamento do usuário através da aplicação de mecanismos de jogos e sistemas de recompensa.

[28] Mario Herger, "Gamification facts and figures", Enterprise Gamification Consultancy, 23/ago./2013. Disponível em: <http://tinyurl.com/ksnnrsd>.

[29] McAfee e Welch, "Being digital: Engaging the organization to accelerate digital transformation", ob. cit.

[30] Fitzgerald *et al.*, "Embracing digital technology…", ob. cit.

[31] Rory Cellan-Jones, "Fail fast, move on: Making government digital", *BBC News*, 18/jul./2013. Disponível em: <www.bbc.com/news/technology-23354062>.

EPÍLOGO

[1] Ao longo dos anos, especialistas, às vezes, têm argumentado que a Lei de Moore está chegando ao fim. Entretanto, no decorrer das últimas décadas, tais previsões estão se mostrando falsas. Veja, por exemplo, Rebecca Henderson, "Of life cycles real and imaginary: The unexpectedly long old age of optical lithography", *Research Policy* 24, n. 4 (jul./1995), p. 631-643. Porém, mesmo que a Lei de Moore desacelere, a trajetória de crescimento da tecnologia digital não irá frear abruptamente. Ela continuará a avançar com força no futuro, trazendo consigo novas práticas de negócios, capacidades e demandas de clientes.

[2] Veja, por exemplo, Henry William Chesbrough, *Open innovation: The new imperative for creating and profiting from technology* (Boston: Harvard Business School Press, 2006).

AGRADECIMENTOS

Quando nós três nos reunimos pela primeira vez, em 2010, escrever um livro não fazia parte dos nossos planos. Entretanto, o que aconteceu foi um consenso. Todos os três tinham uma crença ardente de que novas formas de inovação digital – dispositivos móveis, *analytics*, dispositivos integrados e mídias sociais – seriam uma questão extremamente importante para a inovação gerencial e empresarial. Nós acreditávamos que além das empresas que produzem tecnologia como meio de subsistência, deveria haver grandes organizações ao redor do mundo fazendo coisas fantásticas com a tecnologia digital e obtendo benefícios comerciais incríveis a partir dela. Mas, ninguém falava sobre essas companhias. Portanto, decidimos analisá--las, pesquisá-las e mantermos um contato estreito com seus líderes. À medida que dividíamos nossas descobertas com altos executivos ao redor do mundo, o entusiasmo e o feedback deles nos convenceram sobre a necessidade de escrevermos um livro sobre transformação digital.

Uma obra dessa natureza sempre é uma empreitada coletiva. Neste caso particular, ela se tornou uma operação verdadeiramente global. Reconhecer as várias pessoas que contribuíram para o *Liderando na era digital* é uma árdua tarefa. Jamais seremos capazes de citar todos os indivíduos que nos auxiliaram com o seu tempo e ideias, tornando possível este livro. Contudo, todos vocês são dignos de crédito e lhes somos eternamente gratos.

Algumas pessoas merecem uma menção especial. O CEO da Capgemini, Paul Hermelin, foi uma fonte de constante encorajamento e desafio sobre o impacto da tecnologia na inovação empresarial. Claire Calmejane, Maël Tannou e Mike Welch, cada um deles passou um ano conosco e com a pesquisa que levou a este livro: Claire com as entrevistas iniciais e o desenvolvimento de estruturas, Maël com as pesquisas de opinião e entregando--se inteiramente à análise de ideias fundamentais, Mike com outra pesquisa de opinião e mantendo-nos no rumo, à medida que escrevíamos a versão preliminar desta obra. Nick Carrier gerenciou o processo de finalização do livro através das revisões, da edição e das permissões. Patrick Ferraris, Frank MacCrory e Jerome Buvat da Capgemini Consulting e Gregory Gimpel e Deborah Soule do MIT Center for Digital Business, deram grandes ideias e contribuições ao longo de todo o processo.

Xavier Hochet, CEO da Capgemini Consulting e Pierre-Yves Cros, diretor de desenvolvimento de grupo da Capgemini, não apenas ofereceram suporte financeiro à pesquisa como também nos cederam gratuitamente seu tempo e ideias para torná-la ainda melhor. Erik Brynjolfsson, diretor do MIT Center for Digital Business, tornou possível este projeto de pesquisa. David Verrill, diretor executivo do centro, nos encorajava constantemente e gerenciava-nos com seu "estilo Zen" ao longo de nossas atividades.

Somos imensamente gratos a todos os vice-presidentes e consultores da Capgemini Consulting que compartilharam suas visões e nos colocaram em contato com seus clientes para testarmos nossas ideias. Nosso obrigado a Marc Burger, Adam Gerstein, Imke Keicher, Stephan Paolini e Barbara Spitzer pelas várias conversas frutíferas sobre o lado humano da transformação digital e Scott Clarke, Jeff Hunter e Ravouth Keuky por dividirem sua expertise em estratégia digital e experiência vivida pelo cliente. Michiel Boreel, Kanny Cohen, Philippe Grangeon, Pierre Hesssler, Bob Scott, Olivier Sevilla, Simon Short, Ron Tolido e Ken Toombs leram as versões preliminares do livro e contribuíram com sugestões inestimáveis.

Somos gratos também a Michael Fitzgerald, David Kiron e Martha Mangelsdorf do *MIT Sloan Management Review* por contribuírem para a pesquisa, publicando seus próprios casos e entrevistas, e por se oferecerem para várias conversas sobre o tópico. Obrigado também aos executivos Kamal Bherwani, Katrina Lane e Jean-Pierre Remy, que arranjaram tempo para frequentes trocas sobre as transformações digitais que eles estavam à frente.

Nossa agente literária, Carol Franco, nos ajudou a traduzir nossas ideias originais em uma narrativa clara, nos colocou em contato com um editor fantástico da Harvard Business Review Press e nos encorajou constantemente quando a empreitada tornou-se mais difícil. Anahid Basmajian e Justin Lockenwitz operaram milagres na coordenação do plano de lançamento do livro no mercado.

Finalmente, gostaríamos de reconhecer o grande trabalho da equipe da Press. Nosso obrigado a Jeff Kehoe, nosso editor-sênior, por, em primeiro lugar, acreditar em nós e por ter sido um grande parceiro e mentor nesta empreitada. Obrigado a quatro revisores anônimos que não somente encorajaram a publicação deste livro como também nos deram sugestões valiosas para melhorar seu conteúdo. Também estamos em dívida com Sally Ashworth, Liz Baldwin, Erin Brown, Julie Devoll, Stephani Finks, Erica Truxler, Sarah Weaver, Tracy Williams e muitos outros da Press que editaram, produziram e fizeram o marketing de nossa obra.

Além dos agradecimentos individuais, somos imensamente gratos à miríade de líderes empresariais que dividiram conosco suas experiências (boas ou ruins) na condução da transformação digital em suas empresas e que foram tolerantes ao nosso constante questionamento. Alguns já eram "Mestres Digitais", ao passo que outros estavam apenas começando suas jornadas digitais; porém, todos eles contribuíram muitíssimo para tornar realidade este livro. Vocês são os verdadeiros heróis da transformação digital. Somos gratos a todos por nos mostrarem o caminho e desejamos enorme sucesso ao trilharem suas respectivas jornadas.

SOBRE OS AUTORES

George Westerman (@gwesterman) é pesquisador no MIT Initiative on the Digital Economy. Sua linha de pesquisa e ensino concentra-se em inovação e liderança em tecnologia digital. George já escreveu inúmeros artigos para publicações como *Sloan Management Review, Organization Science* e *The Wall Street Journal*. É coautor de dois respeitados livros: *The real business of IT: How CIOs create and communicate value*, apontado como o melhor livro de TI Empresarial de 2009 pela revista *CIO Insight*, e *O risco de TI: convertendo ameaças aos negócios em vantagem competitiva* (publicado pela M.Books em 2008), eleito como um dos cinco melhores livros de 2007 pela *CIO Insight*. Regularmente realiza palestras e workshops para executivos em empresas do mundo todo. Antes de completar o doutorado na Harvard Business School, George havia acumulado mais de 13 anos de experiência em funções gerenciais em desenvolvimento de produto e tecnologia. Seu blog é georgewesterman.org.

Didier Bonnet (@didiebon) é vice-presidente da Capgemini Consulting, onde atua como *Global Practice Leader* e lidera o programa de Transformação Digital da Capgemini Consulting. Possui mais de 25 anos de experiência em estratégia, globalização, economia da internet e transformação empresarial para grandes empresas. Publicou diversos artigos, contribuiu para capítulos de livros e frequentemente é citado na imprensa, entre os quais *The Wall Street Journal, Forbes, Financial Times* e *The Economist*. Antes da Capgemini, foi vice-presidente da Gemini Consulting e sócio da empresa de consultoria econômica Putnam, Hayes and Bartlett. Bonnet formou-se em economia empresarial em uma das *"Grande Ecole"* francesas e concluiu seu doutorado no New College, da Universidade de Oxford. Seu blogue é didierbonnet.com.

Andrew McAfee (@amcafee) é pesquisador-chefe e cofundador do MIT Initiative on Digital Economy. Ele também ocupou cargos de destaque na Harvard Business School e como membro do conselho do Berkman Center for Internet and Society da própria Harvard. Escreveu para publicações como *Harvard Business Review* e *Sloan Management Review*. É coautor, junto com Erik Brynjolfsson, de *Novas tecnologias* versus *empregabilidade* (publicado pela M.Books, em 2014) e do best-seller do *New York Times, The Second machine age*. Também é autor de *Enterprise 2.0*. McAfee completou seu doutorado na Harvard Business School bem como dois mestrados e dois bacharelados no MIT. Seu blogue é andrewmcafee.org.

ÍNDICE REMISSIVO

Nota: Uma letra *f* após o número da página indica uma figura; uma letra *t* indica uma tabela.